国家社科基金
后期资助项目

上古道术思想史：
以阴阳为主线

The Oldest Ancient
History of Dao Shu Thought:
Taking Yin-Yang as the Main Line

张朋 著

上海社会科学院出版社
SHANGHAI ACADEMY OF SOCIAL SCIENCES PRESS

图书在版编目（CIP）数据

上古道术思想史：以阴阳为主线 / 张朋著.
上海：上海社会科学院出版社，2024. -- ISBN 978-7
-5520-4469-0

Ⅰ.B223.05

中国国家版本馆 CIP 数据核字第 2024VX7169 号

上古道术思想史：以阴阳为主线

著　　者：张　朋
责任编辑：霍　覃　朱婳玥
封面设计：霍　覃
出版发行：上海社会科学院出版社
　　　　　上海顺昌路 622 号　邮编 200025
　　　　　电话总机 021－63315947　销售热线 021－53063735
　　　　　https://cbs.sass.org.cn　E-mail：sassp@sassp.cn
排　　版：南京展望文化发展有限公司
印　　刷：上海龙腾印务有限公司
开　　本：710 毫米×1010 毫米　1/16
印　　张：15
字　　数：266 千
版　　次：2024 年 9 月第 1 版　2024 年 9 月第 1 次印刷

ISBN 978－7－5520－4469－0/B・534　　　定价：88.00 元

版权所有　翻印必究

国家社科基金后期资助项目
出版说明

　　后期资助项目是国家社科基金设立的一类重要项目,旨在鼓励广大社科研究者潜心治学,支持基础研究多出优秀成果。它是经过严格评审,从接近完成的科研成果中遴选立项的。为扩大后期资助项目的影响,更好地推动学术发展,促进成果转化,全国哲学社会科学工作办公室按照"统一设计、统一标识、统一版式、形成系列"的总体要求,组织出版国家社科基金后期资助项目成果。

全国哲学社会科学工作办公室

目　录

导言 …………………………………………………………………… 1

第一章　绪论 ……………………………………………………… 5
第一节　研究背景与研究目标 ………………………………… 5
一、"中国思想史"与"中国哲学史" ………………………… 6
二、探寻上古学术思想的源流 ………………………………… 8
三、阴阳以及《周易》是上古学术的关键内容 …………… 12
第二节　主要研究方法 ………………………………………… 15
一、"走出疑古"，重新梳理上古文献资料 ………………… 15
二、"以中释中"，进行上古道术思想解读 ………………… 19
第三节　研究前提与研究预设 ………………………………… 21
一、关于"上古"时期的界定 ………………………………… 21
二、"三皇时代"和"五帝时代"的历史划分 ……………… 22
三、"道术"概念的内涵 ……………………………………… 25
四、上古道术思想史研究的意义 …………………………… 47
五、上古道术思想史的研究基础 …………………………… 48
六、道术与方术的区别与联系 ……………………………… 52
第四节　关于文献基础的若干说明 …………………………… 56
一、《易传》内容的复杂性 …………………………………… 56
二、《庄子》"寓言"的重新定义 …………………………… 72
三、《列子》的史料价值 ……………………………………… 82

第二章　图形之阴阳：三皇时代的道术思想 …………………… 85
第一节　八卦与阴阳 …………………………………………… 85
一、伏羲与伏羲画八卦 ………………………………………… 86
二、八卦中的阴阳 ……………………………………………… 92

第二节　阴阳与河图、洛书、太极图 ··· 97
　　　一、河图、洛书、太极图的历史记载与重新梳理 ····················· 98
　　　二、河图、洛书、太极图中的阴阳 ··· 117

第三章　人体之阴阳：五帝时代的道术思想 ··· 121
　　第一节　黄帝的道术思想 ··· 122
　　　一、黄帝与《黄帝内经》 ··· 122
　　　二、黄帝的道术思想 ··· 139
　　　三、《黄帝内经》中的阴阳 ·· 154
　　　四、《黄帝内经》中的五行 ·· 165
　　第二节　尧、舜的道术思想 ··· 178
　　　一、尧的道术思想 ··· 179
　　　二、舜的道术思想 ··· 183

第四章　筮法之阴阳：夏商西周时期的道术思想 ····································· 186
　　第一节　《连山》《归藏》《周易》中的六十四卦 ······················· 187
　　　一、关于《连山》《归藏》《周易》的基本文献 ····················· 187
　　　二、《连山》《归藏》《周易》中的六十四卦 ························· 194
　　第二节　《周易》中的本卦之卦推理模型 ································· 196
　　　一、关于《周易》的编撰 ··· 196
　　　二、《周易》中的本卦之卦推理模型 ··· 207

总结　上古道术思想史概论 ··· 216

余论　对中国哲学史叙述方式的若干思考 ··· 218
　　一、中国哲学史的"发展"范式 ··· 218
　　二、中国哲学史的其他叙述方式 ··· 222
　　三、对中国哲学史评价标准的补充 ··· 224

参考文献 ··· 225

后记 ··· 233

导　言

按照标准的学术著作体例,在正式展开论述之前应该有章节对既有研究进行尽可能全面的回顾和条理清晰的总结。但是,由于"上古道术思想史"研究所涉及的问题太多且深广,如果要做出一个面面俱到的剖判与分析就需要投入巨大的精力并占用很长的篇幅,很可能会影响正文的展开,而且足资参照的相关总结性著作也并非没有,比如彭华的《阴阳五行研究(先秦篇)》[1]以及鲁惟一、夏含夷主编的《剑桥中国上古史》(此书没有汉译版,中文名称按照谢维扬所作的翻译为"剑桥中国上古史"),[2]所以在这里就只能够把这个"上古道术思想史"研究的总体目标与学术背景做一下尽量简洁的概括,兹列举三个方面的思考。这不是辩护,只是希望易于被理解。

第一,关于重新梳理上古思想的时机。

在创作《中国哲学史大纲》(卷上)之时,胡适之所以"截断众流"从老子开始写起,是因为从当时中国考古学的发展程度来看,他认为对于东周以前的中国古史"只可存一个怀疑的态度"。这正如其在《古史辨》第一册的《自述古史观书》中所说的:"现在先把古史缩短二三千年,从《诗三百篇》做起。将来等到金石学、考古学发达上了科学轨道以后,然后用地底下掘出的史料,慢慢地拉长东周以前的古史"。[3] 也就是说,胡适的"截断众流"只是权宜之计,而对应来说其长久之计就是需要等到将来考古学发展到一定程度的时候,中国哲学史的书写就可以追溯西周、商、夏,乃至远古了。

果然,在20世纪初甲骨文和殷墟考古重大发现的推动下,胡适"很快"放弃了其曾经大力倡导的疑古观念,并且对始终一贯地坚持疑古观念的顾颉刚说他自己已经变"疑古"为"信古"了,而在其晚年未完成的英文著作《中国思想史大纲》中胡适还大量引用了考古材料来讲述北京人、旧石器时

---

[1] 彭华:《阴阳五行研究(先秦篇)》,长春:吉林人民出版社2011年版。
[2] Michael Loewe and Edward L. Shaughnessy, The Cambridge History of China: From the Origins of Civilization to 221 B.C., Cambridge University Press, 1999.
[3] 顾颉刚编:《古史辨》第一册,上海:上海古籍出版社1982年版,第22页。

代、新石器时代、商代甲骨文等。①

在21世纪初叶中国人亟需文化自信与文化创造的今天，胡适所指认的这个重新梳理上古思想的时机似乎已经到来。除了上面述及的殷墟考古发现和胡适早期的中国思想史学术创作实践之外，还有若干理由可以补充说明如下：

第一个方面的理由：现当代学术界对疑古思潮的全面反思已经完成，其基本结论是：顾颉刚等疑古学者的研究方法、研究前提和具体论证过程都很成问题，其研究结论大都是不成立的。②

第二个方面的理由：从殷墟发掘和甲骨文解读开始，一个世纪以来持续不断的考古发现，特别是2018年刚刚完成的"中华文明探源工程"可以证明，对上古史"层累地造成"的解说是轻率的，也是不恰当的，而对中国上古史的全面否定只能是一种历史虚无主义，不足取信。

第三个方面的理由：在召唤民族自信、文化自信、学术自信的新时代，当代中国人亟需提高对中国传统思想文化，特别是早期思想文化的认知水平，只有这样才能够疏浚和淘清自己民族历史文化的源头活水，进而构建出具有中国特征的学术话语和思想体系。须知在当今世界，无论是哲学界还是思想界，一个自卑自戕的民族是不可能慷慨发声的。

第二，关于重新梳理上古思想的角度。

张岂之认为中国思想史研究可以有多角度、多层次的展开，笔者深以为然。如果说胡适和冯友兰的中国哲学史研究是在集中讨论各个时代精英知识分子的思想展开的话，那么这种研究首先就忽略了占据识字人口绝大多数的普通知识分子的思想状态。正是针对于此，葛兆光所撰作的《中国思想史》集力讨论的是"知识、思想与信仰"的历史，其重点在于阐释区分于"精英与经典的思想世界"的"一般知识思想与信仰世界"。实际上就先秦时期而言，在"精英知识分子""一般知识分子"之上还可以划分出一个层次，即圣贤层次。圣贤是先秦时期最高级的知识分子，圣贤所代表的"伟大传统"（great tradition，牟复礼（Frederick W. Mote）之语："中国人自己的世界观则以圣贤传统之名成为各家各派的共同财富。"③）是先秦诸子百家的源头。具体来说，在雅斯贝尔斯（Karl Theodor Jaspers）所说的轴心时代（公元前

---

① 参见王汎森：《从哲学史到思想史——胡适的英文〈中国思想史大纲〉草稿》，《四川大学学报》2017年第3期。
② 参见梁韦弦：《金景芳师传学者文库·古史辨伪学者的古史观与史学方法——〈古史辨〉读书笔记》，哈尔滨：黑龙江人民出版社2014年版。
③ 牟复礼著，王重阳译：《中国思想之渊源》，北京：北京大学出版社2016年版，序第48页。

800年至公元前200年)之前,中华文明已经光辉灿烂很久了。先秦时期这种将人的智慧水平分层并进一步划分为上、中、下三个等级的观念已经比较通行。比如孔子就说:"中人以上,可以语上也;中人以下,不可以语上也。"(《论语·雍也》)他还强调:"唯上知与下愚不移。"(《论语·阳货》)这样看来至少在先秦时代,人的智慧水平可以分为"上智""中人"与"下愚"三种,他们分别对应着主要进行思想文化创造的"圣贤"、主要进行思想文化传播的"精英知识分子"和进行文化生活传承和民间信仰维护的"一般知识分子以及普通民众"。按照这种观念,参照冯友兰所做的先秦时期——"子学时代"和秦汉之后——"经学时代"的历史分划,或许可以把先秦时期重新定义为"创造时代",而秦汉之后则不妨定义为"因循时代"。所以在讨论先秦特别是上古时期思想文化的时候,我们必须对伏羲、黄帝、尧、舜、文王、周公等圣贤人物加以更多的关注,特别是要阐发他们的思想文化创造。"道术"就是《庄子·天下》对这些古代圣贤思想文化创造的一种概括。

当然,由于这些圣贤人物以及他们的思想文化创造现在都掩埋在历史的尘埃里,需要后代学人小心翼翼地加以考证和梳理,而且因为这些圣贤人物以及他们的思想文化创造在百年之前就已经被疑古观念"轻飘飘地"排除在学术视野之外了,所以就思想观念的差异和跨越而言,争议和争论必然是不可避免的。从历史观念的角度来看,本书所作的"上古道术思想史"研究实际上也就是为了响应李学勤"走出疑古时代"的号召而做出的一些努力,希望能够以此抛砖引玉,敬请四海方家不吝赐教。

第三,是否可以拒绝"依傍"。

蔡元培说中国哲学史的写作不得不"依傍"西方哲学,这里所谓的"依傍"用现在通俗的话来讲就是"傍大款"的"傍",个中情势也是相同。就个体的学术研究而言,学问甫开可以依傍一时一人,但不能够依傍一生一世。对于国家和民族而言情况也有相似之处。如果要对当今的中国哲学和中国哲学史研究进行概括的话,可以说对西方哲学的"依傍"仍然是一种不可抵御的潮流或者说是天下之大势。在"依傍"成为主流的时候,"不依傍"或"拒绝依傍"自然也就成为非主流,甚至可以称之为末流或者不预流。但是,进入新时代的中国需要这样一个始终依傍西方哲学的中国哲学和中国哲学史吗?这样的一个始终依傍西方哲学的中国哲学和中国哲学史能够为当今中国人提供多少文化自信呢?它能够成为中国人文化创新的资源和动力吗?至少就个人来讲,我不认可这样的中国哲学和中国哲学史研究,也不认可这种依傍西方哲学来研求中国哲学的研究路径。从根本上讲,至少我们应该返回金岳霖对中国哲学的定义,努力达到生命与学问合而为一的中国哲学境界。

本书试图说明：在上古时期"道术"是中国学术思想的核心内容，这也可以看作中华文明与其他文明在起源上的一个根本差异。"道术"不仅规定了中国传统学术思想的根本内容，而且它能够为当今中国人提供足够强大的文化自信，能够成为当代中国人进行文化创新的巨大资源和不竭动力。

第四，赘语。

曾经认真考虑过把书名改成"上古道术思想简史"或者是"上古道术思想史大纲"，也就是仿照胡适和冯友兰的旧例，这样也许会更加贴近于本书有限的篇幅和粗浅的内容。但是反复权衡之后，还是保留了原题，只是希望以此能够进一步突出本研究的用心之所在，即上古道术思想史是整个中国思想史或中国哲学史中不可或缺的一部分，而且是非常重要的一部分。笔者这句话或许有些夸大：对上古思想史的认知，将会照亮我们未来前进的路。

根据专家的评审意见和评审结果，为了突出主题和主线，本书的标题增加了"以阴阳为主线"这一副标题，并对各个章节的标题做了修正，希望能够做到首尾一贯，一目了然。这当然是本书思路的精练和主旨的提高，但是也在一定程度上缩小了外延，使得一些边缘内容不能够大书特书。不过说到底，束缚本书的最大问题还是材料不足。由于学养有限，现在的这个篇幅已经是笔者辗转腾挪的极限了。

在人文学术评价以期刊发表等级和数量为主的制度设计之下，写著作早已是吃力不讨好的事情了，更何况是认认真真地写一些具有探索性的著作呢。但是，不写著作对于笔者而言又不可能，"文章千古事，得失寸心知。"试问此生有多少时间可以茫茫虚度，又有多少心血可以随意抛洒呢？所以赶在退休之前笔者还是想要把酝酿已久的这么一个不依傍西方哲学的中国哲学史写出来，即使只是一小部分也好。虽然现在呈现出来的这部书稿只是它的上古部分，或者说这是一部关于上古部分的学术断代史，但是笔者相信，其对于重新考量中国传统思想的价值和意义，对于重新发现中华民族的文化自信源泉与文化创造力量，应该能够有所助益。

第一章 绪 论

简要而言,"上古道术思想史"研究尝试着进行两个方面的创新。

第一,把三皇五帝和夏商西周时期——统一命名之为"上古时期"——纳入中国哲学史和中国思想史的考察范围之内,特别是以易学传统中的"伏羲画八卦"为开端全面梳理上古思想史。

第二,以"道术"为主题来概括和整理上古思想。

下面就研究背景与研究目标、研究方法、研究前提与研究预设,以及其中所涉及的其他相关问题,特别是历史划分问题和基本文献问题进行详细解说。

第一节 研究背景与研究目标

只有开放的思想史观念,才有实事求是的思想史。

一方面,受进化论的束缚,"……我们过去太低估我们的祖先、先人的智慧和能力了。过去我们总以为几千年以前,甚至上万年以前我们的祖先跟猴子差不多,茹毛饮血,浑浑噩噩。其实不是这样,我们中华民族的祖先是非常聪明、非常有能力的,我们不能低估我们祖先的智慧和能力。"①

另一方面,拘囿于有限的史料,"我们研究古史,在缺乏第一手材料的情况下,这些第二手、第三手材料,也十分宝贵。因为,它总还反映着若干实际情况。如果我们用马克思主义理论做指导,去粗取精,进行细致的研究,总会从中找到反映客观历史发展规律的线索。我们绝不可消极等待地下的发掘物,而置这些材料于不顾……"②特别是对于上古史而言,历史传说也是重要的历史材料。"各民族远古的历史都是很渺茫的,而且都是人、神杂糅

---

① 李学勤:《三代文明研究》,北京:商务印书馆2011年版,第7页。
② 金景芳:《中国奴隶社会史》,上海:上海人民出版社1983年版,第4页。

的传说。古代流传下的这类传说,虽然杂以神话,但毕竟与单纯的神话传说有本质的区别。古代传说系口耳相传,时间愈久愈易失真。可是它们大都具有真实历史为之素材,并非完全向壁虚造。如果批判地分析这些传说资料,剥开神话的外衣,是可以'沙里澄金',找出其真正历史的核心的。因此,我们对古代传说应作具体分析。"①

以上就是本书进行上古思想史研究的基本观念,窃以为或可以称之为科学的信古。

根据对百年来的中国哲学史和中国思想史研究的理解,下面对与"上古道术思想史"研究紧密相关的几个问题进行简要叙述。

一、"中国思想史"与"中国哲学史"

"哲学"和"中国哲学"是在20世纪初中西文化对接时产生并被逐渐接受的两个概念,在被使用近百年之后"中国哲学"研究之所以会遭到合法性的质疑,一方面是当代学术进步的体现和学术反思的结果,另一方面也说明"中国哲学"这一概念与生俱来的内在矛盾和观念冲突。正如陈寅恪所诘问:所谓的"中国哲学"究竟是"在中国的哲学"还是"哲学在中国"?从多种研究理念和研究方法并存的现状来看,在当代中国应该是"在中国的哲学"与"哲学在中国"两者兼备,如果把考察范围进一步扩大的话,甚至可以说是百花齐放而各行其是。其中特别需要注意以下两点:

第一,由于近现代以来哲学观念的巨大变更,"中国思想"研究的当代意义得以不断凸显。

按照欧洲经典哲学的立场和观点来看,黑格尔对中国哲学的鄙薄当然是有道理的。"属于哲学的应是关于实体、普遍的东西、客观的东西的知识",以这种哲学观念为标准,黑格尔当然有充分的理由认为中国无哲学,有的只是一些常识性的道德教训:"我们在这里尚找不到哲学知识","真正的哲学是自西方开始"。② 虽然这种评价可能给以救亡图存或民族振兴为学术使命的一些近现代中国学者以深深的刺激,而且这种刺激还会因为20世纪初叶中国深重的民族苦难而被放大并最终导致中国哲学创造和中国哲学史书写上的一系列冲动和越界,但是按照现当代西方哲学的观念来看,特别是按照海德格尔晚期的哲学观念以及德里达的解构主义来看,中国"只有思

---

① 王玉哲:《中华远古史》,上海:上海人民出版社2000年版,第128页。
② 黑格尔著,贺麟、王太庆译:《哲学史演讲录》第一卷,北京:商务印书馆1983年版,第98页。

想而没有哲学"这不仅不是中国传统学术的不足和缺欠,而且很可能恰恰相反,这是中国传统学术足以面对后现代思潮冲击的难得一见的优势和长处。当年大力反对"哲学"这一"贱词"进入中国学术的傅斯年早就断言:古代中国"本没有所谓哲学",而且庆幸我们中华民族"有这么健康的一个习惯"。① 所以在欧洲、美国都没有"中国哲学"这一学科设置的国际学术潮流之下,即使我们不按照"东亚系"或"汉学系"这种学科划分来安置中国哲学,那么我们也必须以更加开放和包容的态度来对待当今中国人所使用的"哲学"或"中国哲学"概念。当然这里隐含着的一个重要判断是:就中国传统学术而言,使用"思想"和"中国思想"要比使用"哲学"和"中国哲学"具有更大的适用性。

第二,按照欧洲经典哲学的观点和立场来研究中国哲学史,或者说"依傍"西方哲学来构建中国哲学史(简称"以西释中"),这种研究方法产生了很多问题,在整体思路上可以说是非常牵强。胡适、冯友兰等前辈学者的中国哲学史研究实践已经证明,照搬西方经典哲学的观念和思路来梳理中国哲学史是不恰当的。

伟大的学者勇于自我否定。作为"中国哲学史"学科的开山鼻祖,胡适在其1929年6月3日的日记手稿本中就表达了对其"中国哲学史"研究的否定意见:"哲学的根本取消——变成普通思想的一部分",而1958年胡适说他在1929年写《中古思想史》的时候就已经"决定不用《中国哲学史大纲》卷中的名称了"。② 以上两点可以充分说明胡适早在1929年就放弃了"依傍"西方哲学来建构"中国哲学"和"中国哲学史"的任何努力。

作为中国哲学史研究的标志性人物,冯友兰一生虽然四次书写"中国哲学史",但是其对哲学的理解却始终停留在前现代,对一百年来的西方现代哲学成果没有给予足够的重视,其鸿制大作实际上并不能担负起其所理应担负的时代使命。俞宣孟明确指出,冯友兰把出自西方哲学"是论"的普遍与特殊的关系问题"当作衡量哲学资格的标准,把中国哲学史上许多与之无关的观念纳入普遍与特殊关系的筐子,不免掩盖和歪曲了那些概念的本意。他在'是论'的方向上接续中国哲学的发展,是生硬的,与传统脱节的。其所显示出来的不适,正说明'依傍'的道路是走不通的。"③甚至可以说,中国哲学史这一学科的百年困局,在很大程度上直接反映了这一时期全体中国人

---

① 王汎森:《傅斯年对胡适文史观点的影响》,《汉学研究》1996年第1期。
② 胡适:《中国古代哲学史》,上海:上海古籍出版社2013年版,台北版自记。
③ 俞宣孟:《写中国哲学史要"依傍"西方哲学吗?——兼评冯友兰的中国哲学史观》,《南国学术》2017年第3期。

思想的困顿以及由此而导致的创造力缺乏。

　　基于以上考虑,把中国传统学术指认为"思想",并按照"思想史"的规格进行研究,这应该更加符合实际。比较而言,使用"哲学"或"哲学史"的概念则非常容易导致混淆和误解,必须预先小心地加以界定和说明。

二、探寻上古学术思想的源流

　　关于中国哲学或者中国思想以及中国文化的起源问题,此前学界一般是吸收和借鉴西方学界的研究成果和研究方法,以文化人类学的"图腾"之说或者是古希腊罗马神话学说来论说中国上古的各种历史文化现象,比如认定中国的龙就是一种"图腾",并以"哲学起源于宗教"来解说中国哲学或者中国思想的起源问题。学养深厚令人景仰的金景芳现在看来也不能免俗,其为上古思想找到了三个源头或根据,一是早期宗教中的图腾主义,二是原始宗教中的自然崇拜和祖先崇拜,三是原始宗教中的魔术和魔法师。①

　　这种对原始宗教以及民间信仰的追溯当然能够说明一些现象并解决一些问题,但是就中国道术思想而言,这种研究恐怕就是刻舟求剑或者说是缘木求鱼了。中华文明源远流长且自成体系,主要用来解说各个印第安部落不同部落象征动物的所谓"图腾"之说并不适用于中国。准确地讲,中国的龙(loong 或 Chinese Seraphim)就是一种曾经真实存在现在已经灭绝的水生动物,对照而言,西方的龙(dragon)才是一种虚幻不实的想象。中华文明自有超出原始宗教的内涵在,不能全部以西方思想文化传承的既有套路来机械解说,其中的道术思想更是与宗教迷信格格不入。正如吕思勉先生所言:"邃古之世,一切学术思想之根原,业已庞薄郁积。"②对上古学术思想每深入研究一分,这一点也就更加鲜明一分。

　　上古学术思想的基本面貌,或者说中国思想(哲学)的起源问题,这是一个具有重大意义的学术问题,长期以来国内外学者对此有多种阐释,最常见的一种处理是按照"由宗教产生哲学"这一套路进行解释。从宗教之中产生哲学,这是西方哲学的解释路数,其是否适用于中国其实很成问题。众所周知,中国思想文化的一个主要特征就是宗教内容很少或者说是宗教性很弱,对上古学术思想而言,这一点也很突出。所以仿照古希腊宗教与哲学的互动关系来解说中国上古学术思想,这实际上非常牵强,非常缺乏说服力。

　　牟复礼对中国思想(哲学)的起源问题有非常深刻的见解。他首先对冯

---

① 参见金景芳:《金景芳先秦思想史讲义》,天津:天津古籍出版社2007年版,第20—61页。
② 吕思勉:《先秦史》,北京:北京理工大学出版社2016年版,第479页。

友兰所秉持的地理环境决定论表达了否定意见,虽然这种观点在当时曾经非常流行。

牟复礼彻底抛弃了当时颇为流行的地理环境决定论,并指出冯友兰在应用此方法来解释中国哲学起源中的逻辑困难。牟复礼对冯友兰在解说中国哲学起源时所使用的趋向于极端的环境决定论提出了批评,他认为:"冯的观点虽然饶有趣味,但作为整体的解释却失于简单。在一个循环的发展中因和果难以甄辨,以此很难解释结果何以又成了原因。"①极端的环境决定论把地理环境和民族思想文化做出了非常简单的归类和机械的捆绑,比如以古希腊作为海洋文明而以中国为大陆文明,以此来作不同文化的对比分析框架。实际上,中国地理的多样性赋予中华文明以很多不同的生产生活内容,除了农耕文明、渔猎文明之外,还有畜牧文明和贸易文明,而海上丝绸之路就是贸易文明的一个重要内容。当然,如同牟复礼所说,思想通过对生产生活的制约和改换也会对地理环境产生或大或小的作用,并很可能产生思想与环境之间一个循环的互动机制。

此外需要补充说明的是,冯友兰对哲学的定义是非常宽泛的:"哲学是对于人生的有系统的反思的思想",在这个概念的基础上他提出了关于中国哲学的环境决定论:"在思想的时候,人们常常受到生活习惯的限制。在特定的环境,他就以特定的方式感受生活,因而他的哲学也就有特定的强调之处和省略之处,这些就构成这个哲学的特色。就个人说是如此,就民族说也是如此。"②就思想与环境的互动而言,环境对于思想是可以有巨大作用,但是这种作用却往往具有不确定性和非决定性。思想诚然"常常"受到环境的限制和作用,但是这种情况并不是必然发生的。或者说环境的影响往往是必须考虑的因素,但是地理环境往往古今变化巨大,其对于思想的作用力之大小、长短是很难估量的,就一个人而言是这样,就一个民族而言就更是这样。所以就中国哲学的产生背景而言,无论是"中华民族的地理背景"还是"中华民族的经济背景"都不足以给中国思想(哲学)的起源及其特质以充分的说明。

其次,牟复礼还提出并使用了伟大传统(great tradition)这一重要概念,为探索中国思想(哲学)的起源这一复杂问题提供了一个具有创造性的总体解决方案。下面分三个方面对此展开论述:

第一个方面,牟复礼提出的伟大传统这一概念具有非常丰富的内涵,一

---

① 牟复礼:《中国思想之渊源》,北京:北京大学出版社2016年6月第二版,第15页。
② 冯友兰:《中国哲学简史》,北京:北京大学出版社1996年9月第二版,第14页。

般来说"圣贤传统"是其主要内容。在论及中国人没有"创世和超越的造物主的观念"的时候，牟先生认为"中国人自己的世界观则以圣贤传统（great tradition）之名成为各家各派的共同财富。"①中文译者王重阳在页下对"great tradition"添加的注解是："此处指高级的学术文化和精英传统。"在接下来的阅读中可以发现王重阳对"great tradition"一词的翻译进行了多样化的处理，最为常见的一种翻译是"圣贤传统"，类似的翻译还有"中国的圣贤传统""中国圣贤传统""中原圣贤传统"，相对比较少见的两种翻译是"中国文明传统""传统"。在译后记中王重阳总结道：

> 用"Great Tradition"指商周以来上层阶级的文化传统，以区别普通百姓的风俗传统。但"大道""道""圣贤传统""文武之道"等等文献中现成的古语都不能完全对接，求教了数位方家，也不能铃定，只好因地制宜，不强求一致。②

即使有了以上这些解释，"great tradition"的丰富含义仍然是意犹未尽，它会随着我们对三皇五帝思想文化和夏商周三代文明认知的不断加深而逐渐被解读出新的内容。

第二个方面，通过概念对比和文献检索，我们可以进一步厘定"great tradition"的含义。首先，虽然具有丰富内涵，但是"great tradition"的基本意义是区分于草民传统、民间文化、众庶文化、大众宗教的"中国思想之奠基"。③ 笔者认为可以这样概括："great tradition"是先秦学术思想的渊源，也是思想生命力、思想创造力的活力之源。其次，就"great tradition"的核心内涵而言，可资参照的先秦文献之中似乎唯有《庄子·天下》中作为天下学术之总源的"道术"与之相仿佛。如果《庄子·天下》中对先秦学术的总体图景是对先秦学术的一种真实可靠的学术史叙述的话，那么由此就可以确认牟先生所说的"great tradition"具有很高的历史契合度。

第三个方面，"great tradition"是一个整体的概念，也是一个连续的概念，相当准确地概括了至今仍然比较缺乏系统研究的中华文明传统的历史起源。夏商周三代思想文化以及更加古老的三皇五帝时期的思想文化是老子、孔子等诸子思想的历史渊源和生成土壤，而《易经》就是夏商周三代思想

---

① 牟复礼：《中国思想之渊源》，北京：北京大学出版社2016年6月第二版，第48页。
② 牟复礼：《中国思想之渊源》，北京：北京大学出版社2016年6月第二版，第239页。
③ 牟复礼：《中国思想之渊源》，北京：北京大学出版社2016年6月第二版，第239页。

文化的重要内容。在夏商周三代之前，伏羲时代还是一个接近于神话的传说时代，而黄帝时代则是一个仍然缺乏系统梳理和深入研究的时期，无论是文献的可靠支持还是逻辑的合理展开都远远不能够令人满意。

牟复礼的思路提示我们，我们必须回归传统学术，按照上古学术思想自身的逻辑线索来书写上古学术思想史，唯此才能够理清其基本内容，还原其本来面目。

当年在北京大学哲学系执教的胡适以《中国哲学史大纲》（上卷）"截断众流"，将陈黻宸、陈汉章和谢无量所津津乐道的三皇五帝以及夏商西周统统摒弃于学术史的考察之外，这除了树立起中国哲学史的研究典范之外，在很大程度上也开启了疑古思潮和彻底否定古史的先河。但是胡适"截断众流"的用意并不是让诸子学术永远地成为无源之水，让三皇五帝以及夏商西周思想文化长眠于黑暗，而是要等到历史文献资料得到系统的整理和辨析之后再来对老子之前的学术史进行研究。那么在一百年后的今天，在由于考古发现的出土文献层见叠出而一次一次地迫使我们不断改变先秦学术史观念的时候，对老子之前的思想史进行研究的时机是否已经到来了呢？或者退一步说，今天可否进行这方面的尝试呢？

在亟需对中华民族传统思想文化树立起文化自信的今天，对于中华早期文明的研究应该在既有文献资料的基础上进行合理延伸，应该光明正大乃至大张旗鼓地对三皇五帝与夏商西周的学术思想进行研究。这正如金景芳所言：

> 当然，世代愈远，史料愈少，其间又往往真伪杂出，疑信参半，给研究增加许多困难。但是，尽管这样，我们还应该有信心努力克服这些困难，不应因此就缩短中国历史。何况科学的叙述，要求有系统性和完整性，岂得不要头脑，从半路写起？另一方面，远古史料虽然问题很多，但是真实的宝贵的东西就在这里边保存着，我们如果能应用新的观点、方法，审慎地加以处理，未尝不可以得到正确解决。①

中华早期文明研究，特别是上古思想史研究不应该跟随在考古学的后面亦步亦趋。考古学是历史学的重要基础，考古资料可以为历史研究提供最可靠的依据，但是就本质而言，考古学和历史学（狭义）是相对独立的两门学科。所以虽然关于伏羲、黄帝以及尧、舜、禹等上古人物的直接考古证据

---

① 金景芳：《金景芳先秦思想史讲义》，天津：天津古籍出版社2007年版，第2页。

都还没有被发现,但是先秦思想史的研究却不能画地为牢,不能以顾颉刚以及其他疑古学者之是非为是非,应该大胆地先行先试,以既有文献为依据对三皇五帝、尧、舜、禹以及夏、商和西周的思想演化展开系统研究。"走出疑古时代",这是刚刚故去的李学勤生前所提出的重要学术观念,也是新世纪在先秦学术史研究之中解放思想的嘹亮号角。所以不妨以"伏羲画八卦"为开端尝试着梳理先秦思想史,希望能够给出一个尽量完整的中华文明早期思想创造图景。

三、阴阳以及《周易》是上古学术的关键内容

本研究计划以阴阳为主线对上古学术进行贯通式的研究,在此也就有必要从中国哲学史的层面上对阴阳、五行和《周易》(《易经》)的既有研究进行一番简要的概括和总结,进而引出笔者的研究思路和基本观点,其中仍然以冯友兰和牟复礼的研究为主要参照。

首先,中国哲学史中阴阳、五行等疑难内容的处理。

任继愈在回忆录中曾经指出,在冯友兰的中国哲学史中有很多说不清楚的内容,或者按照今天的眼光来看,冯友兰有意回避了很多比较敏感或者说是比较容易引起争议的内容。按照西方哲学特别是新实在论的角度来看,中国哲学史上确实有很多内容是无法处理的,比如阴阳和五行,比如如何成为圣人的问题。如果说阴阳和五行是纯粹的逻辑推理模型,那么几千年来中医的存在和效用又该如何解释呢?至少就先秦学术而言,中国哲学所关心的中心问题是如何成为圣人,冯友兰的这一判断无疑非常恰当,但是圣人这一理想境界显然是不可能仅仅依靠逻辑推理或者西方哲学以及新实在论就能够达到的。那么对于中国哲学史中的这些疑难内容又该如何处理呢?

借鉴葛兆光《中国思想史》中与"中国哲学史"相区分的针对普通民众思想观念的思想史研究方法,思想史是否应该再进一步分离出一个比普通民众、知识精英更加高级的圣贤阶层呢?

事实上,先秦时期思想观念的层次应该是实际存在的,比如对于"巫"的理解就大致可以分为三个层次。

第一层次的理解是对古代最高级知识分子的定义,如《国语·楚语下》中楚国大夫观射父所给出的"巫"的定义是"民之精爽不携贰者,而又能齐肃衷正,其智能上下比义,其圣能光远宣朗,其明能光照之,其聪能听彻之,如是则明神降之,在男曰觋,在女曰巫。"因为这种"巫"(或"觋")具有现代人难以想象的超强能力和卓异智慧,所以有学者戏称这种"巫"或"觋"为

"超人"——这种观念上的巨大差异,无疑是导致各种历史谜团难以理解的一个重要原因。但是我们却并不能够否定这种"巫"(或"覡")的历史存在及其对历史文化所产生的重要影响。当然,这种"巫"(或"覡")可以有多种其他称谓,比如"圣贤",比如真人、至人、圣人以及"修道者"等等。

第二层次的理解是对古代从事祭祀祷告的一般知识分子的定义,比如《说文解字》的"巫,祝也。女能事无形,以舞降神者也。"这种"巫"是神职人员,主要职能是沟通鬼神以进行祭祀。

第三层次的理解是普通民众的一般理解,他们把"巫"指认为某些民间信仰从业人员乃至于招摇撞骗的巫婆、神汉。比如,《韩非子·显学》中的描述是:"今巫祝之祝人曰:'使若千秋万岁'",以及《史记·滑稽列传》中的"其人家有好女者,恐大巫祝为河伯取之。"

可见,因循着世人对"巫"的理解,先秦时期的思想史确实可以辨析出一个面对最高级知识的层面,或者说是一个直接对应着圣贤的层面,而这个层面上的知识系统渊源甚久,《庄子·天下》称之为"古之道术"。由此我们可以把阴阳以及五行作为"古之道术"的重要内容而挑选出来做专门的研究,或者说阴阳以及五行是上古学术思想中属于高级知识分子的层面,是圣贤的文化创造,是中国传统思想文化的核心内容。

其次,《周易》在中国思想史和哲学史上的重要地位。

在很大程度上,朱伯崑的大作《易学哲学史》就是为了补充冯友兰所著《中国哲学史》的不足。实际上就冯友兰的中国哲学史的书写而言,《周易》无疑也是一个很难处理的内容。冯友兰认为中国哲学的主题是讲一般与个别、共相与殊相的关系,而"从来源上说,《周易》完全是占卦的书。人在占卦时,对于卦辞和爻辞总还有一些解释。这些解释有一大部分也是从当时的生活经验和生产知识得来的,所以其中也有一定的合理的成分。"①当然由于这些零零碎碎的"合理的成分"没有理论内容,所以冯友兰对其评价很低。虽然冯友兰对战国时期的《易传》的哲学内容展开了解说,但是他根本就没有解读西周以及春秋时期《周易》的思想内容,更没有把《周易》这部"占筮之书"与先秦时期的阴阳以及渊源久远的八卦联系起来。相反的,冯友兰在《中国哲学史新编》里专辟一章讲解《纬书中的世界图式》,其中根据《乾凿度》来讲解阴阳、四象、四时、八卦,这明显是把阴阳八卦这些重要理论内容当作汉代思想来处理了。冯友兰对易图的处理也比较粗疏,他仅仅是根据《乾坤凿度》郑注所讲的"太易从无入有"就认为"纬书的这种宇宙发生

---

① 冯友兰:《中国哲学史新编》上册,北京:人民出版社1998年版,第84页。

论是经过道教而传至周敦颐的"，①所以冯友兰对周敦颐的《太极图说》就不能从易学的理论整体或历史源流上加以解说。

相比之下，另一位中国哲学史研究专家劳思光对《周易》的认识就前进了一步，但是进步也非常有限。很可能是依据了近些年来的数字卦研究，特别是依据了一些学者并不正确的数字卦解读，劳思光认为阴爻、阳爻两种符号仅仅表示奇偶，而卦爻辞的意义通过这些表示奇偶的符号的排列就可以表现出"物极必反"之义。此外，劳思光指认：乾坤之所以位列六十四卦之首，其原因在于"乾"表形式义而"坤"表质料义，这恰恰如同亚里士多德所讲的形式因、质料因②——在《中国哲学史》之中出现这种解说恐怕是不合适的，因为这种解说完全脱离了中国传统思想文化背景，彻底地陷入了"以西释中"的窠臼。

西周时期产生的《周易》文本只有在经过战国时期的《易传》的阐释才具有哲学内涵——在这种观念的制约之下，易学也就不得不在先秦哲学之中"退居二线"了。春秋时期的《周易》没有哲学内涵吗？西周时期的《周易》没有哲学内涵吗？夏商时期的《易》没有哲学内涵吗？

足以与之对照的是，凭借着西方历史学家对于中华悠久文明的敏锐直觉，牟复礼发现了《易经》在中国思想史上的基础意义，并对《易经》中的独特世界观进行了高度评价。首先，他注意到了《易经》作为中国思想的基础意义："《易经》伴随中国文明成长、臻熟，作为哲学，它成为后世历代思考和创见的源头活水。"随后牟复礼以极大的热情集中阐释了《易经》有机世界观的重大意义和独特价值："《易经》作为古代文献对我们最重要的意义就是传达了一种最早的世界观。"其次，受到心理学家荣格的启发，他进一步论述了《易经》贯通宇宙和人生以及揭示人体潜能的重要意义："《易经》昭示了一种令人惊异的宇宙观，一种关于人的潜能的哲学：人在宇宙运化之中拥有主动创造和自由的潜能。"所以牟复礼最终"把《易经》看做中国人心智的最早结晶"，③也就是当作最早熟最基础的中国思想或中国哲学，而《易经》也就是最能够代表"中国特质"的思想内容。

《周易》在中国思想史上具有极为重要的意义，牟复礼的观点无疑是完全正确的，其相关阐释也非常精彩。但是需要补充说明以下两点：第一是关于《易经》的含义问题。从上下文来看，牟复礼所说的《易经》是成书于西

---

① 冯友兰：《中国哲学史新编》中册，北京：人民出版社1998年版，第214页。
② 劳思光：《新编中国哲学史》一卷，台北：三民书局1983年版，第83页。
③ 牟复礼：《中国思想之渊源》，北京：北京大学出版社2016年6月第二版，序第46页。

周初期的《周易》经文，一般不包括《易传》。冯友兰在他的中国哲学史著作中始终对《易传》属于战国时期的哲学内容进行大力阐发，却完全忽视成书更早的《周易》经文的重要意义。对比冯友兰的这种易学观念，更是进一步反衬出牟复礼关于《周易》见解的深刻和卓异。以《传》代《经》，或者说只看到《易传》而看不到《易经》经文，这种传统经学的研究思路限制了冯友兰对《易经》的中国哲学史研究和定位。现在看来，对《周易》经文和蕴含在其中阴阳思想的忽视，这可以说是冯友兰中国哲学史研究的一个重大缺失。第二是《周易》经文之中蕴含着阴阳思想，或者说阴阳思想是《周易》经文的核心，这个关键点牟复礼没有点明。这正如张祥龙所指出的那样：牟复礼没有"能深入理解《易经》的阴阳观及其在主流哲理和历史实际中的决定性影响"，"言《易》而未及阴阳，殊为可惜。"①诚哉斯言。

关于《周易》在中国哲学史中的重要地位，金春峰概括得非常恰当："《周易》是中国哲学的源头活水，不理解《周易》就不能写好与理解好中国哲学史"，"新时代应该有新的真正能够挺立中国文化主体性的《中国哲学史》著作，正确解读《周易》经传及其发展史是成功书写中国哲学史的最重要的前提。"②从源头上把握易学思想，进而把握中国哲学史，这也就是本研究的着力之处。

第二节　主要研究方法

本研究虽然以"文献考证"加"思想梳理"为基本研究方法，但是首先突出的是思想观念的更新。李学勤、金景芳等前辈学者早就大力倡导"走出疑古时代"，主张抛弃那些"疑古过勇"的旧观念，进而重新梳理先秦学术史。本研究将伏羲为代表的三皇时代、黄帝为代表的五帝时代和夏商西周时期的道术思想总体演化之大势作为考察上古学术的历史线索，进而对中华文明独有的道术思想的创造演化总体路径进行梳理和研判。总体而言，其中的研究方法主要是"走出疑古"和"以中释中"，下面一一详述之。

一、"走出疑古"，重新梳理上古文献资料

以顾颉刚为代表人物的疑古思潮对中国古史研究的破坏大于建设。虽

---

① 牟复礼：《中国思想之渊源》，北京：北京大学出版社2016年6月第二版，序第19页。
② 金春峰：《〈周易〉对中国哲学史研究之重要意义——以若干重要问题为例兼论重写中国哲学史》，《周易研究》2018年第3期。

然顾颉刚提出的"打破中国民族出于一元的观念""打破地域向来一统的观念""打破古史人化的观念""打破古代为黄金世界的观念"①在很大程度上加深了我们对中国古史的认识,指出了传统儒家历史观念中的各种谬误和疏失,但是其所提出的彻底否定中国上古史的主张是不合逻辑的,其"层累地造成的中国古史"理论在整体上仍然只是一个假说,并且是非常缺乏证据支持的一个假说。正如李学勤所言:

> 不能用研究后代的方法研究前头,也不能用研究后世的传说的方法来研究古代的历史传说,因为后来的传说故事跟古代民族起源时期的记忆,性质是完全不同的。每一个古代民族都有民族的记忆和传说,它是权威性的,不能随意改动的,不是能随便加些东西,随便减些东西的。在它的流传当中可以有变形,有改动,但不是随意篡改的。特别是中国古代有史官的传承,中国历代的史官,他对历史就是代代相传。司马迁本人就是史官的世家,他家自远古是做史官的。②

具体来说,虽然《诗经》《论语》等典籍之中没有黄帝、尧、舜、禹的顺序关系,没有尧和舜的禅让以及他们的翁婿关系,没有尧、舜、禹之间次第的君臣关系和禅让传承,也没有把禹与夏代联系起来,这都是因为古史资料遗存过少而导致的"逻辑断裂",而这种"逻辑断裂"显然不是真实的历史断裂。就中国上古史系统而言,"逻辑断裂"是一定存在的,因为上古历史资料保存至今的绝对可以说是"百不存一"。虽然近百年来中国考古学的巨大发现,特别是殷周甲骨文和金文的研究进展在一定程度上缓解了上古史历史资料极度缺乏的窘境,但是上古历史资料"百不存一"的总体情况仍然没有发生根本性的改变。当然,"百不存一"这恐怕也是过于乐观的一种估计,按照某种更加悲观的看法至少是十万分之一:"太古之事灭矣,孰志之哉? 三皇之事,若存若亡;五帝之事,若觉若梦;三王之事,或隐或显,亿不识一。"③所以说只要是上古史料极度缺乏的情况没有发生改变,由各种"逻辑断裂"而造成的"顾颉刚难题"④就会一直存在,这是一个客观事实。

---

① 顾颉刚:《答刘胡二先生书》,《古史辨》第一册,上海:上海古籍出版社1982年版,第99—101页。
② 李学勤:《三代文明研究》,北京:商务印书馆2011年版,第18页。
③ 《列子·杨朱》。其中"亿不识一"中的"亿"字应作"十万"解,因为下文有"当身之事,或闻或见,万不识一。目前之事或存或废,千不识一。"
④ 张京华:《顾颉刚难题》,《中国图书评论》2008年第2期。

进一步来说,胡适以及顾颉刚所主张的凡事都要"拿证据来"的研究方法对于自然科学研究最为适用,对于一些社会科学门类来说也大可尝试,但是对于上古史研究而言,因为其根据主要就是经过长期流传的古代典籍所记载的文字资料,史料所载不全面更不完备,所以凡事都要"拿证据来"是不可能的。反过来讲,顾颉刚针对中国古史系统所提出的各种疑问也只不过是在这些文献资料中打转转而已,他又能够拿出什么超出这些文字记载而堪称过硬的证据来呢?从根本上来说,顾颉刚也只不过是凭空起疑。比如,如果大禹真的是一种动物(当时有学者戏称其为"禹是一条虫")的话,那么这是种什么动物呢,你能够拿出来一只叫"禹"的动物来看看吗?所以不能依照顾颉刚这些缺乏根据的猜测就把中国上古历史系统一概否定,在没有新发现的明确的证据能够支持顾颉刚这些猜测之前,三皇五帝和尧、舜、禹以及夏、商、周这一套代代相传的中国上古史系统在总体上都可以肯定下来。①

长久以来很多现代学者包括历史研究专家都倾向于接受顾颉刚对中国古史系统的全盘否定,进而认为"所谓'夏朝'及其世系,是西周以来为了政治需要杜撰的,《史记》不辨真伪地将之记载,淆乱了真实的历史",②这种看法实际上是在没有根据的情况下怀疑并否定司马迁父子作为代代相传的史官所理应具有的最基本的史料辨别能力,它明显是狭隘和武断。对此,历史学家金景芳给出了一针见血的论断:所谓的"疑古辨伪",实际上"就是任意地怀疑一切东西,任意地否定一切东西。"这种怀疑一切、否定一切的做法当然是不可取的。而对待这些有很多缺欠的历史材料的正确态度应该是:

> 不可否认,中国现今流传的古代历史文献,其中确有若干是后人伪造的,辨伪工作确是历史科学工作中一项最重要的工作。但是,辨伪工作本身并不是目的,辨伪工作并不是要求某一个人能证明伪的多就算好,可以允许把真的也说成是伪的,而是要求能做得正确,不把伪的错认为真的,也不把真的错认为伪的,让历史科学建筑在稳固的基础之上。③

可见,一味地辨伪并不是历史研究工作的正确方法,无论是辨伪还是"疑古辨伪",最终的目的还是要追求历史的真实。特别是对于上古时期而

---

① 参见金景芳:《金景芳先秦思想史讲义》,天津:天津古籍出版社2007年版,第19页。对于疑古思潮全面彻底地反思可参阅此书第5—18页。
② 乔治忠:《张荫麟诘难顾颉刚"默证"问题之研判》,《史学月刊》2013年第8期。
③ 金景芳:《金景芳先秦思想史讲义》,天津:天津古籍出版社2007年版,第12页。

言,"疑古辨伪"实际上已经对学术研究的进步产生了重大的阻碍,这正如童书业在《古史辨》第七册《自序》中所说的"甚至有人著中国通史,不敢提到上古只字"。这种"疑古辨伪"实际上已经跌入历史虚无主义的陷阱之中而不自知了。

除了金景芳等学者明确提出反对意见之外,至今学界仍然有很多学者为古史辨派进行辩护,认为其学术成绩很大,值得肯定之处尤多,乃至于有反封建的意义。对此笔者不敢苟同。如果说"以往许多疑古的观点,都因新的考古发现而增加了力度"这种论断是正确的话,那么这也只是疑古思潮暂时的、局部的胜利。正所谓"风物长宜放眼量",中国不到一百年的考古发现,对于动辄几千乃至上万年的中国古史来说真的不算什么。令人悲哀的是,作为假说的"层累地造成的中国古史"理论可以一直存在并对近百年的学术研究产生巨大影响,以至于长期以来国内学界除了谢无量等少数学者的著作之外,大多数中国哲学史和中国思想史的追溯性研究都止步于春秋末期。① 这些通过文本实证似乎无法跨越的"逻辑断裂",实际上可以用逻辑推理来轻松化解,这正如当年章太炎诘问口出狂言的青年顾颉刚:你没有曾祖父,因为你没有见过他!绝大多数人都没有见过曾祖父,但是每个人都一定有曾祖父,不能因为你没有见过曾祖父就轻易否定他这个人的存在。所以由"逻辑断裂"层累而成的"顾颉刚难题"实际上只是个"伪问题"。代代相传的历史典籍必须得到尊重,不能仅仅根据"默证"和"丐词"就轻率地对其加以否定。

在20世纪初,与彻底否定古史的"疑古思潮"相伴而生的还有一个全面否定古书的"古书辨伪运动",其以张心澂《伪书通考》为集大成之作。在"古书辨伪运动"的汗漫博盖之下,先秦古籍几乎无一不伪,其中关于上古史的记载更是被认定为没有一点点是靠得住的。虽然"古书辨伪运动"甫兴之时,即有以余嘉锡为代表的一些传统学养深厚的博学之士对这种"由对古书的误解而产生的辨伪"进行了深刻的批评,但是这种老成笃实的学术意见不流行,更不新潮,其影响反而大大不如"古书辨伪"和"古史辨伪"。这就导致了在几十年后的今天,虽然文献学的研究取得了长足进步,又出土了大量典籍,使得对古书的很多误解都得到了彻底澄清,但是"古书辨伪"的错误观念却迟迟得不到彻底清算,很多先秦古籍还被当作"伪书"或打入另册,或束

---

① 谢无量先生1915年初版的《中国哲学史》的上古哲学史部分包括"唐虞哲学"和"夏商哲学"。在胡适《中国哲学史(上)》"截断众流"之后,以冯友兰系列著作为代表的中国哲学史写作大都从孔子开始。

之高阁。比如,当年胡适在书写中国哲学史之先秦部分时,凡是关于社会背景的论述尽取诸《诗经》而把《周礼》和《左传》弃之不用,这就是疑古的错误观念使得他对诸多先秦典籍视而不见。遗憾的是,胡适当年的错误的疑古观念现在仍然在产生作用和影响,仍然制约着后代学人对早期中国学术史的研究。

总之,李学勤等前辈学者早就大力倡导"走出疑古时代",主张抛弃那些"疑古过勇"的旧观念,进而重新梳理先秦学术史,而正是因应这种学术动向,本书将伏羲所代表的三皇时代、黄帝所代表的五帝时代和夏商西周时期的道术思想总体演化之大势作为考察上古学术的主要历史线索,进而对中华文明独有的道术思想的创造演化的总体路径进行梳理和研判。

二、"以中释中",进行上古道术思想解读

中华文明悠久灿烂,其人文思想或精神文明的早熟是广为人知的一个事实。生产工具的落后并不必然意味着心灵的蒙昧、感知的愚钝和思维的无力,"简单""低级"和"朴素"这些长久以来被滥用的形容词对于上古圣贤而言其很可能只是今人厚今薄古、妄自尊大的梦呓。就上古学术史研究而言,我们不能机械地套用思想进化论的叙述模式,必须承认在"圣人崇拜"或"祖先崇拜"背后所隐藏着的上古先贤的卓异不凡。孔子曰:"唯上智与下愚不移。"(《论语·阳货》)宽泛地说,古今各个时代都有圣人、贤人以及普通人和愚人的差别。对于极少数智识卓异者而言,不能够否认他们的智慧远超常人并能够做出泽被后世的思想创造。我们现在要以"道术"为中心对上古史进行考察,所关注的自然就不是普通人的常俗观念、日常劳作,不是平民百姓的宗教迷信、流行崇尚以及风俗习惯,我们所关注的是那些智慧超绝、光照千秋的创造文明的文化巨人思想之发轫。当然,在上古时代由于"内圣"往往意味着"外王",或者说"内圣"必然导致"外王",这些思想文化巨人往往就是三皇五帝中的诸位王者。

对上古史而言,经过数千年的岁月消磨,在历史的深邃天空中就只有这些超绝豪迈的思想光芒能够穿越时空投射到我们面前,在很大程度上决定着古今中国人的宇宙观和生命观,并对当代中国人的认知方式和日常生活产生重要影响。即使这些思想文化巨人留给我们的或许是高文典册之中的寥寥数语,或者是风闻流传的一段故事,它也值得我们去细细思量,值得我们去认真揣摩。

总体来看,在中国哲学史与中国思想史研究之中有"以西释中""以马释中""以中释中"三个总体思路,即以胡适、冯友兰为代表的按照西方哲学某一流派的观点来研究中国哲学史的总体思路,以任继愈、侯外庐为代表的按照马克思主义哲学来研究中国哲学史与中国思想史的总体思路,以陈黻宸、谢无量为代表的按照中国学术传统本身的问题和路径来研究中国哲学(史)的总体思路。与前两种研究思路相比,按照中国学术传统自身的问题和路径来研究中国哲学(史)的这种总体思路在现今阶段研究成果最为薄弱,也最值得提倡。

在一百多年来"以中释中"的中国哲学史研究脉络中,"道术"始终是一个中心概念。比如,最早在北京大学讲授中国哲学史课程的陈黻宸就认为"欧西哲学实近吾国道术",所以"中国哲学史"可以看作"中国道术学史",而"道术"就存在于古代圣贤的教化事迹、嘉言懿行当中。再比如,撰作第一部《中国哲学史》的谢无量更是把哲学和道术直接等同起来:"道术即哲学也"。此外,针对胡适《中国哲学史大纲》(上卷)中存在的"以西释中"问题,傅斯年认为中国传统学术是"道术"以及"方术",不是"哲学"。可见,受到"哲学"概念使用和哲学学科引入的刺激,很多中国传统知识分子的"第一反应"都是用"道术"来概括和总结中国传统学术思想。虽然现在看来陈黻宸和谢无量对于"道术"和"哲学"这两个概念的理解并不准确,相关论述也很成问题,但是以"道术"为中心来梳理中国传统学术思想却是"以中释中"的中国哲学史研究中颇为突出的一个拓展趋势,这也在很大程度上说明了以"道术"为中心来概括和总结中国传统学术思想,特别是先秦学术思想的合理性。时至今日,借助于对"道术"的引入和讨论,"中国哲学合法性危机"必然可以得到很大程度上的度越和纾解。正如著名学者张祥龙所主张的那样,我们需要突破哲学的狭义观念,将哲学进一步广义化,使其足以容纳"中国古学"并建立起"哲学"与"道术"联合共生的后现代的中国哲学研究范式。①

总之,按照西方哲学的观念和方法来阐释中国传统经典,这虽然有其现实基础和历史必然,但是渊源久远的中国传统学术思想自有其独特之处,不适合"全盘西化"。道术思想是中国传统学术所独有的文化创造与精神内涵,其对于新时代社会主义精神文明建设,对于当前中国人精神家园的重建和回归,都具有重大意义。笔者还希望以此为突破口,努力建立起深植于本土的中国哲学话语体系,即以中国传统学术话语讲述中国人自己的精神生活、思想关注和生命智慧,阐发中国传统思想的独特价值,揭示其现代意义。

---

① 参见张祥龙:《"中国哲学","道术",还是可道术化的广义哲学?》,《哲学动态》2004年第6期。

第三节　研究前提与研究预设

一、关于"上古"时期的界定

金景芳曾经指出"中国古史有两个最明显的分界线，一个是夏，一个是秦"，①而"秦也是中国历史上一个最明显的分界线"。② 就政治制度而言，夏之前是禅让制，天下乃天下人之天下，有德者王天下，王天下者必有德；夏之后家天下开始凸显，"天下为公"开始向"天下为私"转化，而秦朝的武力统一和思想专制则意味着"一家一姓之天下"已经完全建立起来，于是思想文化随之就有了"天地一大变局"。

此前学界一般把诸子百家学术蜂起的春秋末期至战国时代的几百年称为"轴心时代"，并以之作为中国哲学史或中国思想史的首篇。但正所谓在厚积之后才能够薄发，这个"核心时代"当然不是从石头里面蹦出来的，它理所当然地具有久远的学术传承和幽深的思想渊源。可以说，对这个久远的学术传承和幽深的思想渊源追溯到了什么程度，我们对先秦诸子的思想才能够理解到什么程度。所以我们必须不畏艰险，在学术考察能够搜索的所有史料内，对这个常常被人所忽视的先秦诸子之悠远源头进行足够清晰的研判和梳理。

一般来说，一代有一代之学术畛域，一代有一代之思想主题。从总体上看，因为先秦学术思想的主题不同于汉代学术思想的主题，所以如果以汉代学者的思想框架去分析和讨论先秦时代的学术思想，那么就必然会带来削足适履和指鹿为马的风险。长期以来对于先秦学术的总体研究往往过于倚重汉代的学术研究文献，即在没有对这些汉代的学术研究成果进行反思、检验和考证之前就把汉代学者对先秦学术的总体理解贯彻到关于先秦学术的总体研究中去。实际上汉代学者对先秦学术的学派分类和随之而来的对各个学派起源的讨论并不一定符合先秦学术的实际情况。从《庄子·天下》来看，对先秦学术思想而言，无论是司马谈的六家之说还是班固的九流十家之说，它们都是几百年后根据不同的学术宗旨被创作出来的具有一定总结性的学术资料，其当然不具有权威意义，更不一定符合实际情况。正是因为如

---

① 金景芳：《金景芳先秦思想史讲义》，天津：天津古籍出版社2007年版，第2页。
② 金景芳：《金景芳先秦思想史讲义》，天津：天津古籍出版社2007年版，第4页。

此，以冯友兰为代表的中国哲学史研究者对先秦学术史资料的选择性疏离和对汉代学术史资料的过分倚重，由此导致了很严重的后果：上古学术成就被严重低估；道家学术渊源被大大压缩，乃至于被做扁平化处理；对阴阳和五行充满误解，对两者的起源更是无力解释……现在看来，如果要对阴阳和五行的起源和流变进行系统论述，就必须从"伏羲画八卦"开始，进行上古思想史的研究。

对"上古"的理解，古今中外各有不同。有人认为上古时代是指现存文字记载出现以前的历史时代，即史前时代，也有人用上古时代指称夏以前的时期，也就是三皇五帝时代。在现当代中国学术界比较流行的还有上古、中古和近古这一系列区划，即上古是先秦两汉（公元3世纪以前），中古是魏晋至明中叶（公元3世纪至16世纪，也有学者把中古定义为魏晋南北朝隋唐），近古是明中叶至五四运动（公元16世纪至20世纪初期）。

为了叙述的完整和系统，兹定义：

本书所说的"上古"是指东周以前的历史时期，也就是说本研究所谓的上古不仅包括三皇五帝时期，还包括夏、商和西周。

之所以这样进行划分其主要原因是：胡适的《中国哲学史大纲》（上卷）是以春秋时期的老子为开端的，冯友兰的中国哲学史系列著作则是以春秋时期的孔子为首篇，而本研究的首要目标正是要对此进行一番追溯久远的补充和澄清。所以为了把一直被否定、被忽视、被斩断的中国哲学史之"史前"部分补充完整，必须对东周以前的学术系统进行考察，而东周之前的这一历史时期又迥异于通常所说的"先秦"时期——"先秦"即秦之前，至少是包括了东周时期和本研究所说的"上古"时期。搜寻并比较一番之后可以发现，只有"上古"或"远古"这两种称谓比较适用于笔者所说的东周之前这一历史时期。又因为"远古"的内涵已经被历史学家和考古学家界定过多次，其所指更加明确地不是本研究所适用，①所以相对而言本研究以"上古"命名东周之前这一历史时期应该比使用"远古"一词更加恰当。

在以"上古道术思想史"为题进行正本清源的研究之后，希望能够以此为基础再对春秋时期和战国时期——也就是东周时期的道术思想进行一番梳理和说明，当然这已经是本研究完成之后的后续研究了。

二、"三皇时代"和"五帝时代"的历史划分

"三皇时代"和"五帝时代"这两个概念是本研究对上古历史所做出的

---

① 参见张忠培、严文明：《中国远古时代》，上海：上海人民出版社2017年版。

基本划分,现对其进行一番详细解说。

虽然有盘古开天地的说法,就逻辑而言其在伏羲、女娲之前,但盘古开天地只是对宇宙产生的一种神话叙述,而盘古明显是一个创世神,他根本就不是历史人物。所以盘古开辟天地的神话传说不应该被视为中国哲学或中国思想的开端。依据吕思勉、饶宗颐等学者的考述,盘古开天地的创世神话产生于佛教东传之后,不应早于东汉末年。在此之前,盘古之神不见于中国的古籍和古画。然而在此之后却"传之甚广",不仅见于《艺文类聚》《太平御览》《绎史》《通鉴续编》《唐开元占经》《古今律历考》等各种典籍,而且也被汉魏以后的道教神仙谱系所吸收。吕思勉将"盘古考"置于"古史时地略说"上下篇之前,足见其亦不把盘古当作历史人物来对待。[1] 所以但凡正规的思想学术史不应以盘古以及盘古开天地作为开端而展开讨论。

"三皇五帝"之说由来甚久,先秦时代多有引述,比如《周礼·春官》中有外史"掌三皇五帝之书",《庄子·天运》有师金应答颜渊之问而对"三皇五帝之礼义法度"所进行的精彩评论:"故夫三皇五帝之礼义法度,不矜于同而矜于治。故譬三皇五帝之礼义法度,其犹柤梨橘柚邪!其味相反而皆可于口。"《天运》还有子贡与老聃就"三皇五帝之治天下"而展开的问答,特别值得注意的是当老聃就"三皇五帝之治天下"发表评论时他仅仅列举了黄帝、尧、舜、禹四位上古帝王。可见在先秦典籍中的"三皇五帝"一词很可能只是一个宽泛的说法,"三皇"和"五帝"以及其中的"三""五"之数并没有非常明确的具体指称。应该是在汉代全面整理古籍之时,"三皇"和"五帝"才开始被赋予明确的指称。所以虽然三皇五帝之说源远流长,"是历史上形成的有客观根据的概念,对历史研究有重要的参考价值",[2]但是所谓的三皇、五帝之所指不应该被理解得非常僵化。"三皇五帝"中的三、五之数实际上都应该是泛指其多,所以可以借鉴和吸收司马迁《史记·五帝本纪》和司马贞《史记·补三皇本纪》的处理,把漫长的三皇五帝时期一分为二,将其非常宽泛地划分为"三皇时代"和"五帝时代"。

那么"三皇时代"和"五帝时代"分别包含哪些历史人物呢?

根据吕思勉的研究,"历考载籍,三皇异说有六,五帝异说有三"。[3] 实际上关于三皇和五帝的确切所指还有其他说法,综合来看关于三皇的说法至少可以列举出以下七种:

---

[1] 参见吕思勉:《吕思勉读史杂记(上)》,上海:上海古籍出版社1991年版,第1—6页。
[2] 金景芳:《中国奴隶社会史》,上海:上海人民出版社1983年版,序,第8页。
[3] 吕思勉:《吕思勉读史杂记(上)》,上海:上海古籍出版社1991年版,第26页。

其一，伏羲、女娲、神农（《史记·补三皇本纪》《元命苞》《运斗枢》）；

其二，天皇、地皇、泰皇（《史记·秦始皇本纪》）；

其三，燧人、伏羲、神农（《尚书大传》《古史考》《纬书》等）；

其四，伏羲、神农、祝融（《白虎通》）；

其五，伏羲、神农、黄帝（《尚书孔传序》《帝王世纪》《世本》）；

其六，天皇、地皇、人皇（《史记·补三皇本纪》，其中兼有二说）；

其七，伏羲、神农、共工（《资治通鉴外纪》）。

关于五帝的说法至少可以列举出以下八种：

其一，黄帝、颛顼、帝喾、尧、舜（《世本》《大戴礼记》《史记·五帝本纪》《六韬》）；

其二，大皞（太昊、伏羲）、炎帝、黄帝、少皞（少昊）、颛顼（《礼记·月令》《吕氏春秋》）；

其三，羲（伏羲）、神农、黄帝、尧、舜（《战国策》）；

其四，黄帝、少昊、颛顼、帝喾、尧、舜（《礼记·曲礼》郑玄注，此处以六人为五帝）；

其五，黄帝、少昊、颛顼、帝喾、尧（《资治通鉴外纪》）；

其六，少昊（皞）、颛顼、高辛（帝喾）、唐（尧）、虞（舜）（《尚书序》《帝王世纪》等）；

其七，东方青帝灵威仰、南方赤帝赤熛怒、中央黄帝含枢纽、西方白帝白招拒、北方黑帝汁先纪（《周礼·天官》贾公彦疏）；

其八，东方太昊、南方炎帝、西方少皞、北方颛顼、中央黄帝（《楚辞·惜诵》王逸注）。

比较关于三皇的各种说法，在排除"天皇、地皇、泰皇"和"天皇、地皇、人皇"这两种并非确指历史人物的说法之后，不难发现，其中伏羲与神农的出现频率最高，而伏羲大都居于首位，神农居于次位，可见伏羲和神农是"三皇时代"的两个中心人物。

在排除贾公彦的"五方帝"之说（第七种）和王逸的"以历史人物附会五方帝"（第八种）这两种说法之后，比较关于五帝的其余六种说法，不难发现，其中黄帝以及伏羲的出现频率最高，而黄帝以及伏羲大都居于首位。可见"三皇"和"五帝"所指大有重合之处，这也在很大程度上证明了在先秦典籍中"三皇五帝"一词很可能只是一个宽泛的说法。

因为黄帝在伏羲之后，关于这一点史学界有共识，所以既然在"三皇"之中已经把伏羲作为中心人物来处理，那么在"五帝"之中就可以以黄帝为中心人物。还因为除了伏羲和黄帝之外，尧、舜作为历史上的重要人物在"五帝"之中都曾经反复出现,所以比较关于五帝的各种说法之后,特别是结合《史记·五帝本纪》中的记载,可以把黄帝定为"五帝时代"的中心人物,而尧、舜则位列其后。即如金景芳所说:"黄帝之后,又有少皞,说明所谓'五帝'不止于《史记》所说的黄帝、颛顼、帝喾、帝尧、帝舜五人。实际上,'五帝'同'三王'、'五霸'一样,是一个特定的历史时代的称谓。大体上说,黄帝、颛顼是这个时代的初期,尧、舜则是这个时代的晚期。"①

以上就是做出"三皇时代"和"五帝时代"这两个历史划分并厘定伏羲和黄帝这两个时代中心人物的主要依据。

根据沈长云的研究,五帝"只是不同氏族部落的首领","五帝有不同说法和不同排列顺序也是与古代民族的多元性、非单一血统的性质正相吻合的","五帝时代所处的社会发展阶段应属于酋邦阶段,也是国家社会形成之前的一个重要时期。"②

由此我们可以推断,三皇也是不同氏族部落的首领,三皇有不同说法和不同排列顺序也与中国古代民族的多元性、非单一血统的性质正相吻合,三皇时代所处的社会发展阶段应属于更低级的氏族部落阶段,或者说是原始社会。

在这里补充说明一点,中国考古学的奠基者苏秉琦主张把中华文明的渊源向前追溯到旧石器时代,并将中国历史文化的发展总结为四个阶段:"超百万年的根系,上万年的文明起步,五千年的古国和两千年中华一统实体。"③以之为参照,"三皇时代"应该就是"超百万年的根系",而"五帝时代"则对应于"上万年的文明起步"和一部分"五千年的古国"时期,而且中华文明的起源"不似一支蜡烛,而像满天星斗。"诚哉斯言。

三、"道术"概念的内涵

在从三皇五帝到西周时期的悠远漫长的上古时期里,"道术"是中国思想学术的主要内容,这是本书的基本观点。

在展开正式讨论之前,有必要对"道术"概念的内涵进行多方位的讨论。首先从文字训诂出发,对"道"和"术"两个字的含义进行辨析。因为在文字发展的频道上,"道术"是比较后出的一个概念,而"道""术"是先有的,要准确把握"道术"的内涵,无法离开"道""术"历史图画的究明来完成,"道术"的讨论必须从"道"和"术"两个字开始。

---

① 金景芳:《中国奴隶社会史》,上海:上海人民出版社1983年版,第2—3页。
② 沈长云:《五帝时代的历史学、考古学和人类学解读》,《中原文化研究》2020年第5期。
③ 郭大顺:《苏秉琦:告别一烛独照,看见满天星斗》,《光明日报》2020年11月2日。

其次从文献耙梳入手,对古代特别是先秦时期的"道术"概念使用进行梳理。这种工作就很有些观念史研究的意蕴了。我们需要在各种各样的话语之中,辨析其"道术"概念的内涵,看看能否理出一条线索,进而明确一条思想史展开的径路。

再次是从中国哲学史的角度,特别是根据金岳霖和冯友兰对中国哲学的独特认知和阐释,与"道术"概念的内涵进行对照发明。

最后根据以上三个方面的讨论对"道术"概念加以明确界定,对其内涵与意义加以初步总结。

(一)"道""术"与"道术"概念的内涵

首先来看"道"字的含义。

道[dào],从构字法来看其属于形声字。从辵(chuò),首声。

作为名词,道字主要有以下义项:

1. 供行走的道路

道,所行道也。——《说文》

一达谓之道。——《尔雅》

道坦坦。——《易·履》

百夫有洫,洫上有途,千夫有浍,浍上有道,万夫有川,川上有路。——《周礼·地官·遂人》。注:"途容车一轨,道容二轨,路容三轨。"

大道甚夷,而民好径。——《老子》五十三章

道听而途说。——《论语·阳货》

从此道至吾军,不过二十里耳。——《史记·项羽本纪》

道渴而死。——《山海经·海外北经》

今天大雨,道不通,度已失期。——《史记·陈涉世家》

2. 道德、道义、正义

得道多助,失道寡助。——《孟子·公孙丑下》

伐无道,诛暴秦。——《史记·陈涉世家》

3. 道教的教义

豪家少年岂知道,来绕百匝脚不停。——韩愈《华山女》

4. 道教、道士

阿兄形似道,而神锋太俊。——《世说新语·赏誉》

二郗奉道,二何奉佛;皆以财贿。——《世说新语·排调》

5. 线条或细长的痕迹。

6. 路程、行程

日夜不处,倍道兼程。——《孙子·军争》

7. 方式、方法、技能

为开其资财之道也。——晁错《论贵粟疏》

深谋远虑,行军用兵之道,非及向时之士也。——贾谊《过秦论》

策之不以其道。——唐·韩愈《杂说》

8. 水流通行的途径。

9. 地域的区划名。

10. 学术或宗教教义

悦周公、仲尼之道。——《孟子·滕文公上》

然墨之道,兼爱为本,吾终当有以活汝。——明·马中锡《中山狼传》

11. 指宇宙的本体及其规律

脩道而贰,则天不能祸。——《荀子·天论》

闻道百,以为莫己若者,我之谓也。——《庄子·秋水》

师者,所以传道受业解惑也。——唐·韩愈《师说》

臣之所好者,道也;进乎技矣。——《庄子·养生主》

12. 方向、志向

不得通其道,故述往事,思来者。——司马迁《报任安书》

作为动词,道字主要有以下义项:

1. 说、讲

万户侯岂足道哉!——《史记·李将军列传》

不足为外人道也。——晋·陶渊明《桃花源记》

2. 表示。

3. 取道、经过

从郦山下,道芷阳间行。——《史记·项羽本纪》

道海安、如皋,凡三百里。——宋·文天祥《指南录·后序》

4. 引导、疏导

知周乎万物而道济天下。——《易·系辞上》

道之以政,齐之以刑,民免而无耻。——《论语·为政》

道民之门,在上之所先。——《管子·牧民》

乃学辟谷,道引轻身。——《史记·留侯世家》

5. 料、想、以为

刘太公惊呆了,只道这早晚正说因缘,劝那大王,却听的里面叫救人。——《水浒传》

作为量词,道字主要有以下义项:

1. 用于长条形的东西。

2. 用于门、关口等的阻拦的物。

3. 用于某些分次、分项或分程序的事物。

4. 用于某些分程序的动作。

作为介词,道字主要有以下义项:

1. 从、由

诸使者道长安来。——《汉书·淮南传》

小结:

道,从辵(辶 chuò)从首,首亦声。"首"指"头"。道,从字形来看是头行走,即头部带领身体的走向,引申为万物万法之源,创造一切的本原,生命的本性。即如"天命之谓性;率性之谓道;修道之谓教。"(《礼记·中庸》)或者是"人法地,地法天,天法道,道法自然。"(《老子·第二十五章》)

其次来看"术"字的含义。

术(術)[shù]字从构字法来看是形声字,从行,术声。行,甲骨文中指道路。

作为名词,术字主要有以下义项:

1. 城邑中的道路

术,邑中道也。——《说文》

术,道也。——《广雅》

审端径术。——《礼记·月令》

巷术周道者必为之门。门二人守之,非有信符,勿行。——《墨子·旗帜》

园圃术路。——《汉书·刑法志》。注:"大道也。"

横术何广广兮。——《汉书·燕刺王旦传》

归空城兮,狗不吠,鸡不鸣,横术何广广兮,固知国中之无人!——《汉书》

冠盖阴四术,朱轮竟长衢。——《文选·左思·咏史诗八首之四》

2. 泛指街道、道路

齐城、高唐当术而大败。——《孙膑兵法·擒庞涓》

3. 方法、策略

臣有百胜之术。——《战国策·魏策》

叩其术,曰:"是无难,别具本章,狱词无易,但取案末独身无亲戚者二人易汝名。"——清·方苞《狱中杂记》

子有何术可导我耶?——唐·李朝威《柳毅传》

4. 特指君主控制和使用臣下的策略、手段

孤不度德量力,欲信大义于天下,而智术浅短,遂用猖獗,至于今日。——《三国志·诸葛亮传》

5. 权术、计谋

人主之大物,非法则术也。——《韩非子·难三》

6. 技艺、业术

古之学术道者。——《礼记·乡饮酒义》

役民三司盗者,授以击刺之术。——宋·苏轼《教战守》

女婉贞,年十九,自幼好武术,习无不精。——清·徐珂《清稗类钞·战事类》

7. 法、法律

术,法也。——《广雅》

不以犯有司正术也。——《礼记·文王世子》

故君子操权一正以立术。——《商君书》

8. 学说

闻道有先后,术业有专攻,如是而已。——唐·韩愈《师说》

窦太后好黄帝、老子言,帝及太子诸窦不得不读《黄帝》《老子》,尊其术。——《史记·外戚世家》

9. 方术,指医、占卜、星相等术艺

近塞上之人,有善术者,马无故亡而入胡。——《淮南子·人间训》

10. 技艺

惜哉剑术疏,奇功遂不成。——晋·陶渊明《咏荆轲》

作为动词,术字主要有以下义项:

1. 学习、实践

蛾子时而术之。——《礼记·学记》

2. 通"述",申述、叙述、记叙

昔者暴王作之。穷人术之。——《墨子·非命下》

体恭敬而心忠信。术礼义而情爱人。——《荀子·修身》

今陛下念思祖考。术追厥功。——《汉书·贾山传》

能术远者考之以近。——陆贾《新语》

3. 选择职业

孟子曰:"术不可不慎。"信夫！——方苞《狱中杂记》

小结:

术,shù,甲骨文中指道路,兼指城邑中的道路。从字形上看从行从术,有实行、技术或方法合二为一的意思。

在对"道""术"两个字的含义进行辨析之后,我们再来看看由"道"和"术"两个字合成的"道术"这个词的基本含义。总体而言,"道术"之中的

"道""术"两个字的关系可以是并列的,也可以是偏正的,或者是某种特殊逻辑关系。下面对这三种可能一一分述之:

1. 如果"道术"之中的"道"和"术"是并列的两个字的话,即"道术"就是指"道"和"术",那么"道术"这个词就有同义反复的意蕴。

因为"道"和"术"是并列的关系,先后可以颠倒,所以这时候的"道术"也可以写作"术道"。比较有趣的是,先秦时期的"道术"确实有写作"术道"的情况。比如《礼记·乡饮酒义》就有"古之学术道者,将以得身也。"郑玄注曰:"术,犹艺也。"孔颖达疏:"言古之人学此才艺之道也。"将"术道"解说为才艺之道,这恐怕并不确切。这里的"古之术道""古之道术"有可能说的都是自古相传的道术传统。需要补充说明的是,根据本人的电子检索,《礼记》(《大戴礼记》)之中没有出现"道术"一词。

"道"和"术"都有道路的义项,而且道路这一义项都是两者的最基本义项,所以"道术"之中的"道"和"术"是并列的关系可能性最大。

2. 如果"道术"之中的"道"和"术"两个字是偏正关系的话,那么"道"和"术"就有哪一个是中心的问题。按照一般理解,"道"是偏,"术"是正,"道术"是指关于修行"道"的"术",即求取"大道"的"实践、方法或技术"。这时候因为"道"和"术"是偏正的关系,先后绝不可以颠倒,所以这时候的"道术"是不可以写作"术道"的。这时候"道术"一词的结构就与"医术""巫术"等词语类同,都是关于某一种特殊学科或独特门类的技术和经验,并在词源学上具有同样的地位。

3. 如果说"道术"之中的"道"和"术"既不是并列关系,也不是偏正关系,而是某种特殊逻辑关系的话,那么"道术"一词实际上就意味着在修道这种独特的知识系统之中,"道"和"术"具有某种不可分割、相互依存的关系。如果非要把"术"解说为技术或技巧的话,那么这种"术"就是通达"道"的特殊途径或独特手段,即由"术"入"道"或由"技"入"道"。这种情况就如同《庄子·养生主》所说的"臣之所好者,道也;进乎技矣。"在此情况下,"道术"之中的"道""术"两个字的关系就不是并列的,也不是偏正的,而是某种逻辑的关系,比如目标和途径的关系。

以上三种可能究竟孰是孰非,或者说是可以互相发明,现在还难以辨明,需要下文对"道术"的内涵继续加以追问。

(二)古文献中的"道术"概念与"道术传统"

参照既有的"道术"概念解说,本节拟对古文献中的"道术"概念进行梳理后进行对比分析,以期加深对"道术"含义的理解并凸显出一个具有确定指向的"道术传统"。

首先讨论的是古文献中的"道术"概念。一般来说,"道术"一词有以下几个义项:

1. 道路。《庄子·大宗师》有"鱼相忘乎江湖,人相忘乎道术。"宋孙奕《履斋示儿编·正误·道术》对此特别的加以说明:"途之大者谓之道,小者谓之术……庄周以江湖对道术而言,则直指为道路无疑矣。"按照这种说法,这时候"道术"一词之中的"道""术"两个字的关系是并列的,都取其本义道路的意思。

2. 指学术、学说。《庄子·天下》有:"后世之学者,不幸不见天地之纯,古人之大体,道术将为天下裂。"汉刘歆《移书让太常博士》之中有"陵夷至于暴秦,焚经书,杀儒士,设挟书之法,行是古之罪,道术由此遂灭。"这已经是把经书和儒士所代表的儒家学说指称为道术了。与之相承接,宋王珪《除皇伯祖承亮检校工部尚书制》有"曾无车服珍宝之玩,固有诗书道术之明。"这是把"诗书"约略等同于"道术",还是归为儒家学术。《文心雕龙才略第四十七》有"诸子以道术取资",这是把先秦诸子的各种学说统统称之为道术。梁启超《新民说》十一则继承之:"中国惟战国时代,九流杂兴,道术最广。"这是用道术泛指称九流十家的传统学术之总体。

3. 治国之术。《吕氏春秋·任数》有"桓公得管子,事犹大易,又况于得道术乎!"汉张衡《四愁诗》序有"屈原以美人为君子,以珍宝为仁义,以水深雪雾为小人,思以道术相报,贻于时君,而惧谗邪不得以通。"宋司马光《稷下赋》:"然而诸侯未服,四邻交侵,士有行役之怨,民有愁痛之音,意者臣等道术之浅薄,未足以称王之用心故也。"

4. 道德学问、文章道德。《墨子·非命下》:"今贤良之人,尊贤而好功道术,故上得其王公大人之赏,下得其万民之誉。"《韩诗外传》卷二:"夫治气养心之术,血气刚强则务之以调和,智慧潜深则一之以易谅,勇毅强果则辅之以道术,齐给便捷则安之以静退。"汉荀悦《汉纪·文帝纪上》:"逐去邪人,不使见邪行者,皆选天下端士,孝弟博闻有道术者以卫翼之,使与太子居处出入。"

5. 道教的法术、方术以及道士自身的修炼与修行,包括内丹、外丹、服食、导引等内容,还有道教中人的宗教活动,包括道教经法、忏法、斋、醮、符咒、禁咒、隐遁、乘跻、驱邪、伏魔、降妖、消灾、祈禳、纵横、兵法、神仙术、辟谷等。《后汉书·张楷传》:"〔张楷〕性好道术,能作五里雾。"晋葛洪《神仙传·魏伯阳》:"魏伯阳者,吴人也。本高门之子,而性好道术。后与弟子三人入山作神丹。"宋孔平仲《孔氏谈苑·麹生》:"叶法善有道术,居玄真观。"明冯梦龙《邯郸梦·酒馆求度》:"据著道术呪符,便鸡犬也都堪度。"清吴骞

《扶风传信录》:"盖仲仙亦尝述附云之名于可觐,并称其有道术。附云谓仲仙尝得真人宝印,故能如是。"

我们先来看第一个义项之中的"鱼相忘乎江湖,人相忘乎道术",即鱼相忘于江湖而人相忘于道路,这句话还有第二种解说,即鱼相忘于江湖里,人相忘于大道的追求之中。而这种解说无疑更加符合原文意旨,也与庄子思想非常贴切。现引述《庄子·内篇·大宗师第六》原文如下:

> 子贡曰:"然则夫子何方之依?"孔子曰:"丘,天之戮民也。虽然,吾与汝共之。"子贡曰:"敢问其方。"孔子曰:"鱼相造乎水,人相造乎道。相造乎水者,穿池而养给;相造乎道者,无事而生定。故曰,鱼相忘乎江湖,人相忘乎道术。"

颜回殁后,孔子晚年最得意的弟子子贡问孔子说:"如此,那么先生将遵循什么准则呢?"孔子说:"我孔丘,乃是苍天所惩罚的罪人。即使这样,我仍将跟你们一道去竭力追求至高无上的'道'"。子贡问:"请问追求'道'的方法。"孔子回答:"鱼争相投水,人争相求道。争相投水的鱼,掘地成池便给养充裕;争相求道的人,漠然无所作为便心性平适。所以说,鱼相忘于水波浩渺的江湖里,人相忘于无穷无尽的道术追求中。"

可见,将此处的"道术"一词解说为"道路",无疑是犯了"一叶障目"错误。"道术"之中的"术"字可以解说为道路,并把"道"也训为道路,这诚然不错,但是"人相造乎道"和"相造乎道者,无事而生定"之中的"道"字无论如何也不可以按照道路来解释,何况,这还是在《庄子》文本之中。

所以《庄子·内篇·大宗师第六》之中的"道术"一词应该解说为"大道","至高无上的'道'",或者《庄子》文本之中出现的"至道"。相应的,所谓的"道术"概念的第一个义项"道路"应该是不正确的。

与上述论述相承接,总体来看,"道术"概念的第二个义项"学术、学说"应该是不准确的。《庄子·天下》"道术将为天下裂"之中的"道术"是"大道",是"至高无上的'道'",不是某一种普通的学术思想,也不是学术思想的整体。而到了汉代刘歆的时候,由于独尊儒术的影响,"道术"一词已经被儒家所据有并使用,一般以之指代儒家学术思想了。到了宋代王珪的时候,道学昌明,"道术"继续被儒家占据,把"诗书"之学约略等同于"道术"这应该是一种通常的说法。到了近代总结古代学术思想的时候,梁启超对此中的细微变化已经并不加以分辨,而是用道术泛指称九流十家的传统学术之总体。可见"道术"概念所指称的内容随着各个时代学术思潮的嬗变而不断地进行着演化,其具体所指需要根据不同文本、不同人物及其时代而具体分析,将其泛泛地解说为"学术、学说"是不准确的。

"道术"概念的第三个义项"治国之术"恐怕也很有些问题。"道术"是"大道",是"至高无上的'道'",无论是治国还是修身,其所提供的原则与方法都具有决定性的意义。管子为有道之士,可谓治国能人,齐桓公由此受到影响而亲近道术,这当然是善莫大焉而诸事顺遂——在这一点上,与《吕氏春秋·任数》所谓的"事犹大易,又况于得道术乎"可以参照的是《黄帝内经·素问·解精微论篇第八十一》之中的"卑贱富贵,人之形体,所从群下,通使临事以适道术"。在很多古代学者看来,"至高无上的'道'"的首要功能就是治国,比如韩非子就认为比干等"十数人者,皆世之仁贤忠良有道术之士也,不幸而遇悖乱暗惑之主而死。"(《韩非子·难言第三》)这种理解在忠君报国思想发扬光大的汉代,当然可以大行其道,就像是张衡在《四愁诗》对屈原"思以道术相报,贻于时君"的设定——屈原有没有"道术"修养我们现在不得而知,但是楚怀王是个"无道昏君"这倒是可以百分之一百地确定下来——而为帝王治国纂作《资治通鉴》的宋代历史学家司马光在《稷下赋》之中的自谦兼自明也在沿用对"道术"的这种理解:"臣等道术之浅薄,未足以称王之用心故也。"

因为"道术"是"大道",是"至高无上的'道'",可以直接用来指导修身,所以"道术"有道德修养和道德文章的意蕴。这正如《礼记·乡饮酒义》所言:"德也者,得于身也。故曰:古之学术道者,将以得身也,是故圣人务焉。"这里的"术道"能够使人德行深厚而"得于身也",是圣人也要追求的东西,所以其就是"道术"。上述"道术"的第四个义项"道德学问、文章道德"也是从"大道"这一意义之中衍生出来的。进一步来说,从表面上看道术一词是指"道德学问"或"文章道德",实际上其背后是圣人以及"贤良之人"所追求的具有更加重大意义的内容,一方面其可以使人德行深厚而"得于身也",另一方面其上可以正道建议君王,下可使百姓安居乐业,"故上得其王公大人之赏,下得其万民之誉。"(《墨子·非命下》)汉代是一个提倡道德文章的时代,所以"道术"的第四个义项"道德学问、文章道德"被广泛使用,比如《韩诗外传》的"勇毅强果则辅之以道术",《汉纪·文帝纪上》之中的"孝弟博闻有道术者以卫翼之,使与太子居处出入。"等等。

"道术"的第五个义项是道教的法术、方术以及道士自身的修炼与修行,这种概念的出现和流行只可能发生在道教产生和流行的汉代之后,道家的概念被道教借用并改造,这与本书的主题无关,兹不赘述。

《庄子》文本之中"道术"一词一共出现了八次,除了《庄子·内篇·大宗师第六》这一次之外,其余七次都出现在《庄子·杂篇·天下第三十三》。下面择要引述之:

> 天下之治方术者多矣,皆以其有为不可加矣!古之所谓道术者,果恶乎在?曰:"无乎不在。"曰:"神何由降?明何由出?""圣有所生,王有所成,皆原于一。"不离于宗,谓之天人;不离于精,谓之神人;不离于真,谓之至人。以天为宗,以德为本,以道为门,兆于变化,谓之圣人;以仁为恩,以义为理,以礼为行,以乐为和,熏然慈仁,谓之君子;以法为分,以名为表,以参为验,以稽为决,其数一二三四是也,百官以此相齿;以事为常,以衣食为主,蕃息畜藏,老弱孤寡为意,皆有以养,民之理也。古之人其备乎!配神明,醇天地,育万物,和天下,泽及百姓,明于本数,系于末度,六通四辟,小大精粗,其运无乎不在。其明而在数度者,旧法、世传之史尚多有之;其在于《诗》《书》《礼》《乐》者,邹鲁之士、缙绅先生多能明之。《诗》以道志,《书》以道事,《礼》以道行,《乐》以道和,《易》以道阴阳,《春秋》以道名分。其数散于天下而设于中国者,百家之学时或称而道之。
>
> 天下大乱,贤圣不明,道德不一。天下多得一察焉以自好。譬如耳目鼻口,皆有所明,不能相通。犹百家众技也,皆有所长,时有所用。虽然,不该不遍,一曲之士也。判天地之美,析万物之理,察古人之全。寡能备于天地之美,称神明之容。是故内圣外王之道,暗而不明,郁而不发,天下之人各为其所欲焉以自为方。悲夫!百家往而不反,必不合矣!后世之学者,不幸不见天地之纯,古人之大体。道术将为天下裂。

随后以六个"古之道术有在于是者"为标志,导出《天下》篇作者认为或多或少地继承了道术传统的六个学派。

我们最感兴趣的是,从这一段话来看,其所谓的"道术",究竟是指什么呢?

首先,道术是从古至今流传下来的一种学术传统,今之道术就是"古之所谓道术"。

其次,老子和庄子是这种学术传统的主要传承者。

从上下文来看,《庄子·天下》篇所说的"古之道术"与老庄所说的"道"含义非常接近。比如,《天下》开篇即有设问"古之所谓道术者,果恶乎在?"作者自答:"无乎不在。"这种问答内容在《庄子·知北游》中也出现过:

> 东郭子问于庄子曰:"所谓道,恶乎在?"庄子曰:"无所不在。"

既然"道"是"无所不在",而"古之道术"也是"无乎不在",那么"无所不在"的事物不可能有两个,所以《天下》篇所说的"古之道术"应该就是庄子所说的"道"。

接下来《天下》篇又设问:"神何由降?明何由出?"作者自答:"圣有所生,王有所成,皆原于一。"对于"一"的阐发,老子尤力。"一"为"道"之所生,是"道"的功用和外化。所以《老子》有"道生一"(《老子·第四十二章》)的宏观论述,又有"昔之得一者:天得一以清;地得一以宁;神得一以灵;谷得一以生;侯得一以为天下正"(《老子·第三十九章》)的具体分别梳理。两相比较,《天下》篇的自问自答明显是对《老子》话语的概括和提炼,而其所言之"一"也就是"道"所生之"一"。《天下》篇作者对其所说的"古之道术"并没有进行直接的说明,这是中国古代哲学作品中的通常做法。或者说,对当时的学者而言"道术"或者"古之道术"是一种常识,没有必要进行特别的说明。但是,对于现代学术研究而言,就必须对"古之道术"这一概念的内涵进行一番勘验。

《天下》篇作者在对天人、神人、至人、君子、百官和百姓的生命状态进行一番描述后,对"古之道术"的功用进行了阐述,即"古之人其备乎!配神明,醇天地,育万物,和天下,泽及百姓,明于本数,系于末度,六通四辟,小大精粗,其运无乎不在。"这与《老子》之中所阐述的"道"的功用是非常接近的。

经过以上对"道术"概念的讨论,我们可以推导出:

在从老子到庄子的这一段历史时期,特别是在《庄子·天下》作者的思想观念之中,有一个"道术传统"曾经存在过,这个"道术传统"的主要内容就是老子和庄子所提倡的关于"大道"或"至高无上的'道'"的理论、原则、方法和实例。这个"道术传统"有久远的渊源与传承,其中阴阳就是一条清晰可辨的线索。

为了进一步说明这个先秦"道术传统"在战国时期的广泛流传广为接受及其在汉代被遮蔽被掩盖的过程,下面结合各种传世文献对此进一步加以说明。

"大道"之所以为君主所尊贵,是因为按照"大道"的规律处理国事可以人尽其才,诸事平顺,消弭灾祸。就人尽其才而这一方面来说,即所谓"是故道术德行,出于贤人"(《管子·君臣下第三十一》);就诸事平顺这一方面来说,即所谓"圣人贤士,不为爱尊爵;道术知能,不为爱官职";就消弭灾祸这一方面来说，即所谓"惟有道者，能备患于未形也，故祸不萌。"(《管子·制分第二十九》)齐桓公由此受到管仲影响而亲近道术，最终导致齐国繁荣昌盛而他也成为五霸之首，《吕氏春秋·任数》概括之为"事犹大易，又况于得道术乎？"这当然是非常有见解。

"大道"之所以为士人所尊贵，是因为依照"大道"的视野来研究学术可以增进修养，增长见识。比如，孔子就曾经总结自己的人生："邱少而好学，晚而闻道，以此博矣。"反之，"弃道术，舍度量，以求一人之识识天下，谁子之识能足焉？"(《慎子》逸文)

《庄子·天下》所反复申明的"道术传统"在西汉时期得到了继承和保留，时人对道术修行和道术修行有成的圣人、真人仍然仰慕得紧："夫鱼相忘于江湖，人相忘于道术。古之真人，立于天地之本，中至优游，抱德炀和，而万物杂累焉，孰肯解构人间之事，以物烦其性命乎？"所谓的"古之真人"正是在重申"道术传统"的源远流长，而真人的道术修行仍然是比圣人更加纯粹一些，即如"是故圣人内修道术，而不外饰仁义，不知耳目之宣，而游于精神之和。"(《淮南子·俶真训》)而且人们知道对于所有人而言，道术都是人生的一个必选课："故道术不可以进而求名，而可以退而修身；不可以得利，而可以离害。故圣人不以行求名，不以智见誉。法修自然，己无所与。"(《淮南子·诠言训》)无求而求，这也算是老庄之遗教遗风。修行道术多有好处，而且大道没有偏私，无论是聪明的人还是愚钝的人，都可以由此获得收益，提升境界，即所谓"夫骐骥千里，一日而通；驽马十舍，旬亦至之。由是观之，人材不足专恃，而道术可公行也。"(《淮南子·齐俗训》)特别是对于一身系天下安危的储君太子而言，需要"比选天下端士孝悌闲博有道术者，以辅翼之，使之与太子居处出入"，至于天子，那就是需要更加注重道术的引导，即"天下之命悬于天子，天子之善在于早谕教与选左右；心未疑而先教谕，则化易成也。夫开于道术，知义理之指则教之功也。"(《礼记·保傅第四十八》)

与《老子》《庄子》的论说相贯通，时人对道术修行和体认的必要性反复进行论说，对于普通人来说，"自当以道术度量，食充虚，衣御寒，则足以养七尺之形矣"，从反面来说，即使是君主，"若无道术度量而以自俭约，则万乘之势不足以为尊，天下之富不足以为乐矣。"(《淮南子·氾论训》)从正面来论说以道术治国的必要性，应该以《淮南子·道应训》中"田骈以道术说齐王"的这一段论述理论性最强：

田骈以道术说齐王，王应之曰："寡人所有，齐国也。道术虽以除患,愿闻国之政。"田骈对曰:"臣之言无政,而可以为政。譬之若林木无材,而可以为材。愿王察其所谓,而自取齐国之政焉已。虽无除其患害,天地之间,六合之内,可陶冶而变化也。齐国之政,何足问哉?此老聃之所谓'无状之状,无物之象'者也。若王之所问者,齐也;田骈所称者,材也。材不及林,林不及雨,雨不及阴阳,阴阳不及和,和不及道。"

尤其是最后一句"阴阳不及和,和不及道",明确点出了阴阳—和—道三个层次,与《上古天真论》《天下》所述及的真人、至人、圣人之分,隐约可以相互发明。西汉初年的文景之治应该是以道术治国的一个典范,于是对"道术"一词的称谓、引用在两汉的诏令、奏疏等官方文书之中往往多见,其治国理念,或者可以概括为"仁智勇力,人之美才也,而莫足以治天下。由此观之,贤能之不足任也,而道术之可修明矣。"(《淮南子·诠言训》)

贾谊的《新书》专门有一篇,篇名就是"道术",其开篇即设问:"道者何谓也?"贾谊并没有直接回答问题,而是迂曲地从道的性质与功用出发来界定:"道者,所从接物也。"并认为道就是"虚",是"精微","平素而无设施",其末端则是"术",是"所从制物"的发用,即"其本者谓之虚,其末者谓之术。虚者,言其精微也,平素而无设施也。术也者,所从制物也,动静之数也。凡此皆道也。"这是按照本末的框架来分拆"道术"一词并进行解释,实际上并没有涉及道术的深层次内容。

以这种二分法为分析框架,贾谊接下来以"虚之接物"和"术之接物"为主题分别加以论说,其"虚之接物"的内容铺陈罗列大有汉赋浮华之风,其"术之接物"的内容则描摹多端大有战国舌辩之利,真是一篇上佳的政论文章啊!奈何最后几句隐约露出了"学识浅薄"的马脚:"故守道者谓之士,乐道者谓之君子,知道者谓之明,行道者谓之贤。且明且贤,此谓圣人。"

"守道者谓之士,乐道者谓之君子",这是贾谊从"道术"的角度来对士人和君子进行重新定义,下面的"知道者谓之明,行道者谓之贤"则是从"道术"的角度对"明"与"贤"两种品德或德行进行了重新定义,并由此完成了最高理想人格圣人的重新界定:"且明且贤,此谓圣人",圣人就是能够知道、行道之人。虽然贾谊从"道术"的角度对士、君子、明、贤、圣人进行了富有创新意味的定义,但是,这些定义还是与"道术传统"不尽贴切与符合。比如,孔子对圣人的定义是:"所谓圣人者,知通乎大道,应变而不穷,能测万物之情性者也。"(《大戴礼记·哀公问五义第四十》)对比之下可以看出,仅仅是知道、行道还是距离圣人"知通乎大道"的境界很远。而且孔子对道的定义是:"大道者,所以变化而凝成万物者也。"道生成万物,主宰万物,虽然"夫道之详,不可胜述也",但是"所从接物"这也不是对道和道术的准确描摹。

当然,少有才名的贾谊虽然"高度"不够而对圣人的境界没有体会,并且其从"道术"的角度对士的定义"守道者谓之士"在很大程度上偏离了孔子的原来的定义:"所谓士者,虽不能尽道术,必有所由焉;虽不能尽善尽美,必有所处焉。"但是,作为最年轻的博士,贾谊对道和道术的坚持与沿袭还是大致反映了当时社会的学术思想风尚。

特别需要强调的是,将孔子对"士"的定义:"所谓士者,虽不能尽道术,必有所由焉"和孔子对"圣人"的定义:"所谓圣人者,知通乎大道,应变而不穷,能测万物之情性者也"(《大戴礼记·哀公问五义第四十》)互相对照,再结合孔子所说的"是故昔者先王学齐大道,以观于政","夫道不简则不行,不行则不乐","丘闻:大道不隐"(《大戴礼记·小辨第七十四》),可以发现,从孔子时期开始,不仅"道术"这一称谓已经开始使用,而且学者们已经把"道术""大道""道"混同使用了。由此可以推断,上起于老子、孔子时期,下迄西汉初中期,有一个"道术传统"长期存在,其不仅是学者们公认的学术论域,也是公共的学术资源。

(三)"天人合一"与"道术"概念的内涵

中国哲学的一个重要内容就是"天人合一"。所谓的"天人合一"一般来说是指:天是自然,人是自然的一部分,而且是非常特殊的一部分。天人本是合一的,但由于人受到后天熏染,人逐渐丧失了原来的自然本性,变得与自然不相协调,不能一致。从"天人合一"的角度来看,道术思想的一个主要内容就是如何"天人合一",或者说是如何"返本归一",即研究如何才能重新复归于自然,回到"万物与我为一"的境界。对"天人合一"的讨论有利于我们深入理解"道术"概念的内涵,这是本节的主要内容。

如上文所述,此前人们往往把将"道术"解说为学术、学说,这明显是过于宽泛了,虽然这种非常宽泛的定义和使用从汉代就开始了,到了梁启超那里仍然在如此使用,但是《庄子》之中的"道术"无疑是一种非常独特的学术或学说。也有人习惯把"道术"解说为道家哲学,这是一种非常西化和现代化的定义。严格来讲,"道家"是汉代学者对先秦学术所设定的一个分类,在先秦时期,特别是在《天下》篇作者所追溯的上古时期,严格意义上的道家并不存在。"哲学"一词更是现代学术的分类词汇,其并不能反映出"道术"本身的独特内涵。

应当注意的是,陈鼓应曾经对"道术"提供了一个界定比较明确的学术定义:

> 所谓"道术",就是对于宇宙人生作全面性、整体性的把握的学问。所谓"天人"、"神人"、"至人"、"圣人",就是能对宇宙人生的变化及其根源意义作全面性、整体性体认的人。①

按照这种观点来看,道术就是修道之术,是自古流传的"最高的学问",是中国古代先贤们探讨宇宙奥秘和人生本原的具有根本意义的大学问,其以"天人""神人""至人""圣人"为理想人格,以"内圣外王"为理想的人格形态。很明显,陈鼓应所作的这个"道术"定义对老庄所言所修的"道"来说在很大程度上也是适用的。

陈鼓应所给出的这个定义之中具有很强的"天人合一"内涵。比如,在这个定义中"宇宙人生"是作为一个整体来阐述的,而不是像西方哲学那样把"宇宙"和"人生"分离之后再分别加以讨论。按照陈鼓应的这个定义,"道术"首先是一种学问,虽然其可以进一步被认定为"最高的学问","探讨宇宙人生本原的学问。"按照陈鼓应所给出的这个思路,我们可以把先秦学术中隐伏未明的伏羲、黄帝等圣贤人物重新定义为对宇宙奥秘和人生本原有深刻认识之人,即"能对宇宙人生的变化及其根源意义作全面性、整体性体认的人"。从"道术传统"来看,所谓的"对宇宙人生的变化及其根源意义"所作出的"全面性、整体性体认",首先就是阴阳和五行,其作为上古道术思想史中最重要的成就,亟需溯源辨流的梳理和道术思想内涵的阐释。当然按照传统学术来看,上古史中伏羲、黄帝等"道术"研究有成之人或者说是得道者也就是道家典籍中所谓的"真人""至人""圣人"。这种理解在儒家创始人孔子那里也有类似的表述,即"所谓圣人者,知通乎大道,应变而不穷,能测万物之情性者也。大道者,所以变化而凝成万物者也。"(《大戴礼记·哀公问五义第四十》)这里的"大道"与"道术"含义大致相同,孔子用"大道"一词来概括宇宙万物的本原,这很可能是受到了老子的影响。关键在于,在孔子所给出的圣人的描述性定义当中,所谓的圣人也就是一个达到了"天人合一"境界的人,即所谓"能测万物之情性者也"。

所以从总体上来看,道术是一种整体性的认知方法,是中华传统文化中的独特内容,也是"天人合一"的传统表述方式。具体来说,阴阳和五行把时间与空间合并在一起进行总体性的研究,具有"全面性、整体性",所以其是道术思想的重要内容,而是否具有"全面性、整体性",或者是否把"时间和空间的合同为一",这也就是判别道术思想的一个重要特征。

---

① 陈鼓应:《庄子今注今译(最新修订版)》,北京:商务印书馆2007年版,第979页。

就思想或思想史的角度来看,"道术"作为"最高的学问",其具有久远的历史渊源和丰富的实践内涵。中国上古史中的诸位圣贤都是以"道术"作为一生的事业来追求,通过努力践行"内圣外王"而取得各自的功业,而他们的思想成果和文化创造就是对"道术"的研究心得,体现出对"宇宙人生"的不同认知水平或认知角度。圣人对"宇宙人生"的认知足称完满,而贤人"宇宙人生"的认知也比较深刻。历代圣人和贤人对"道术"的研究成果就组成了上古史中的道术传统,即"古之道术",或者称之为"圣贤传统""伟大传统"。

"道术"在一定程度上可以表述为"天人合一",而在既有的中国哲学和中国哲学史研究中,"天人合一"受到很多学者的特别重视。比如,被张申府誉为中国哲学第一人的金岳霖就曾经指出:"天人合一"是"中国哲学最突出的特征"。虽然关于"天人合一"的论述有很多,但是

> 最高、最广意义的"天人合一",就是主体融入客体,或者客体融入主体,坚持根本同一,泯除一切显著差别,从而达到个人与宇宙不二的状态。①

正是因为"天人合一"长期广泛地被中国人所认可,"中国哲学和民间思想对待通常意义的天,基本态度与西方迥然不同:天是不能抵制、不能反抗、不能征服的。"这也就成为中西方思想文化的一个巨大差异。当然,详细分析这种差距并不是本研究的任务。

这里想要强调的是,当下流行的"以西释中"的中国哲学研究思路实际上背离了"天人合一"这一中国哲学最突出的内容和特征,意味着"天人合一"思想在中国哲学和中国哲学史研究之中的消失和缺位。与中国传统学术思想紧密承接,金岳霖所设定的理想的"天人合一"的中国哲学家应该是这样的:

> 中国哲学家都是不同程度的苏格拉底式人物。其所以如此,是因为伦理、政治、反思和认识集于哲学家一身,在他那里知识和美德是不可分的一体。他的哲学要求他身体力行,他本人是实行他的哲学的工具。按照自己的哲学信念生活,是他的哲学的一部分。他的事业就是持续不断地把自己修养到进于无我的纯净境界,从而与宇宙合而为一。

---

① 金岳霖:《中国哲学》,《哲学研究》1985年第9期。

这个修养过程显然是不能中断的,因为一中断就意味着自我抬头,失掉宇宙。因此,在认识上,他永远在探索;在意愿上,则永远在行动或者试图行动。这两方面是不能分开的,所以在他身上你可以综合起来看到那本来意义的"哲学家"。他同苏格拉底一样,跟他的哲学不讲办公时间。他也不是一个深居简出、端坐在生活以外的哲学家。在他那里,哲学从来不单是一个提供人们理解的观念模式,它同时是哲学家内心中的一个信条体系,在极端情况下,甚至可以说就是他的自传。我们说的并不是哲学家的才具——他可以是第二流哲学家,也可以具备他那种哲学的品质——那是说不准的;我们说的是哲学家与他的哲学合一。哲学家与哲学分离已经改变了哲学的价值,使世界失去了绚丽的色彩。①

不难看出,"天人合一"给中国哲学带来的不仅仅是理论,还有不可或缺的实践内容。由此可以说,没有实践与理论统一的"天人合一",中国哲学也就不成其为中国哲学,中国哲学家也就不成其为中国哲学家。所以我们必须回归"天人合一"的中国哲学,也就必须首先进行道术思想史的梳理和澄清。

由此可见,"道术"这一概念具有"全面性"和"整体性"的意蕴,也具有实践性的根本指向,所以其最终只能够通过实践活动被"把握"而不能够像一般知识那样仅仅止步于"了解"或停留于"知悉"。"道术"这一概念具有鲜明的实践特征,与"道"一样堪称先秦道家的核心概念。正是因为这个原因,如陈鼓应所作的定义,或者将"道术"解说为学术、学说,或者是道家哲学,都明显忽略了"道术"的实践内涵。仅仅依靠学术、学说,或者是陈鼓应所说的"学问",都不足以申明"天人""神人""至人""圣人"的人生境界,不足以阐述宇宙人生的全面性、整体性。

(四)道术传统与冯友兰"人生境界说"相贯通

"道术"的丰富实践内涵可以在生命境界的讨论之中得到比较直接的展现,而关于生命境界,冯友兰早有阐述。作为一个中国哲学史兼中国哲学专家,冯友兰提出的"人生境界说"与道术这一重要学术传统是相互贯通的。

1. 道术传统和"人生境界说"都蕴含着思想境界的重大分判

冯友兰在1943年出版的《新原人》中提出了著名的"人生境界说",并在其1948年以英文出版的《中国哲学简史》(*A Short History of Chinese*

---

① 金岳霖:《中国哲学》,《哲学研究》1985年第9期。

Philosophy)中申述之。此一学说自从公开发表以来,曾经几度引起学界争议,受到了各种各样的批评和贬低。但是冯友兰对"人生境界说"视之极高,虽然为此受到了很大压力却决然不肯放弃,他甚至认为除了"人生境界说"自己别的学说都可以不要。

那么,"人生境界说"究竟有什么独特意义,值得冯友兰用一生去坚守,去回护?下面将其与道术传统相对比,希望可以稍窥"人生境界说"之高妙。

学界一般认为"冯友兰的境界说是其整个哲学体系的核心和归宿",[①]但冯友兰不仅仅是一个哲学家,他更是一个中国哲学史专家。冯友兰一生之中数次秉笔书写中国哲学史通史著作,这不仅是空前的,很可能也是绝后的。他对中国哲学史的思考可以说是贯穿了其数十年的学术生涯。何况正如冯友兰所说:"研究哲学史和哲学创作是不能截然分开的",[②]所以"人生境界说"不仅具有中国哲学的创新意义,也应该具有中国哲学史的思考面向。当然,很可能是因为1949年之后冯友兰哲学观和哲学史观的转变,特别是"人生境界说"中"天地境界"所招致的意识形态方面的猛烈批评,以及这一思想体系本身不够成熟和完备等原因,冯友兰没有直接讨论"人生境界说"对于中国哲学史研究的意义,遑论使用"人生境界说"与道术传统进行嫁接。

正如冯友兰所说,"每个人各有自己的人生境界,与其他任何个人的都不完全相同。若是不管这些个人的差异,我们可以把各种不同的人生境界划分为四个等级。从最低的说起,它们是:自然境界,功利境界,道德境界,天地境界。"[③]而哲学是"对于人生底,有系统底,反思的思想",[④]所以哲学也就必然包含着对这四种人生境界所进行的反思。那么这四种人生境界的反思在很大程度上也就决定了其所对应的哲学境界。或者说,正是因为具有了不一样的人生境界,所以才会出现不同面向或不同层次的哲学家和哲学思想。这样一来,我们就可以把冯友兰"人生境界说"所隐含着的哲学境界揭示出来,进而推导出以下四种哲学境界的划分:

---

① 李中华:《冯友兰评传》,百花洲文艺出版社2010年3月第二版,第147页。
② 冯友兰:《三松堂自序》第六章,《三松堂全集》第一卷,河南人民出版社1985年9月版,第229页。
③ 冯友兰:《中国哲学简史》,北京大学出版社1996年9月第二版,第二十八章"中国哲学在现代世界"第四小节"人生的境界",第291页。这一节的论述比《新原人》中的论述更加简明,出版时间在后,而且考虑到冯友兰《中国哲学简史》英文版的世界影响,加之以方便行文的需要,笔者在这里没有采用《新原人》中的论述。但是从根本上来讲,冯友兰关于"人生的境界"的前后两种表述没有差别。
④ 冯友兰:《新知言·绪论》,《三松堂全集》第五卷,河南人民出版社1985年9月版,第165页。

一、自然境界的哲学；二、功利境界的哲学；三、道德境界的哲学；四、天地境界的哲学。

下面详细说明之。

根据冯友兰对"人生的自然境界"的描述，①我们可以得出"自然境界的哲学"是：一个哲学家思考问题，只是顺着他的本能或其社会的风俗习惯，而他对他所做的哲学思考并无觉解，或不甚觉解。这样一来，他所做的哲学思考对于他自身就没有意义，或很少意义。这样的哲学就是自然境界的哲学。

根据冯友兰对"人生的功利境界"的描述，②我们可以得出"功利境界的哲学"是：一个哲学家为自己而做各种哲学思考。这并不意味着他必然是不道德的人。他可以做些哲学思考，其后果有利于他人，其动机则是利己的。所以他所做的各种哲学思考，对于他自身有功利的意义。这样的哲学就是功利境界的哲学。

根据冯友兰对"人生的道德境界"的描述，③我们可以得出"道德境界的哲学"是：有的哲学家了解到社会的存在，认识到他是社会的一员。认识到这个社会是一个整体，他是这个整体的一部分。有这种觉解，他就为社会的利益做各种哲学思考，或如儒家所说，他做事是为了"正其义不谋其利"。他真正是有道德的人，他所做的都是符合严格的道德意义的道德行为。他所做的各种哲学思考都有道德的意义。这样的哲学就是道德境界的哲学。

根据冯友兰对"天地境界"的描述，④我们可以得出"天地境界的哲学"是：一个哲学家了解到超乎社会整体之上，还有一个更大的整体，即宇宙。他不仅是社会的一员，同时还是宇宙的一员。他是社会组织的公民，同时还是孟子所说的"天民"。有这种觉解，他就为宇宙而做各种哲学思考。他了解他所做的哲学思考的意义，自觉他正在做他所做的哲学思考。这种觉解为他构成了最高的哲学境界。这样的哲学就是天地境界的哲学。

这种哲学境界的划分对中国哲学史研究究竟有何意义呢？目前学界对此问题的讨论并不多。结合上古道术史研究，特别是研究方法的总体反思，本研究尝试着进行一番对比和讨论。

《庄子·杂篇·天下第三十三》也有对于道术境界的讨论，下面择要引述之：

---

① 参见冯友兰：《中国哲学简史》，北京大学出版社1996年9月第二版，第291页。
② 参见冯友兰：《中国哲学简史》，北京大学出版社1996年9月第二版，第291页。
③ 参见冯友兰：《中国哲学简史》，北京大学出版社1996年9月第二版，第291—292页。
④ 参见冯友兰：《中国哲学简史》，北京大学出版社1996年9月第二版，第292页。

古之所谓道术者,果恶乎在?……不离于宗,谓之天人;不离于精,谓之神人;不离于真,谓之至人。以天为宗,以德为本,以道为门,兆于变化,谓之圣人;以仁为恩,以义为理,以礼为行,以乐为和,熏然慈仁,谓之君子;以法为分,以名为表,以参为验,以稽为决,其数一二三四是也,百官以此相齿;以事为常,以衣食为主,蕃息畜藏,老弱孤寡为意,皆有以养,民之理也。

《天下》篇作者在追索道术之所在,其以道术之深浅多寡,或者说是道术境界,又或者说是生存状态为标准,将人之总体划分为四个层次:

第一层次:天人、神人、至人;

第二层次:君子;

第三层次:百官;

第四层次:民(百姓)。

这四个层次与冯友兰所设定的人生境界(的哲学)四个层次的对应关系如下:

　　天人、神人、至人——天地境界(的哲学)

　　君子——道德境界(的哲学)

　　百官——功利境界(的哲学)

　　百姓——自然境界(的哲学)

其中第二、第三和第四层次的对应关系有些内容比较符合,但是总体上并不是特别贴切,这不是我们关注的重点。我们所关心的是第一个层次,即天人、神人、至人所达到的道术境界在现代语境之中究竟应该如何表达:他们的人生境界毫无疑问地属于天地境界,他们对宇宙人生的表达应该就是天地境界的哲学。由此可见,《天下》篇所再三强调的道术传统,在很大程度上可以转换为冯友兰所说的自然境界的哲学。或者说,上古时期流传下来的道术传统与冯友兰终身所坚守的"人生境界说"可以相贯通,所以这个道术传统不仅是中国哲学的重要内容,也是中国哲学史的一条重要线索。

2. 道术传统和"人生境界说"意味着对中国哲学史主题的拓展

中国本无"哲学"一词,系由日本辗转引进,而在引进之初,"中国哲学"这一名称能否成立,意义究竟为何,在当时争议颇多。例如,胡适认为,凡对人生切要问题寻求一根本解决的学问都可以叫作哲学,因此,中国哲学的说法可以成立。但是在实际写作中,胡适却背离了其对哲学的基本理解,只是在《中国哲学史大纲》中"抓住每一位哲人或每一个学派的'名学方法',认为这是哲学史的中心问题",①却没有对他所说的"人生切要问题寻求一根本解决的学问"进行直接的讨论。

冯友兰的看法则比较复杂,总体上来说他有三种讲法:

第一种讲法是:"哲学本一西洋名词,今讲中国哲学史,其主要工作之一,即是就中国历史上各种学问中,将其可以西洋所谓哲学名之者,选出而叙述之。"②这基本上是一种以西方哲学的观点和方法来研究中国哲学史的套路,与胡适《中国哲学史大纲》中的研究思路近同。

第二种讲法是:"我所说的哲学,就是对于人生的有系统的反思的思想",③"哲学是人类精神的反思"。④ 这种看法中对哲学的理解已经比较宽泛,并且特别提到了对人生的关注,与胡适对哲学的基本理解颇有相通之处。

第三种讲法是:"哲学的任务是什么?我在第一章曾提出,按照中国哲学的传统,它的任务不是增加关于实际的积极的知识,而是提高人的精神境界",⑤哲学的任务不是增加知识,而是提高人的精神境界,这一点可以说是冯友兰的创造。但是,对此当然可以继续追问:如何提高人的精神境界呢?冯友兰对此似乎并没有加以论述。

由此我们至少可以清理出中国哲学史的两种书写主题,一种是以人生为关注中心而进行的哲学史书写,冯友兰的《中国哲学简史》中隐约含有这种倾向,但是其展开则很不充分;另一种是依照西方哲学的标准来讲述中国哲学史。比如胡适的《中国哲学史大纲》,比如冯友兰的两卷本《中国哲学史》和七卷本《中国哲学史新编》。自中国在20世纪初全盘引入西方学术体系以来,以胡适、冯友兰为代表的依照西方哲学来研究中国哲学史的做法为多数学者所认可,而所谓中国哲学在很大程度上也就变成了西方哲学在中国的话语讲述,中国哲学研究和中国哲学史研究在世界学术界上也就很难获得一个令人满意的地位。究其缘由,一个很重要的原因就在于这种中国哲学史书写具有明显的"依傍"特征:模仿西方哲学的概念推理和论述方法,亦步亦趋地对中国传统思想文化进行检索和整理,反而忽视了中国传统思想的基本内容和主要特征。在很大程度上冯友兰的中国哲学史研究仅仅

---

① 胡适:《〈中国古代哲学史〉台北版自记》,《中国古代哲学史》,台北:台北商务印书馆1958年版,第1页。
② 冯友兰:《中国哲学小史》,商务印书馆1935年10月第二版,第1页。
③ 冯友兰:《中国哲学简史》,北京大学出版社1996年9月第二版,第1页。
④ 冯友兰:《中国哲学史新编》(上卷),北京:人民出版社1998年12月版,第10页。
⑤ 冯友兰:《中国哲学史新编》(上卷),北京:人民出版社1998年12月版,第10页。

是中国哲学史的近代化（modernization），而不是真正意义上的现代化（contemporary transformation）。"五四"以来，注重理性分析和逻辑思考的分析哲学在中国哲学研究中成为主要方法，而新实在论则成为冯友兰中国哲学史讲述的主要方法和视角，由此中国哲学史在很大程度上也就成为分析哲学的中国哲学史或新实在论的中国哲学史。这样的中国哲学史，其中国特征越来越淡薄，距离"人生切要问题"也就越来越疏远。通常所谓"言语无味而面目可憎"，庶可近之。

依据当今学界的一般理解，广义的哲学具有多种形态，西方哲学只是其中一种。西方哲学渊源于古希腊哲学传统的"爱智慧"（philosophy），其字面意义大约是追寻智慧或追寻智慧的一种方式，其目标是追求具有普遍性的知识，其基本特征是：注重概念的明确定义和逻辑的严谨，特别地追求在公理基础上构建严密的逻辑推理体系。西方哲学的核心是本体论，是完全超越于经验世界的理念世界。反观道术传统或中国学术传统则与之差异巨大：以"道"为最高概念，道术传统的核心问题是人生境界的提升，是人与宇宙的合一。汉代以后，道术传统浮沉演化为儒释道三家互相融通，又分别自成体系。

所以冯友兰所提出的"人生境界说"在很大程度上接续了道术传统的核心内容，使哲学思考的维度回到了中国学术传统本身，对中国哲学史的主题进行了深化。

这里必须澄清的一点是，我们不尽赞同冯友兰在中国哲学史书写中的"新儒家"立场，而主张儒道释三家具有平等的学术地位，特别是在关于先秦哲学史的研究之中一定要跳出以儒家为本位的学术立场，这一点特别重要。

此外需要补充说明的是，以冯友兰新儒家的立场和观点来看，达到"自同于大全"的天地境界的主要是儒家学者。晚年的冯友兰曾经列举了张载、周敦颐、孟子以及二程数个人物，并着重论述了张载的《西铭》内容，还有"仁"对于"人之所以为人"的重要理论意义、"内圣外王"的理想等。[①] 实际上冯友兰以儒家为本位的观点还是留下了很大的讨论空间。限于篇幅，这里仅列举四点不成熟的看法：

第一点看法，以提升人生境界为目标，冯友兰所特别推重的"负的方法"恰恰在道家思想和佛家思想中表现得最为突出，也是道家和佛家最为擅长的方法。

---

① 参见冯友兰：《中国哲学史新编》第七册，台北：兰灯文化事业股份有限公司1991年版，第199—204页。

第二点看法,按照道家思想和佛家思想来看,"知"与"行"两者之中"行"更加重要,更为根本,所以张载的《西铭》是否仅仅是空喊口号我们不得而知,将之无限拔高放大以之作为张载达到天地境界的证据,这似乎并不妥当。

第三点看法,"仁"主要是针对社会生活中的人际关系而言,虽然理学家可以对其大力阐发,但是其原本不具有天地大全的基本内涵。

四、上古道术思想史研究的意义

由于目前关于上古学术的系统全面的现代学术研究的缺乏,本研究尚属于"言人所不言",或者更加形象地说是"闯入了学术研究的一个雷区"。从另一个角度来说,本研究又是在试图彻底打破全盘否定古史的陈旧的思想观念——惟其如此,更加反衬出笔者的才疏学浅,学养不足,而研究内容堪称宏大,历史跨度极长,所以难免发生各种错谬,并很可能出现"大胆假设"有余而"小心求证"不足的情况。

使用先秦史料对上古学术思想进行考察在"大胆假设"之外必须加倍注意"小心求证",在证据不足的情况下必须尽可能全面准确地说明其中哪一部分是根据证据而得出的结论,哪一部分是由逻辑推导而得出的判断,哪一部分是基于有限材料而给出的推测。所以对先秦史料要尽可能地进行全面把握,对前辈学者的研究成果要尽可能地吸收和借鉴,这就需要在持续性的研究中不断查缺补漏,努力使得论证更加严密,判断更加公允,体系更加完备。

总体来说,进行上古道术思想史的研究有如下重要意义:

第一,以道术思想为中心全面梳理上古学术思想史,促进新时代"中国哲学史"学科体系建设。

第二,按照中国传统学术本身的内容、逻辑、问题和概念来解说上古道术的演化历史,努力构建新时代中国人自己的学术话语体系。

第三,以断代史研究为抓手,提升对中国传统思想学术"创生时代"的整体理解和全面把握,为"文化自信"提供深层次的传统思想文化支持。

上面是进行上古道术思想史研究的学术意义。

就现实而言,情境又有不同。下面就进行上古道术思想史研究的现实意义进行一番探讨,仅仅是罗列个人的一些想法,难免简略粗疏。

1. 中国人文学术能否"古典重光"

已故的思想巨擘李泽厚晚年曾经再三申明:该中国哲学登场了! 作为常年旅居美国的中国学者,他无疑是能够感受到思想界以及文化界的一些情况,并凭借自己的学术修养指明了一个可能的前进方向。李泽厚的著作我读得不多,其所呼吁的"该中国哲学登场了"究竟是指什么我也没有搞得太清楚,但是我知道,如果中国哲学登上世界舞台,以至于成为世界学术的中心,就一定不会是"依傍"西方哲学的这个中国哲学,其一定是某种程度的"古典重光",或者说是古代某个学术传统的"文艺复兴"——"道术",就是最有可能的一个方向。

2. 中国人的精神家园

古之学者为己,今之学者为人。为己者,以自得为务,心态平和,身心愉悦;为人者,整日忙忙碌碌,乃至于名利交关,蝇营狗苟。当名利双收成为大众的一致追求,精神与理想也就被放弃如敝履。这样一来,中国人往往就活得太累,太苦闷,其精神家园必然就会荒芜不堪。反观古之孔子就活得很充实,即使是迭遭困厄也很快乐,因为对他来说富贵如浮云,唯道,朝闻夕死可矣。

3. 年轻人迷茫和困惑

统计结果显示,近来二十来岁的年轻人失业率创下了历史新高,而天门山等地又多有年轻人自杀之举,令人唏嘘之余,不由得对年轻人的迷茫和困惑多了几分同情与关注。学习如果没有方向,就会难以为学,学不下去;生活如果没有动力,就会得过且过,乃至于彻底失去勇气和信心。知识改变命运,不仅仅是高考,更应该是伟大的文化巨人的学术思想;诗和远方,不仅仅是手游和小说,更应该是历代先贤们艰难困苦的心灵修炼历程。年轻人,深入道山,必有所得。

4. 未来科学与人文的趋同发展

《三体》我看不进去,因为我知道人类未来的道路一定不是那种黑暗森林式的尔虞我诈,不是似是而非的降维打击,不是一滴水消灭一个舰队的唯科技等级论,那里没有人文。我还知道解决地球生态危机肯定有很多办法比安装发动机推着地球去流浪要好得多,这种笨而又笨的办法之中有什么了不起的人类智慧呢?同现代科学技术一样,人文学科的终极也具有极大的力量,未来科学与人文会走向同一,而道术则具有这种容量。

五、上古道术思想史的研究基础

以"道术"来概括和整理先秦思想学术具有可靠的学术依据,或者说以道家学术为主轴重新梳理先秦思想史和先秦哲学史具有很大的合理性。

就百年来的先秦思想或先秦哲学研究而言,道家学术被大大低估了,其久远渊源一直被忽视,而这个久远渊源理应成为上古思想学术的首要内容。

尤为令人惋惜的是,中国哲学史研究专家冯友兰为了突出孔子和儒家的目的而对先秦哲学史作出了很多背离基本史料的学派设定和思想架构,进而形成了先秦道家被边缘化和扁平化的既成事实。就整个两千多年的中国思想史或中国哲学史而言,把儒家作为其主要内容和论述主线或许是仁者见仁,智者见智的一件事情,但是就先秦思想或先秦哲学而言,儒家并不能够代替道家成为先秦学术的首要内容,儒学更不足以构成先秦学术的主轴。

首先,"道术"是先秦学术文献中出现的用于概括先秦思想学术自身的"原生"词语,而只有使用这种"原生"词语才能够准确地概括和梳理先秦思想学术。这不仅是"了解"的需要,更是"同情"之必须。

几近百年之前,针对中国传统思想文化研究,学术泰斗陈寅恪曾经有"了解之同情"之训诫,其言犹在:

> 凡著中国古代哲学史者,其对于古人之学说,应具了解之同情,方可下笔。盖古人著书立说,皆有所为而发;故其所处之环境,所受之背景,非完全明了,则其学说不易评论。而古代哲学家去今数千年,其时代之真相,极难推知。吾人今日可依据之材料,仅当时所遗存最小之一部;欲藉此残余断片,以窥测其全部结构,必须备艺术家欣赏古代绘画雕刻之眼光及精神,然后古人立说之用意与物件,始可以真了解。所谓真了解者,必神游冥想,与立说之古人,处于同一境界,而对于其持论所以不得不如是之苦心孤诣,表一种之同情,始能批评其学说之是非得失,而无隔阂肤廓之论。①

"了解之同情"看似简单,其实不然。首先,"所谓真了解者,必神游冥想,与立说之古人,处于同一境界"!世间研究老子或庄子而著书立说者多矣,试问有几人与老子或庄子达到同一境界呢?退一万步来讲,著书立说者中又有几人在努力与老子或庄子达到同一境界呢?不知道冯友兰晚年所提出的"人生四境界"之说是否受到陈先生此处"处于同一境界"之说的提示,但是如果以"人生四境界"作为标准来反思冯友兰当年数次鼓荡文字大肆批评老子或庄子的诸多文章,就不难发现,老子庄子之文与冯友兰之文实在是出于不同的人生境界。陈寅恪谦称:"寅恪不敢观三代两汉之书,而喜谈中古以降民族文化之史。"其实,其于"三代两汉之书"应该自有一番见地。笔

---

① 冯友兰《中国哲学史》上册审查报告,见陈寅恪:《陈寅恪集》之《金明馆丛稿二编》,北京:生活·读书·新知三联书店2001年版,第285页。

者揣测除了对当时动辄发表三代两汉研究著作的风气表达不满之外,陈先生谦称"不敢观三代两汉之书"的另一个重要缘由是老庄等很多先秦诸子著作难以准确理解,或者说陈寅恪对很多先秦诸子著作始终保存着敬畏之心,即认为自己还没有"与立说之古人,处于同一境界",自认为没有足够"了解"上古时代,隐约地也不认同冯友兰在《中国哲学史》中所作的这些解读——这一点在冯友兰《中国哲学史》上册审查报告之中并不难发现。

只有"了解"之后才会有"同情",即"对于其持论所以不得不如是之苦心孤诣,表一种之同情"。如果说"了解"是指对古人思想境界和由此种境界所决定的论说内容的彻底认知的话,那么"了解"之后的"同情"就主要是对古人言说方式、论述方法的默契于心。言说方式和论述方法的重要性在《老子》《庄子》以及《周易》《春秋》中都体现得非常明显。言语有限而意蕴丰富,越是古老的典籍这一特点就越加突出。有了"同情"之后就不会有轻视以及鄙薄,更不会有妄自尊大的盲目批评。

所以以"道术"来概括和整理先秦思想学术,这不仅是"了解"的需要,更是"同情"之必须。

其次,"道术"是学术思想史上长期使用的用以描述先秦学术思想的专用词汇,其至少沿袭到了西汉时期。根据笔者统计,在全面总结道家思想的《淮南子》之中"道术"一共出现了八次,比如《俶真训》中的"是故圣人内修道术而不外饰仁义,不知耳目之宣而游于精神之和"就把"道术"的"内向"特征概括得非常恰当。

用以概括先秦思想学术的古今词汇并不少,比如道(学)、方术、①学术、哲学、思想等,但是如果说一定要找到一个先秦学术文献中所出现的用于概括先秦思想学术自身的"原生"词汇,那么"道术"可谓是绝无仅有。相较于长期使用的其他用以描述先秦学术思想的"子学"和"诸子学"等概念,"道术"之学无疑可以追溯久远,直达三皇五帝,而通常所谓"子学"或"诸子学"仅仅以诸子蜂起为视野,见其起而不见其伏,知其然不知其所以然。所以"子学"或"诸子学"只能得其形,而"道术"则明其质,"子学"或"诸子学"可谓见其短,而"道术"则现其长。

此外,以《庄子·天下》中描述"道术"的一段宏文大制对比于《吕氏春秋·不二》的"老耽贵柔,孔子贵仁,墨翟贵廉,关尹贵清,子列子贵虚,陈骈贵齐,阳生贵己,孙膑贵势,王廖贵先,儿良贵后",很容易就可以得出判断:就内容而言,《吕氏春秋·不二》以"治国"为题对先秦学术的概括

---

① 关于"道术"和"方术"的区别与联系,下文将进行详细讨论。

简陋得可怕,而且其所谓的十名"天下之豪士"之所"贵"现在看来也往往不够准确,更没有超越政治的角度对先秦学术做一个整体的概括或陈述。所以《庄子·天下》对先秦学术的概括具有唯一性,居于首屈一指的重要地位。

再次,以傅斯年为首的一些现代学者已经发现"道术"对于中国传统思想的独特意义并尝试着使用"道术"(以及"方术")来替代"哲学"去概括中国传统学术以突显其基本内容和先天特质。

傅斯年应该是第一位发现"道术"对于中国传统思想的独特意义并尝试着使用"道术"(以及"方术")来替代"哲学"去概括中国传统学术的现代学者。中国传统学术是"道术"(以及"方术"),不是"哲学"。① 据此可以推论,在《中国哲学史》上卷取得巨大成功之后,胡适之所以放弃《中国哲学史》中下卷的写作并完全否定中国哲学史的系统建构和学科设定,在很大程度上就是因为接受了傅斯年的意见。②

在形成并提出这种以"道术"来概括中国传统思想的学术观点的过程中,傅斯年还以其独到而深刻的眼光对"依傍"西方哲学而创生的所谓"中国哲学"大加批驳:

第一,从西方哲学本身的产生来看,哲学是没有失去"繁琐形质"的西方"语言的副产品",而"汉语在逻辑的意义上,是最进化的语言","是一个实事求是的语言",其没有"繁琐形质",所以哲学"断难""凭借发生"。傅斯年的这种观点似乎已经为语言哲学所验证,而且按照傅斯年的这种观点来看,西方哲学在很大程度上只是一种形式大于内容的表达方式或思想方法,它并不科学,也绝不先进。

第二,傅斯年气势如虹地怒斥:"中国哲学"是"日本人的贱制品","我们为求世事之真,能不排斥这个日本贱货吗?"如果按照更加严谨的学术话语来讲傅斯年的意思应该是:"中国哲学"一词的发明和使用随意而草率,"中国哲学"不足以概括中国学术思想。虽然我们对当年黄遵宪和王国维从日本引入"哲学"一词的初衷难以考察,但是就"中国哲学"一词本身而言,当前其在全世界学界的使用情况已经足以证明傅斯年观点的独到卓异。

第三,中国传统学术是"道术"(以及"方术"),不是"哲学","周秦汉诸

---

① 参见王汎森、潘光哲、吴政上主编:《傅斯年遗札》第1卷,台北:"中研院"历史语言研究所2011年版,第45页。
② 参见王汎森:《从哲学史到思想史——胡适的英文〈中国思想史大纲〉草稿》,《四川大学学报》2017年第3期。

子"是"方术家"。① 因为各种原因,傅斯年这种独步孤诣的见解没有在中国大陆学界广泛流传,但是在几近百年之后,他的见解却已经泽被海外,并日渐凸显出其独特的学术价值。

六、道术与方术的区别与联系

在中国传统思想文化之中,道术与方术是既有区别又有联系的两个概念。

就道术这一概念而言,其本身就包含着"术"的内容,因为这些"术"都是通达大道的途径或手段,而无形无相的"道"往往也就是通过这些"术"得以展示。这种"道""术"结合、"道""术"一体的观念是中国传统思想文化的一个突出特征。比较而言,方术这一概念就特别突出其"术"的内涵而没有"道"的背景或内容。而在汉代之后,传统文化之中的筮术、医术、武术(或可以细分为剑术、拳术、刀术、枪术等)、法术(或可以细分为符法、雷法、阵法、丹法等)都被泛泛地称为方术。

关于道术与方术,很多学者误解甚深。比如,谢无量认为"道术即哲学也,方术即科学也。古之君子,尽力于道术,得其全者,是名曰儒"②这无疑既误解了道术和方术,又混淆了哲学和科学,还没有根据地把"儒"置于先秦思想学术的最高地位。其所著《中国哲学史》虽然早出为先,但是始终流传不开,显然并非没有原因。

下面根据《庄子·天下》原文以及历代注解着重讨论一下道术与方术的区别与联系。

> 天下之治方术者多矣,皆以其有为不可加矣! 古之所谓道术者,果恶乎在? 曰:"无乎不在。"曰:"神何由降? 明何由出?""圣有所生,王有所成,皆原于一。"

历代注家对这里所谓的"方术"的解说多有不一,比如有学者认为方术"指特定的学问,是道术的一部分",③直接把道术与方术的关系认定为整体

---

① 参见欧阳哲生主编:《傅斯年全集(第二卷)》,《战国子家叙论》之《一 论哲学乃语言之副产品 西洋哲学即印度日耳曼语言之副产品 汉语实非哲学的语言 战国诸子亦非哲学家》,长沙:湖南教育出版社2003年版,第249—254页。
② 谢无量著,王宝峰等校注:《中国哲学史校注》,上海:华东师范大学出版社2018年版,第1页。
③ 仲兆环、车子、刘玉香、知意注译:《南华经》,合肥:安徽人民出版社1994年版,第984页。

和部分的关系,而有些学者则没有陷入这个误区,他们或者认为方术"指某一方面特定的学问,为局部适用",①或者结合下文指认"'方术'者,乃庄子指曲士一察之道而言"。②

为什么说把道术与方术的关系认定为整体和部分的关系不合适呢?因为"道术""无乎不在"。这种"无乎不在"的"道术"不可能被由整体分为部分。此外,成玄英认为道术就是方术,即"方,道也。自轩顼已下,迄于尧舜,治道艺术方法甚多",这种观点更是完全混淆了道术与方术的区别。

> 不离于宗,谓之天人。不离于精,谓之神人。不离于真,谓之至人。以天为宗,以德为本,以道为门,兆于变化,谓之圣人。以仁为恩,以义为理,以礼为行,以乐为和,薰然慈仁,谓之君子。以法为分,以名为表,以参为验,以稽为决,其数一二三四是也,百官以此相齿,以事为常,以衣食为主,以蕃息畜藏为意,老弱孤寡皆有以养,民之理也。(《庄子·杂篇·天下第三十三》)

所谓的"天人""神人""至人""圣人"就是承载"道术"之人,也就是能够对宇宙人生的本原及变化作全面性、整体性把握的人。进一步来说,天人、神人、至人是一个层次或境界,圣人则稍逊之。圣人之下就是践行仁义礼乐而"薰然慈仁"的君子,再下就是理民治民的"百官"了。显然,君子、百官以及普通民众严格来讲都与"道术"无关。上承宣颖,陈鼓应认为这里的"君子"和下文所说的"邹鲁之士、搢绅先生则只是得道之余绪",可谓甚有见地。③

> 古之人其备乎!配神明,醇天地,育万物,和天下,泽及百姓,明于本数,系于末度,六通四辟,小大精粗,其运无乎不在。其明而在数度者,旧法世传之史,尚多有之。其在于《诗》《书》《礼》《乐》者,邹鲁之士搢绅先生,多能明之;《诗》以道志,《书》以道事,《礼》以道行,《乐》以道和,《易》以道阴阳,《春秋》以道名分。其数散于天下而设于中国者,百家之学时或称而道之。(《庄子·杂篇·天下第三十三》)

这里再次强调道术"其运无乎不在",并隐约指出传承道术的三条途径:

---

① 陈鼓应:《庄子今注今译》(最新修订版),北京:商务印书馆2007年版,第509页。
② 蒋锡昌:《庄子哲学》,上海:上海书店出版社1992年版,第187页。
③ 参见陈鼓应:《庄子今注今译》(最新修订版),北京:商务印书馆2007年版,第979页。

第一条途径是传世的旧时的法规、传世的史册，即"旧法世传之史"；第二条途径是《诗》《书》《礼》《乐》四种文化典籍；第三条途径是当时的"百家之学"，"散于天下而设于中国者"。这三条路径的区分是逻辑上的，实际上它们之中是有交叉的，比如在当时的百家之学之中颇有一些都在引述讲解《诗》《书》《礼》《乐》。

> 天下大乱，贤圣不明，道德不一，天下多得一察焉以自好。譬如耳目鼻口，皆有所明，不能相通。犹百家众技也，皆有所长，时有所用。虽然，不该不徧，一曲之士也。判天地之美，析万物之理，察古人之全，寡能备于天地之美，称神明之容。是故内圣外王之道，暗而不明，郁而不发，天下之人各为其所欲焉以自为方。悲夫！百家往而不反，必不合矣！后世之学者，不幸不见天地之纯，古人之大体，道术将为天下裂。

至此可以重申一下道术与方术的区别以及两者的关系。方术是"得一察焉以自好"，或者说是"各为其所欲焉以自为方"。这里所谓的"百家"也就是各个秉一"方术"的众多学者或学派，他们"皆有所长，时有所用"，但是无法克服"不该不徧，一曲之士"的局限。方术是局部适用的学问，它"判天地之美，析万物之理，察古人之全"，这里的"判""析""察"与"道术将为天下裂"的"裂"都是近义词。与之对照的，道术则是整体的学问，它"备于天地之美，称神明之容"，"见天地之纯，古人之大体"，独得"内圣外王之道"。

所以就道术与方术的对比关系而言，方术是没有在理论和实践上归统于道术的思想学术，而道术则是对方术的笼罩与超越。按照老庄思想来看，如果说方术是"有"，那么道术就是"无"；如果说方术是"有为"，那么道术就是"无为"。

在秦汉之后，"道术"一词的使用已经越来越少，"方术"以及"方技"之称却勃然而兴，"数术方技"也就成为"方术"的主要内容，这就不属于"上古道术史"的涵盖范围了。

最近刚刚看到王磊《〈庄子·天下〉道术与方术考》这篇文章，[1]其资料丰富，论述完整，见解也堪称独到。针对其观点，有必要在此进行一番详细剖判，以进一步说明笔者对道术与方术的理解以及对《庄子·天下》文本思路的基本认识。

---

[1] 参见王磊：《〈庄子·天下〉道术与方术考》，《安徽农业大学学报（社会科学版）》2016年第7期。

第一,王磊的主要观点很有见地,值得进行详细讨论,一些文献问题的处理方法也有讨论的必要。

比如,王磊认为《庄子·天下》中的道术与方术"主要是学术分期的概念",即道术"意指战国以前的古代学术,其学术内涵表现为对'内圣外王'之治道的全面把握上",方术"则是指战国时期的诸子百家之学,百家之学只是在某一局部反映了'内圣外王之道',因而只具有片面的真理。"王磊的这种见解是在前辈学者对道术与方术学理内涵的充分讨论的基础上提出来的,其关于道术与方术"学理阐释必须置于学术分期的认识之下"这种看法可谓很有见地。但是这里本研究还是更喜欢"弱"一些的论述,比如是否可以这样理解,在对道术与方术进行充分的学理阐释之后我们可以从学术分期的角度进一步进行思想史的考量。

把官学对应于道术,私学对应于方术,道术与方术的学术分期对应着官学向私学的历史运动——这种看法虽然独创,也有进一步讨论的必要,但是现在看来证据似乎仍然不足。

以道术与方术对先秦学术进行分期,这种思路当然有其合理性,但是如果是为了迁就这种思路而一口咬定老子与《老子》晚出于战国时期就很有削足适履的味道了。

第二,对《庄子·天下》文本的理解,王磊主要继承了蒋锡昌的观点,而与本研究对《庄子·天下》文本的理解与之颇有些不同:

1. 王磊认为"《庄子·天下》提出的'道术'的根本内涵并不是有关宇宙本源之大道,而只是有关'内圣外王'之'治道'的学问。"正是因为如此,王磊进一步提出"在《庄子·天下》作者看来,尧舜周孔之教乃是全面的理想的'内圣外王'之治道"。这样一来,《庄子·天下》就成了一篇以儒家为本位的学术批评文章。这种看法此前有学者提出过,在文本理解上有很大问题,也颇难以让人接受,关于具体问题的详细讨论上文已有涉及。在这里只是想试问一下,如果可以确认"《庄子·天下》乃庄子后学中的黄老作品",那么《庄子·天下》作者彻彻底底的儒家立场又从何而来呢?

2.《庄子·天下》是把庄子置于学术的最高峰,关尹、老聃次之,对此蒋锡昌所发表的反对意见是学界的一种异端,并不为多数学者所认可和接受。窃以为其对《庄子·天下》之中关于庄子思想的几句评论语句的解说严重背离了文本,很难说是严谨的学术解读。

第三,《庄子·天下》具有一个以道术论方术的整体思路,看不到这个整体结构的话就很容易断章取义,产生很多分歧和误解。

《庄子·天下》开篇的"天下之治方术者多矣,皆以其有为不可加矣",

这是对当前方术的否定。接下来的"古之所谓道术者,果恶乎在"是对上古道术的追问。接下来的

> 其明而在数度者,旧法、世传之史尚多有之;其在于《诗》《书》《礼》《乐》者,邹鲁之士、缙绅先生多能明之。《诗》以道志,《书》以道事,《礼》以道行,《乐》以道和,《易》以道阴阳,《春秋》以道名分。其数散于天下而设于中国者,百家之学时或称而道之。①

是在把古之道术之遗存进行罗列,其中并没有尊崇儒家的意思。因为《诗》《书》《礼》《乐》是先秦各家各派共同的文化资源,而邹鲁之士、缙绅先生是指能够讲解这些文化典籍的邹鲁等地的老先生,并不是专指儒家学者。

在做出"后世之学者,不幸不见天地之纯,古人之大体。道术将为天下裂"的判断之后,《庄子·天下》以"古之道术有在于是者"品评诸子方术之优劣,其中明显突出的是以"古之道术"为中心(或者说是以道家思想为本位),因此最后以庄子为最高境界,关尹、老聃次之,文末还补充了一些关于惠施的一些思想资料。

以上就是本研究对《庄子·天下》行文思路的基本理解,希望澄清这一点能够对于一些基本问题的讨论提供帮助。

第四节　关于文献基础的若干说明

在本研究的基本文献之中,具有总体性而需要在此特别说明的主要有《易传》《庄子》和《列子》,其他的文献问题则根据行文需要在各个章节之中分别进行讨论。

一、《易传》内容的复杂性

《易传》,又称《十翼》,包括《彖》《象(上、下)》《系辞(上、下)》《文言(《乾文言》《坤文言》)》《说卦》《序卦》《杂卦》七个题目共十篇文章。"唐以前人们一直坚信《易传》系孔子所作,唐以后人们才逐渐弄清了《易传》虽

---

① "《诗》以道志,《书》以道事,《礼》以道行,《乐》以道和,《易》以道阴阳,《春秋》以道名分"这一句或为衍文。

蕴含孔子思想,但非孔子亲笔所作,乃其弟子或再传弟子所作。"①准确地讲,除了自古流传的思想资料外,《易传》中的很多内容是孔子口授而由其门人弟子们记录整理的,这是先秦诸子著作的惯例。比如,《论语》《孟子》《墨子》《庄子》等先秦典籍之中都有这种祖师"述"之而门人弟子"作"之的内容。当然,还有一个比较常见的情况是,门人弟子们在长期的学术传承之中又加入了很多自己的理解和阐发,这些材料在很大程度上反映了其各自时代的思想。

金景芳认为《易传》"里边有记述前人遗闻的部分,有弟子记录的部分,也有后人窜入的部分",②所以《易传》的成书情况非常复杂,而就其中某一篇而言,也往往并非是由一人一时完成的。整体而言,《易传》有一个数百年的形成过程,即经过讲授、记录、整理、汇编等一系列事件,甚至还有亡逸和重新发现、散佚和重新整理的极端情况。《易传》的编纂者绝对不止一人,应该是从孔子到西汉儒者的这样一个"创作—编纂"群体。

随着现代学术研究的不断深入,经传分离的易学研究已经成为大势所趋。实际上,不仅《周易》和《易传》两者产生时间相隔久远,《易传》各篇以及各篇不同内容的产生时间也有很大差异。所以,对《易传》进行分期断代的研究同样是非常必要的。就此很多学者已经做了许多非常有意义的工作,对于《易传》各篇的成书年代已经做出了比较切实的论证。就《易传》分期断代研究所使用的方法而言,有传世文献的排比、概念范畴的分析、思想线索的梳理、考古材料的参证等。③ 这些都是非常基础的方法,也取得了很多成绩。但是就考察的总体方向而言,他们的论断往往是针对传文的全篇,着重于考察其文句最后编纂完成的时间。而且由于《易传》各篇成书情况比较复杂,而很多学者的工作又往往是以"片言只语"的考察作为对《易传》各篇进行分期断代的依据,其结论也就不能够尽如人意。

春秋时期的古人在解说《周易》时并不从单个的爻入手,不在单一的卦象里使用承、乘、比、应等方法进行爻画的组合分析和对照考察;他们在解说《周易》卦象时没有使用"半象"的方法;严格来说,也没有使用"互体"和"覆卦"的方法;而使用所谓"伏卦"方法的可能性也很小,而且我们可以肯定,"伏卦"方法不是主要的卦象解说方法。所以,"八卦取象比类"是春秋时代《周易》的首要解说方法。④

---

① 刘玉建:《两汉象数易学研究(上)》,南宁:广西教育出版社1995年版,第29页。
② 金景芳:《关于〈周易〉的作者问题》,《周易研究》1989年第1期。
③ 参见杨庆中:《周易经传研究》,北京:商务印书馆2005年,第188页。
④ 参见张朋:《春秋易学研究》,上海:上海人民出版社2012年,第70—78页。

"八卦取象比类"是春秋时期《周易》卦象的首要解说方法,这一论断对于易学或易学史中很多重要问题的解决都有着很大的帮助。《易传》的分期断代无疑是易学研究中非常关键的一个重大问题。如果把"八卦取象比类"作为春秋易学的学理特征而加以确定的话,那么对《易传》进行分期断代的研究也就有了一个最基本的依据或标准。

基于对春秋易学的研究可以将《易传》各篇的分期断代研究进一步细化。具体来说,基于对《左传》《国语》之中所记载的春秋时人解说《周易》的研究,可以以《易传》各篇内容中的不同思想内涵作为划分的总体标准,即以"春秋易学"为整体参照,着重对孔子及其门人弟子的种种易说进行学术理路上的归纳,以期对《易传》各篇内容在学理上进行更加细致的划分。因为"八卦取象比类"是春秋易学的学理特征,所以是否使用和如何使用"八卦取象比类"就可以作为对《易传》进行分期断代的第一把标尺。另外,由于有大量的文献资料可供借鉴,孔子本人的易学思想就可以作为对《易传》进行分期断代的第二把标尺。

如果我们把"八卦取象比类"作为是对《易传》进行分期断代的第一把标尺的话,那么就《易传》各篇的不同情况而言,如果其论说与八卦取象理论相互契合,那么它就是属于春秋易学的范围内。比如,《说卦》的主要内容与"八卦取象比类"的方法完全符合,所以《说卦》就可以大致归入春秋易学的范围内。如果其全篇不符合八卦取象理论,或大部分内容不符合八卦取象理论,那么它就可以归入战国儒家易学的范围内。比如,《彖》《象》《文言》。

由此,我们可以将今本《易传》的内容在总体上明确地分为以下三类,即孔子之前自古流传的《周易》解说、孔子的思想、战国至西汉时期儒家学者的思想。

第一类,孔子之前自古流传的关于《周易》的文字、口头解说以及关于《周易》占筮的解说。

孔子之前自古流传的关于《周易》的文字、口头解说内容过去只能是对其进行推测,而在明确了春秋易学的学理特征之后,我们就可以通过"八卦取象比类"的验证而把《易传》中的这一部分内容比较准确地辨认出来。自古流传的关于《周易》的系统、全面的文字解说材料一定存在,比如有春秋时期韩简子见到的《易象》就应该是对《周易》文本进行解说的文字材料,金景芳先生所认定的在《说卦》之中保留的自古流传的《连山》《归藏》文字解说。而口头流传的解说则比较零散,其内容包括广泛,比如关于八卦产生、六十四卦的产生、《易》的产生、《周易》的产生等种种说法,还有关于《周易》占筮的解说,比如《周易》占筮原理、《周易》占筮方法等。现在看来,这些自古流传的资料的最初整理者应该就是孔子,孔子所整理的这些资料后来被汇编进了《易传》;而正是由于孔子的整理和传授才使得这些自古流传的关于《周易》的宝贵资料有可能比较完整地流传至今。就这一点而言,孔子居功至伟。

第二类,孔子的思想。

孔子的关于《周易》的言论被记录下来所形成的《易传》文字内容,其经过了孔子弟子们的记录、整理和一些必要的补充、完善。因为从各种文献资料来看,孔子确实是以"观其德义"为原则对《周易》进行了彻底的义理改造和德性阐发——即"《易》之要,德之谓也"——而他的学术理路又被其早期的弟子们直接继承。在忠实继承孔子学术理路的基础上,战国早期的儒家学者对孔子思想不仅进行了记录、整理,而且很可能进行了必要的补充、完善。因此《系辞》之中既有孔子直接阐说《周易》的原话,也有明显经过整理的理论性非常强的对《易》的"德义"进行阐发的文字内容。

第三类,流传中掺入的与孔子思想有明显差距的晚出的儒家学者的思想资料。

这些晚出的思想资料可以是《易传》之中的一整篇,比如《序卦》和《杂卦》,也可以是一段话、一句话。正所谓"儒分为八",从荀子"腐儒"、"贱儒"的称谓中我们可以想见战国时期儒家学术流派的歧异与对立。战国时期儒家学术的流传演变无疑也反映在儒家易学之中。现在的《易传》之中,包含着很多战国中、晚期的儒家学者的思想——这些思想之中的学术理路与孔子对《周易》的解释理路差异明显。

其中,第一类与第二类的区分无疑是最为重要的——这一问题已经在春秋易学研究之中已经基本解决了。现在,第二类与第三类的区别无疑也是个难点。好在由于帛书《要》的出土,我们已经可以明确孔子本人的易学思想是以"观其德义"为主旨,相关研究成果已经有很多,这里就不进一步对孔子解说《周易》的学术理路展开讨论了。

在总体上分为三类的基础上,进一步来说,按照文字内容的具体来源,《易传》各篇的内容可以进一步细分为八种。

第一种,是孔子之前自古相传的对《易》进行解释说明的文字资料。

这种资料一定存在,否则很难想象《易》会流传千年以上。《左传·昭公二年》所提到的《易象》就是这种典籍存在的明证。而且,我们还可以断定,由于这种资料对《周易》的解释具有权威性,古代的学者对它都一定会极为重视,因此我们可以想象"信而好古"①的孔子拿到这种资料会如何处理:他对这种材料最为可能的处理就是按照原文直接抄录,而对其中特别完整的内容的处理极可能是使其单独成篇。这种单列的篇章在数百年的抄录、流传之中即使被有意无意地混入一些其他的内容,或者部分文字有所改动,但这只是局部的情况,应该并不影响其主要内容。

很明显《说卦》就是属于这一种。虽然它经过了战国和西汉时期的整理和改写,但是正所谓"成书迟,其中包含的思想可以很早",②见诸文字迟,其思想可以有很早的起源。阴阳观念以及五行、八卦在上古时代早期就已经产生了,只是由于古代文献保存极为困难,致使其最终见诸已保留的文字材料(或者说是成书)比较迟,实际上这些观念很可能是古代学者的基本常识而毋庸赘言。

我们可以进一步追问,为什么说《说卦》的主要内容在春秋时期已经存在了呢?

实际上,说《说卦》的主要内容在春秋时期业已存在,这只是一个比较保守的陈述。实际上《说卦》的主要内容至少在西周之时就已经存在了,只是由于目前关于西周时期的历史资料极少,所以不得不采取这种保守的说法。比如,《周礼·春官》有太卜"掌三易之法,一曰《连山》,二曰《归藏》,三曰《周易》,其经卦皆八,其别皆六十有四"。可见,专讲八卦的《说卦》一文对于《连山》《归藏》和《周易》都是通用的,其产生时间自然不会太晚。③

在现代易学学者中似乎是沈瓞民最早明确提出:"《易传》之中最早的作品,我认为是《说卦传》","《说卦传》除窜杂的以外,说象的文字,是周代的作品。"④翟廷晋则进一步指出:《说卦》最早的传本,即其中的基本卦象部分,应当和《周易》上下经同时成书"。⑤ 高新民继之申论:"没有《说卦》,就没有《周易》,更不可能有《易传》其他各篇的产生和形成"。⑥ 而要证明《说卦》的主要内容在春秋时期已经存在,最为关键的一个理由是:《说卦》

---

① 《论语·述而》。
② 见任继愈:《敦煌〈坛经〉写本跋》,载任继愈:《任继愈来学术论著自选集》,北京:北京师范学院出版社1991年版,第279页。
③ 对于这一点,可以参看连邵名在《文物》1988年第11期上发表的《商代的四方风名与八卦》。根据对殷墟甲骨文四方风名、四方神名以及《山海经》《尚书·尧典》之中有关资料的研究,连邵名认为后天八卦图可以追溯到商代。我们知道,后天八卦图是《说卦》的重要内容,连邵名的论证无疑可以在很大程度上证明《说卦》在商代业已存在。
④ 沈瓞民:《从〈易经〉到〈易传〉》,原载《文汇报》1961年8月15日。收于黄寿祺、张善文编:《周易研究论文集》(第3辑),北京:北京师范大学出版社1990年版,第100、101页。
⑤ 翟廷晋:《从竹〈易〉和帛〈易〉看〈说卦〉的成书过程》,《中州学刊》1996年第6期。
⑥ 高新民:《〈周易·说卦〉简论》,《甘肃高师学报》2004年第4期。

"从其内容言之,它专言八卦,是易学最基本的理论。也就是说,无论是解说《周易》,还是运用《周易》筮占,皆离不开八卦卦象的分析,而且这是重要的一步"。① 没有《说卦》中的八卦取象,对《周易》就不可能解说或理解,在春秋时期尤其是这样。

继前面诸位学者的论说之后,在这里试补充以下三个方面的考虑:

第一,就八卦取象而言,《左传》《国语》中的《周易》解说与《说卦》具有内在的一致性;

第二,《说卦》之中的八卦取象是《易传》其他各篇展开论说的理论前提和基础;

第三,《说卦》文本后来被窜进一部分内容,而近代以来的易学学者据以断定《说卦》晚出的往往就是《说卦》文本中被窜入的这一部分内容。

所以,《说卦》的主要内容在春秋时期业已存在,这有充分的依据。下面对《说卦》的具体内容做进一步的年代分析。

具体来说,《周易·说卦传》第一章是:

> 昔者,圣人之作易也,幽赞神明而生蓍。三天两地而倚数,观变于阴阳而立卦,发挥于刚柔而生爻,和顺于道德而理于义,穷理尽性以至于命。

其中的"昔者,圣人之作易也,幽赞神明而生蓍,三天两地而倚数,观变于阴阳而立卦"是对此前易学历史的追溯,吸收了很多自古流传的相关解说,具有经典意义。但是随后的"发挥于刚柔而生爻,和顺于道德而理于义,穷理尽性以至于命"就转向于易学思想的阐发,并且融合了很多儒家思想,也是对《易传》其他各篇的儒家解说进行的总体概括。

《说卦传》第二章是:

> 昔者圣人之作易也,将以顺性命之理。是以立天之道,曰阴与阳;立地之道,曰柔与刚;立人之道,曰仁与义。兼三才而两之,故易六画而成卦。分阴分阳,迭用柔刚,故易六位而成章。

---

① 刘大钧、林忠军:《易传全译》,成都:巴蜀书社2006年版,第33页。刘大钧、林忠军在其早期著作《周易传文白话解》(济南:齐鲁书社1993年版,第8—9页)一书之中即有相似的论述。黄庆萱先生亦有类似观点:"当时(春秋时期)必有记八卦取象之书如《说卦》者。"见于黄庆萱:《十翼成篇考》,载于《周易研究》1994年第4期。

与第一章相比较,第二章的主要内容就属于易学思想的儒家阐发,其中间或融合了一些自古相传的易学思想材料,比如"昔者,圣人之作易也""天之道""阴与阳""易六画而成卦""分阴分阳,迭用柔刚"等。当然,以儒家"三立"之立天、立地、立人为理论框架诚然宏阔,亦可以视作对《易传》其他各篇儒家解说的总体概括,但是其所谓的"兼三才而两之"却意味着对六十四卦之八卦来源的彻底悖逆,爻象爻数诸说之滥觞,起于此乎?

从文本来看,《说卦》除了开篇的第一章、第二章的部分内容是较晚编入的具有义理阐发性质的文字以外,其余的都是对八卦卦象的阐述和八卦取象的例证,这些都是自古相传的对《易》进行解释说明的文字资料。我们有理由推断,《说卦》中保存的这些自古相传的对《易》进行解释说明的文字资料就是《左传·昭公二年》韩宣子所说的《易象》的主要内容,只不过由于《易传》编纂者(《易传》的编纂者该不止一人,我们所知道的第一位是编纂者春秋末期的孔子,其后就是战国时期直至西汉时期的儒家学者们,这里所说的编纂者偏重于后者)的改动,把这篇文字的标题写作"说卦",却把"象"这个含义更加深刻的标题标注在典型的儒家解释作品《象传》上面——虽然这个《象传》中的义理解说与原本的《易象》在学术理路上差异明显,很多文字绝不相类;儒门后学又在《说卦》篇首加入一些经过整理的具有经典性质的说《易》文字。这些对《说卦》的编辑和改动自然是《易传》编纂者基于其"观其德义"学术立场的一番良苦用心。①

第二种,孔子之前自古相传的对《易》的口头解说,特别是对于八卦的创作者、六十四卦的起源、《易》的基本原理等最基本也是最关键问题的解释。可以想象,因为流传过于久远,口口相传的对八卦的作者和《易》的创作情况的描述和解说就显得有些逻辑含混,细节不够明确。但这些口头流传的大概解释并不妨碍一代代的古代学者进行传道、授业、解惑的工作。不管能否理解,不管是否理解准确,《易传》编纂者(包括孔子)把所听到的讲述记录下来,再进行一定的加工和润色,就形成了我们现在所看到的一些文字资料。《系辞》中的很多内容就属于这一类。

第三种,或者依据文献,或者根据口头代代传授,与孔子同时代的卜官、筮者,或者是当时掌握《周易》占筮相关知识的学者的阐述讲解。这部分内容包括《系辞》中有关于"大衍之数"的记载、占筮的基本原理、基本操作、对

---

① 郭沂认为:"今本《易传》由四个部分构成。第一部分为孔子之前的《周易》文献,我称之为早期《易传》,包括《彖》《象》两传全部,《说卦》前三章之外的部分和《序卦》《杂卦》全部、《乾文言》的第一节"(郭沂:《郭店竹简与先秦学术思想》,上海:上海教育出版社2001年版,第22页或第280页)。这种划分与笔者差异明显,仅在第一部分稍有相同之处。

占筮的评论等内容。孔子"学而不厌"(《论语·述而》),周游列国,拜访过当时的很多著名学者,其中很可能就有特别擅长《周易》占筮的人。当时《周易》的基本应用就是占筮,孔子自称"百占而七十当"(帛书《易传·要》),很明显,他是专门学习过占筮并曾经多次实践。

第四种,孔子言说的记录,或者说是孔子弟子门人对孔子的话语进行记录和整理而形成的思想资料。《系辞》和《文言·乾》中有"子曰"共二十余句,无疑就是孔子言说的记录。

第五种,孔子弟子门人对孔子的讲述进行补充、完善后而形成的思想资料。孔子本人既然"述而不作"(《论语·述而》),那么除了记录、整理之外,儒门学者对孔子思想进行了补充和完善,其中比较严格地遵循了孔子的学术理路,是"照着讲"或"接着讲"。虽然有些论说的阐释角度、阐释重点不尽相同,但是总体而言,仍然可以归属于孔子的思想。

第六种,以八卦卦象作为义理的根据,比如《大象》,在总体上应该是孔门后学所作,不排除个别语句来源于孔子的可能,比如乾、坤两句。

第七种,为义理寻找爻象根据,比如《小象》,应该是孔门后学所作。

第八种,用义理解说《周易》卦序、卦义。《序卦》很可能是战国末期产生的思想资料,《杂卦》有可能是晚至汉初才产生的思想资料,但是由于某种机缘,它们也堂而皇之地名列《易传》之中。

下面对《易传》各篇内容的分期情况一一分述之,其中着重说明与上古道术思想史研究紧密相关的部分。

①《说卦》学理上的分期断代

《说卦》的主要内容属于第一种,即是孔子之前自古相传的解说《周易》或《易》的文字资料。比如,金景芳就曾经明确指出:从"天地定位"到"坤以藏之"应该是《归藏》遗说。此处的"坤以藏之"与下文的"万物之所归也"的"归"字联结起来,正是"归藏"一名。从"帝出乎震"到"然后能变化,既成万物",强调"艮",说"艮"是"万物之所成终,而所成始也",乃《连山》遗说。① 金景芳的看法非常值得重视。

如前文所述,《说卦》的第一、第二章属于第一类与第二类,其中可能有孔子的思想资料。这部分材料经过儒家学者整理和补充之后,最终被编辑在《说卦》的最前面,进而为《说卦》盖上了一顶儒家的大帽子。

《说卦》的第三章的前半部分,即"天地定位,山泽通气,雷风相薄,水火不相射",有不同版本,即马王堆帛书的"天地定立(位),[山泽通气],火水

---

① 参见金景芳:《〈周易·系辞传〉新编详解》,沈阳:辽海出版社1998年版,第185—187页。

相射,雷风相榑(薄)。"两者不尽相同,而马王堆帛书版更为优胜。我们有理由怀疑这个第三章与第一、第二章一样,也是被儒门编纂者辗转抄录在这里的。因为《说卦》前三章也出现在马王堆帛书《衷》之中,所以把第一、第二章与第三章直接抄录在一起的这个文献整理过程很可能在先秦时期就已经完成了。而在这个抄录以及其后的流传过程中,发生了一些错讹,即第三句与第四句颠倒,水火换位,还有意添加了一个"不"字。此处应该是"火水相射",以帛书本为是,取水火相互制摄、通透之意,义即下文所说的"水火相逮"。

但是再进一步分析可以发现,这个第三章与第一、第二章来源不同,它应该属于第一类,是孔子之前自古相传的解说《周易》或《易》的文字资料。

对于第三章之中出现的八卦序列,廖名春专门著文予以详细讨论,他以第三章之中的"顺"解释这一章的八卦出现顺序"天地定位,山泽通气,雷风相薄,水火不相射",以"逆"解释第四章的八卦出现顺序"雷以动之,风以散之,雨以润之,日以烜之,艮以止之,兑以说之,乾以君之,坤以藏之",并据以认为"将第三章排除出《说卦》,则第四章的八卦之序、第六章的六子卦之序无从得以解释"。①

廖名春的看法很精辟,值得进一步展开讨论。对此试补充一些想法,在这里提出来和大家一起讨论。

第一,这里的"顺""逆"首先有可能是指第三章最后的"数往者顺,知来者逆"——这可以看作是对《易》的基本功用的一种描述性的解说,似乎不应该在八卦出现顺序上寻求进一步的解释。如果指定"顺"是"天地定位,山泽通气,雷风相薄,水火不相射","逆"是"雷以动之,风以散之,雨以润之,日以烜之,艮以止之,兑以说之,乾以君之,坤以藏之"的话,那么"数往"和"知来"又如何解释呢?从下文来看,"雷以动之,风以散之,雨以润之,日以烜之,艮以止之,兑以说之,乾以君之,坤以藏之"虽然可以和"数往"比较明确地对应起来,但是"知来"就是"天地定位,山泽通气,雷风相薄,水火不相射"吗?这样的"顺""逆"是不完全匹配的。

第二,如果把帛书缺失的四字不按照今本补作"山泽通气",而是补作"泽山通气",那么"天地定位,泽山通气,火水相射,雷风相薄"这个顺序倒真的是与先天八卦的排列顺序一致了。历史上邵雍曾经以《说卦》的第三章作为先天卦序的理论根据,现在看来这似乎也不是捕风捉影。当然,我们也有理由怀疑邵雍的先天易学另有传授,其先天卦序并不是参研《说卦》的这

---

① 廖名春:《〈周易·说卦传〉错简说新考》,《周易研究》1997年第2期。

一段文字而直接得出的,否则一千多年下来何以唯有宋代邵雍发现其中另有玄奥?

第三,《周礼》有三《易》之说,而《连山》《归藏》据载分别是以艮、坤为首卦。"天地定位"和"乾以君之,坤以藏之"可以对《周易》为何以乾卦为首卦进行很好的说明,而"艮,东北之卦也,万物之所成终,而所成始也"则很好地说明了《连山》为何以艮为首卦,"坤也者,地也,万物皆致养焉"则很可能是《归藏》之所以以坤为首卦的八卦理论根据。总之,三种首卦排列似乎都可以在《说卦》所记载的八卦理论之中得到相当程度的说明,而各种八卦排列以及六十四卦排列经过后人有目的的一些次序改变也应该是很正常的事情。

第四,《说卦》中反复出现了后天八卦顺序,所以后天八卦顺序应该是《周易》研究之中最为重要的一种八卦顺序,需要引起我们的特别注意。

所以,笔者认为暂时可以把第三章归入《说卦》之内,因为其内容本身有着深刻的八卦理论背景,它应该不是孔子的思想创造,即使它很可能经过了孔子或其门人弟子的一些有意无意的改动。

廖名春既然认定《说卦》第三章最后一句"是故《易》逆数也"应该据帛书本改作"是故《易》达数也",那么从这一点上我们就可以大致认为这句话的来源是孔子思想,因为现在看来只有孔子在帛书《要》之中以"达数"和"达德"作为这两种基本途径对《易》之研究进行了区分。鉴于《说卦》在汉初曾经散佚,很可能有错简,我们甚至可以把《说卦》第三章的后半部分"八卦相错,数往者顺,知来者逆,是故《易》逆数也"直接放在第二章或第一章的后面,这样一来第三章与下文可以联系得更加紧密,内容也更贴切。

今本《说卦》的第四章开头是"雷以动之",而第五章开头是"帝出乎震",都以震雷为开端,两者非常符合。这也在一定程度上说明《说卦》原本是可以这样开篇的。

另外,就《说卦》的具体内容而言,第五章之中的"圣人南面而听天下,向明而治,盖取诸此也",在这一段八卦方位叙述之中突兀挺立,是唯一一句谈论圣人的话,有可能是错简,也有可能是某一位儒家学者一时兴起而插入的一句评述;而"兑正秋也"似乎是由"兑正西也"错衍而来,因为这一章中的其他七卦都只说方位,不说季节。

②《系辞》学理上的分期断代

就重要性而言,《系辞》仅次于《说卦》,其主要内容的编纂完成应该距离孔子不远,甚至有些内容还很可能是由孔亲手编纂的,因为其中除了有十余句"子曰"之外,还记载着很多自古以来口头流传的解说《易》或《周易》的资料。

比如,《系辞上》中有:"易有太极,是生两仪,两仪生四象,四象生八卦",是对八卦理论的深刻阐释,应该是自古流传下来的对《易》的解说,可以归入第一种。

再比如,《系辞下》第二章的前半段,即:

> 古者包羲氏之王天下也,仰则观象于天,俯则观法于地,观鸟兽之文,与地之宜,近取诸身,远取诸物,于是始作八卦,以通神明之德,以类万物之情。

这是我们目前所见到的最古老的对八卦产生进行解说的文字。很明显,这一段应该是归为第一类,如果再细化的话,可以把它归为第二种。

而这一章的其余文字,即

> 作结绳而为网罟,以佃以渔,盖取诸离。
> 包羲氏没,神农氏作,斫木为耜,揉木为耒,耒耨之利,以教天下,盖取诸益。
> 日中为市,致天下之货,交易而退,各得其所,盖取诸噬嗑。
> 神农氏没,黄帝、尧、舜氏作,通其变,使民不倦,神而化之,使民宜之。① 黄帝、尧、舜,垂衣裳而天下治,盖取诸乾坤。
> 刳木为舟,剡木为楫,舟楫之利,以济不通,致远以利天下,盖取诸涣。
> 服牛乘马,引重致远,以利天下,盖取诸随。
> 重门击柝,以待暴客,盖取诸豫。
> 断木为杵,掘地为臼,臼杵之利,万民以济,盖取诸小过。
> 弦木为弧,剡木为矢,弧矢之利,以威天下,盖取诸睽。
> 上古穴居而野处,后世圣人易之以宫室,上栋下宇,以待风雨,盖取诸大壮。
> 古之葬者,厚衣之以薪,葬之中野,不封不树,丧期无数,后世圣人易之以棺椁,盖取诸大过。
> 上古结绳而治,后世圣人易之以书契,百官以治,万民以察,盖取诸夬。

---

① 这里的"易穷则变,变则通,通则久。是以自天佑之,吉无不利"与上下文不相协调,应该是后代学者插入的义理阐发,宜删,此处不列。

就其主要内容而言似乎应该归属于第一类第二种，但是实际上文中频繁出现"盖"字，表明作者是在推测，或者是有所耳闻、有所依据，终归是不敢肯定。所以这段文字是后代学者对于上古时期六十四卦产生情况的一种猜测，并且是一种捕风捉影的猜测，没有太大的学术价值。

如果认定其言属实，那么八卦以及六十四卦的产生就要比以上这些器物的发明创制早了很多，恐怕是在现今所谓的石器时代了——对此种说法很多现代学者不能接受，因而对这一段文字多有批判，甚至有些学者干脆直斥其非："'为网罟'、'为耜'、'耒'以及'为舟'、'为楫'等等，都是出于社会的需要和有这样的历史条件，决不是因为取诸什么卦而制造出来的。例如六十四卦中有井、鼎等，都是卦有取于物，而不是物有取于卦。所谓'盖取诸离'种种说法，都是倒果为因，有悖事理，事实上是不存在的。"①按照现今占据主流的人类社会进化论的角度来看，上面这些说法无疑是荒谬的。但是无论如何，这段文字还是在提醒我们有这样一个事实：穷追八卦的产生问题并试图给出各种社会生活经验的解释在总体研究方向上很可能是错误的。因为八卦和六十四卦的产生有可能不是以生产生活的内容和经验为依据的，即应该是在八卦和六十四卦产生之后，才有了网、舟之类器物的发明和创造。

《系辞上》中有关于天地之数和大衍之数的内容，即

> 天一地二，天三地四，天五地六，天七地八，天九地十。天数五，地数五，五位相得而各有合。天数二十有五，地数三十，凡天地之数，五十有五，此所以成变化而行鬼神也。大衍之数五十，其用四十有九。分而为二以象两，挂一以象三，揲之以四以象四时，归奇于扐以象闰，故再扐而后挂。乾之策，二百一十有六。坤之策，百四十有四。凡三百有六十，当期之日。二篇之策，万有一千五百二十，当万物之数也。是故，四营而成易，十有八变而成卦，八卦而小成。引而伸之，触类而长之，天下之能事毕矣。

这些内容无疑是第三种。因为硕果仅存，所以尤为重要。

此外还有一些片言只语，在仔细鉴别之后，部分内容可以归入第一类。比如，《系辞下》的第一章有"八卦成列，象在其中矣。因而重之，爻在其中矣。刚柔相推，变在其中矣。系辞焉而命之，动在其中矣。"所谓"八卦成列，

---

① 金景芳：《金景芳晚年自选集》，长春：吉林大学出版社2000年版，第342页。

象在其中矣"契合八卦取象，很明显是对八卦之象有所听闻或得到些传授，但是"因而重之，爻在其中矣"虽然解说了八卦重叠产生六十四卦的过程，但是却把八卦的卦象一概抹杀而全部归结为"爻"，这明显是儒家易学的理论内容；而"刚柔相推，变在其中矣"则隐约地把阴阳爻的变化作为《周易》解说的中心；最后一句"系辞焉而命之，动在其中矣"则是应时应景，最终还是要以爻变来解说卦爻辞。所以前面几句"八卦成列，象在其中矣。因而重之"可以归为第一类，而后半部分可以归为第二类。

再比如，《系辞下》的第三章有"是故，易者象也。象也者，像也。彖者材也。爻也者，效天下之动也。是故，吉凶生，而悔吝著也。"所谓"易者象也。象也者，像也"就很有理论深度，基本上解说了什么是"易"以及为什么春秋时期解说《周易》的典籍叫作《易象》。但是"爻也者，效天下之动也"就又把爻象放在中心位置上了，这也就说明了作者的儒家思想归属。所以前面一句"易者象也。象也者，像也"可以归为第一类，而后半句可以归为第三类。

《系辞上》的第一章，即：

> 天尊地卑，乾坤定矣。卑高以陈，贵贱位矣。动静有常，刚柔断矣。方以类聚，物以群分，吉凶生矣。在天成象，在地成形，变化见矣。鼓之以雷霆，润之以风雨，日月运行，一寒一暑，乾道成男，坤道成女。乾知大始，坤作成物。乾以易知，坤以简能。易则易知，简则易从。易知则有亲，易从则有功。有亲则可久，有功则可大。可久则贤人之德，可大则贤人之业。易简，而天下矣之理矣；天下之理得，而成位乎其中矣。

其主要内容是糅合八卦取象而作出儒家义理的阐发，但是其中的"在天成象，在地成形""鼓之以雷霆，润之以风雨，日月运行，一寒一暑，乾道成男，坤道成女"都与八卦取象甚有关联，反映出其作者的思想渊源有自——除了孔子口授或书写，我们目前还找不到第二个可能的作者，所以可以大致归为第二类第五种。

《系辞下》的一段话，即：

> 二与四，同功而异位，其善不同：二多誉，四多惧，近也。柔之为道，不利远者，其要无咎，其用柔中也。三与五，同功而异位：三多凶，五多功，贵贱之等也。其柔危，其刚胜邪？

是对爻辞的吉、凶、悔、吝等断语进行区别讨论和总结说明——当然现在看来这里所谓的"多"仅仅是估计,远远不是真正意义上的统计——它可以看作是"爻象说"的理论渊薮,归为第三类第七种。

《系辞》中有多人多次就同一问题或相关问题反复阐说,其中个人发挥成分居多,说法往往不一,甚至互相抵牾。比如,"圣人有以见天下之赜,而拟诸其形容,象其物宜;是故谓之象"与"是故,夫象,圣人有以见天下之赜,而拟诸形容,象其物宜,是故谓之象"是相同重复;"天生神物,圣人则之"和"河出图,洛出书,圣人则之"是相近重复;"八卦定吉凶"和"天垂象见吉凶"是前后不一致;"悔吝者,忧虞之象也"和"悔吝者,言乎其小疵也"是抵牾,等等。

正是因为《系辞》杂糅了许多不同时代的思想材料于一篇,所以"对于它的成书年代,学者分歧较大,约有战国前期说、中期说、后期说、秦汉说等。"①考虑到《系辞》的编纂时期很长,并非出自一人一时,所以就不同来源的不同部分而言,以上几种说法可以并立不悖,其各自的考证研究都具有价值,可以加深我们对《系辞》成书过程的理解。

③《大象》《小象》学理上的分期断代

《大象》的主旨是首先用八卦取象简单解说六十四卦卦象及卦名,然后据以阐述儒家义理,即阐说理想人格"君子"或"圣王"的修养和行为。在这个过程之中隐含着类比的推理逻辑,直接为其义理阐说提供说服力。虽然也是以"观其德义"为基本原则,但《大象》的解《易》理路与孔子的解说理路在具体方法上的差异比较显著。《大象》之中颇有一些语句可以与战国时期的流传的儒家论说互相印证,乃至于完全相同。② 而从其较多地采录曾子言语的情况来看,③《大象》应该与战国儒家学派之中的曾子一脉关联较大。所以《大象》总体上应该归为第三类第六种。

虽然都是讲解义理,《小象》的解《易》理路不同于《大象》,它与孔子的解《易》理路的差异也非常明显。无论是就其所阐发的义理内容而言,还是就其阐发义理的角度而言,在整体上《小象》之中的爻辞解说与孔子思想没有关联。所以《小象》只可能是战国晚期乃至于西汉早期儒家学者的创作,应该归入第三类第八种。

④《文言》学理上的分期断代

《乾文言》开篇有"元者,善之长也;亨者,嘉之会也;利者,义之和也;贞

---

① 杨庆中:《周易经传研究》,北京:商务印书馆2005年版,第34—42页。
② 严灵峰:《无求备斋易学论集》,北京:中国社会科学出版社1995年版,第151页。
③ 高新民:《易学史论》,银川:宁夏人民出版社2008年版,第32页、第93—96页。

者,事之干也。君子体仁,足以长人;嘉会,足以合礼;利物,足以和义;贞固,足以干事。君子行此四德者,故曰:'乾:元亨利贞。'"这与《左传·襄公九年》中穆姜在解说《艮》之《随》时对"元亨利贞"的解说基本相同,所以这一段应该是属于第一类,即自古相传的《周易》解说;由于其见于春秋时期的口头述说,所以可以暂时归于第二种。

《文言》中有"子曰"共计七见,分别解释乾卦七条爻辞,属于孔子言说,归入第二类第四种。还有一些话语与孔子的义理阐说理路非常符合,比如"积善之家,必有余庆;积不善之家,必有余殃。臣弑其君,子弑其父,非一朝一夕之故,其所由来者渐矣,由辩之不早辩也。《易》曰:'履霜,坚冰至',盖言顺也",可以将其归入第二类第五种。

《文言》的其余内容比较复杂,主要是按照"观其德义"的原则阐述儒家义理,可以将其归入第二类第五种;由于其中出现了一些以乾坤卦象解说德性的语句,比如解说乾卦"刚健中正",解说坤卦"坤至柔,而动也刚,至静而德方",所以可以将这几句解说归入第三类第六种;在《乾文言》之中还出现了以爻象作为说理依据的情况,比如"六爻发挥,旁通情也",比如,"重刚而不中",所以可以将这几句解说归入第三类第七种。

⑤《象》学理上的分期断代

《象》的主旨是解说卦象、卦辞并阐发义理,其中的卦辞解说往往非常简略,而对儒家义理加以发挥才是其论说重点。《象》中对六十四卦卦象的解说还是比较准确的,当然这只是一个理论铺垫,其作用是为义理生发提供基础和根据。比如,

> 咸,感也。柔上而刚下,二气感应以相与。止而说,男下女,是以"亨,利贞。取女,吉"也。天地感而万物化生,圣人感人心而天下和平。观其所感,而天地万物之情可见矣。
>
> 家人,女正位乎内,男正位乎外。男女正,天地之大义也。家人有严君焉,父母之谓也。父父、子子、兄兄、弟弟、夫夫、妇妇,而家道正。正家,而天下定矣。

在对卦辞进行解说的时候,《象》中还出现了很多为义理寻找爻象根据的象数方法,即"乘""中""应""当位"等关于爻象爻位之说。比如,解说夬卦的时候有"'扬于王庭',柔乘五刚也",这是"乘";解说升卦的时候有"刚中而应,是以大亨",这是"中"和"应";解说既济卦的时候有"虽不当位,刚柔应也",这是"当位"和"应"……而且从其解说之中对"中"的着力推崇可

以看出《彖》与《小象》类似,都与战国儒家学派之中的子思一脉有较多关联。① 所以,《彖》中内容可以归为第三类第六种、第七种。

⑥《序卦》《杂卦》学理上的分期断代

在历史上,《序卦》曾经被奉为圭臬,一条条地被分署在《周易》文本中每一卦的最前面,而《杂卦》也一度很受重视。实际上,在《易传》十篇之中,这两篇文字与春秋易学以及孔子易说关联最小。就整体而言,《序卦》《杂卦》与孔子思想没有直接关联。《序卦》《杂卦》属于第三类第八种。

⑦ 总结

经过以上讨论,我们基本完成了对《易传》的分期断代,这样就得到下面这一张图表,其中符号"○"表示有部分内容属于对应的种类:②

		《说卦》	《系辞》	《彖》	《象》	《文言》	《序卦》	《杂卦》
第一类,自古流传的思想资料	第一种,文字资料	○	○					
	第二种,口头资料		○			○		
	第三种,占筮资料		○					
第二类,孔子的思想资料	第四种,孔子直接言说			○		○		
	第五种,弟子记录整理	○	○			○		

---

① 参见高新民:《易学史论》,银川:宁夏人民出版社2008年版,第32—33页、第104—110页。

② 郭沂认为:"今本《易传》由四个部分构成。第一部分为孔子之前的《周易》文献,我称之为早期《易传》,包括《彖》《象》二传全部,《说卦》前三章之外的部分和《序卦》《杂卦》全部、《乾文言》的第一节。第二部分为孔门弟子所记孔子关于《周易》的言论,包括《系辞》的一部分,属《论语》类文献。第三部分为孔子的《易序》佚文,包括《系辞》的另一部分和《说卦》前三章。第四部分为孔子的另两篇佚文。一篇为《续乾文言》,包括《乾文言》的第二、三、四节;另一篇我名之为《乾坤大义》,包括《乾文言》的第五、六节和《坤文言》全部。后三部分全部为孔子易说。"(郭沂:《郭店竹简与先秦学术思想》,上海:上海教育出版社2001年版,第280页)。不难看出,郭沂对《易传》两类内容的区分比笔者的上述分类要简略得多,差异也非常明显。整体而言,郭沂是分为两类,笔者是分为三类。但是,既然"平心而论,汉代所传文献确有鱼目混珠的现象"(郭沂:《郭店竹简与先秦学术思想》,上海:上海教育出版社2001年版,第20页),那么比较而言分为三类就更加合理。而且就第一类而言,郭沂显然把笔者所列举的第三类内容也涵盖进去了。当然,郭沂也比较详细地阐述了自己的理由,其部分陈述上文已经有所涉及。对于相关的种种差异,有兴趣的读者可以详细进行比较,此不赘述。

续　表

		《说卦》	《系辞》	《象》	《彖》	《文言》	《序卦》	《杂卦》
第三类，晚出的儒家思想资料	第六种，卦象为义理根据			《大象》	○	○		
	第七种，爻象为义理根据			《小象》	○	○		
	第八种，义理解说卦序						《序卦》	《杂卦》

《易传》的分期断代研究是对《周易》经传进行深入研究的基础，对于廓清道术思想史的理论源头和文本基础具有重要意义。

二、《庄子》"寓言"的重新定义

《庄子》之中诸多涉及先秦人物的记载都是"寓言"，所以全系凭空捏造，全然无足信据，这种观点目前在学界仍然会时常遇到，甚至有学者以此为"常识"并用之教导后学。《庄子》中的"寓言"有时也被解说为有所寄托的话，这种解释并不准确，其解说根据是对"寓"字的迂曲理解。比如，陆德明《释文》有"寓，寄也。以人不信己，故托之他人，十言而九见信也。"笔者所要强调的是，在对《庄子》中的"寓言"概念进行解释时不能脱离《庄子》文本，更不能够对其添加义项，比如陆德明的《释文》就给《庄子》中的"寓言"概念添加了"伪托他人"的意义。

经过检索可以发现，从古到今"寓言"一词的含义有三种：一是《庄子》中的独特言说方式，即如《庄子·寓言》所述："寓言十九，藉外论之"。① 这里所谓的"藉"通"借"，"外"就是他人，②而"藉外论之"就是引述他人相关话语申明己意。二是指托辞以寓意，比如宋代王谠《唐语林·补遗一》有："元祐献诗十首，其词猥陋，皆寓言嬖幸，而意及兵戎。"三是西方文学作品的一种体裁，是用假托的故事或自然物的拟人手法说明某个道理，常带有劝

---

① 关于《庄子》"寓言"多种理解的讨论，可以参阅张松辉的研究(张松辉：《庄子疑义考辨》，北京：中华书局2007年版，第276—277页)。
② [清]郭庆藩辑，王孝鱼点校：《庄子集释》，北京：中华书局1961年版，第948页。郭象把"藉"解释为"借"是正确的，成玄英把"藉"解说为"假"，进而解说为"假托"，这是不准确的。因为"藉"有假设，假使的含义，却没有"假托"的义项。将"外"解说为外人、别人、彼人，这一点历代注家差异不大。

诚、教育的性质,如古希腊的《伊索寓言》。《庄子》中的"寓言"应该按照第一种定义来理解,并对其独特内涵进行深入的分析和考察,但是现今仍然有很多学者习惯于按照第三种定义来理解《庄子》中的"寓言",并由此对《庄子》中关于各色人物的所有记载统统加以否定。从"寓言是一种文学体裁"这一观念来推断《庄子》中的所有"寓言"全系凭空捏造,这是20世纪初产生并广泛流传的对《庄子》文本的一种误解。这种误解产生的根源主要有三点:一是中西文化对接时"寓言"一词的翻译误差;二是对《史记》相关记载的误读;三是鲁迅、闻一多等学者对《庄子》文学研究视角的限定。实际上《庄子》之中虽然有一些故事可以认为是纯属虚构的文学作品,但是还有很多"寓言"是关于先秦诸子的真实记录,是难得一见的珍贵史料。尤其是《庄子》记载了老子、庄子和孔子的可靠言论和真实事迹,其对于庄子生平和思想研究,对于老子思想溯源以及孔子思想复杂性的研究,都具有不可替代的历史文献价值。

① 误解产生的原因之一:寓言(fable)翻译时产生的误差

寓言(fable)是一种比较特殊的西方文学体裁,一般以比喻性的故事寄寓意蕴深长的道理,以《伊索寓言》(Aesop's Fable)最为典型。进一步来说,寓言就是一段短小的故事,用假托的故事或拟人手法说明某个道理或教训,因而具有讽刺或劝诫的意义。从《伊索寓言》来看,寓言一般是单独成篇而且篇幅短小,其中往往把动物作拟人化处理而展开叙事,所以通俗易懂又情节突出。但是按照"寓言"这种西方文学体裁来大面积整理和研究中国古代文学不可避免地就会产生很多问题。针对中国文学研究中"寓言"内涵不清所导致的概念使用越来越泛滥的情况,徐北文强调:"现在我们认为只有用虚构的且具有性格和情节的,并含有一定教训的小故事才算是寓言。"①所以作为文学体裁的寓言至少有三个特点不可或缺:一是虚构性。寓言的内容和情节都是作者独具匠心的凭空虚拟,没有事实或历史根据。二是人物具有性格,故事具有情节。三是鲜明的教育性或讽刺性。正因为其往往具有鲜明的教育性或讽刺性,古今寓言的主要功用是少年儿童教育。比如,作为世界文学史上流传最广的寓言故事集,《伊索寓言》中的《赫尔墨斯和雕像者》《蚊子和狮子》《狼和小羊》《猫和鸡》《农夫和蛇》等都曾经多次入选中国小学教材。

值得注意的是,在明代《伊索寓言》传入中国之初其被翻译为《况义》,"况"即比况,"义"即寓意,"况义"即与后来所说的寓言同义。在清代《伊索

---

① 徐北文:《先秦文学史》,济南:齐鲁书社1981年版,第156页。

寓言》又被翻译为《意拾蒙引》，"fable"一词被翻译为"蒙引"，使用"蒙"字无疑是因为翻译者看到了寓言（fable）对少年儿童的启蒙作用，而使用"引"字则很可能是因为寓言（fable）有引人思考的意蕴。无论是"况义"还是"蒙引"，都说明前人已经注意到了"寓言（fable）"这种西方文学体裁的特殊性，在古代汉语中并没有与之严格对应的词。所以"直至晚清之前，寓言一词并未与诸子发生关联。"①1902年林纾（1852—1924）和严璩及严君潜合作翻译《伊索寓言》时首次使用了"寓言"一词来翻译"fable"，而沈德鸿（茅盾）在1917年收集整理先秦以及秦汉诸子著作中的故事资料编成《中国寓言（初编）》，孙毓修先生在为该书写作的序言中明确指出"寓言"一词与西文"fable"的对译关系。自此，以"寓言"一词来翻译"fable"被正式认可，②进而广泛流传开来。

在中西文化的交流过程中"fable"一词被翻译为"寓言"，这有其必然性和合理性。《庄子》含有类似于寓言（fable）的故事若干，还有《寓言》一篇，其中有"寓言"一说，最关键的是"寓"有"寄托"的意思，正与寓言（fable）通过故事"寄托"道理教训的含义相吻合，甚至是《庄子》中进行对话的蜩与学鸠等小动物都给寓言（fable）与《庄子》寓言的对接提供了直观的依据。但是，按照上文所列举的作为文学体裁的寓言所具有的三个特点进行对照就可以发现"fable"一词与《庄子》所说的"寓言"其实是不对等的：

第一，在《庄子·寓言》对"寓言"的描述性定义之中绝没有虚构假设的含义：

> 寓言十九，藉外论之。亲父不为其子媒。亲父誉之，不若非其父者也；非吾之罪也，人之罪也。与己同则应，不与己同则反；同于己为是之，异于己为非之。

因为人们都喜欢"与己同则应，不与己同则反；同于己为是之，异于己为非之"，所以《庄子》书中除了直接地发表观点和议论之外，类似于亲生父亲不方便亲口夸奖自己的儿子而延请外人评价儿子的情况，庄子还引用他人话语来证明自己的观点，以求更好地说明意指。简单来说，《庄子》中的寓言

---

① 饶龙隼：《先秦诸子寓言正义》，刘东主编：《中国学术》第九辑（2002年第一辑），第128页。
② 实际上"寓言"在英语中对应着"fable""allegory""parable"三个单词，对其含义的细致辨析请参考饶龙隼先生的研究（饶龙隼：《先秦诸子寓言正义》，刘东主编：《中国学术》第九辑，第127页页下注）。

是"藉外论之",就是引用他者话语申论己意——其中绝对没有伪造他人话语的含义。

第二,《庄子》中很多人物性格模糊,大多数记载缺乏情节或情节不完整。比如,《逍遥游》中蜩与学鸠对大鹏的"扶摇直上九万里"发表了议论,其中仅仅是以一般鸟雀的立场和观点表达对大鹏鸟的不理解以及对自己生活境遇的满足,蜩与学鸠的性格并不突出。再比如,《庄子》中的很多内容都是人物对话,根本就没有什么故事情节,比如孔子与老子的多次晤面。

第三,庄子是哲学家,《庄子》之中频频出现的人物对话都具有深刻的思想内涵,绝不是通俗易懂的小故事。即使因为《庄子》中的某些片段可以视作寓言故事甚至用于早期教育,但是因为其具有深刻内涵而与一般的浅显易懂的寓言故事判然有别。当然如果按照美国学者爱莲心(Robert E. Allinson)的观点来看,《庄子》中的神话、传说、怪物、吊诡、比喻、语言难题等等,包括类似于西方寓言的林林总总的故事,这些都是《庄子》的作者为了系统地引导和开发人心的灵性维度而有预谋地设置的手法,其最终目的在于"使读者完成自我转化"。[1] 很明显,这些以心灵转化为目标的手法所设定的目标人群并不是少年儿童。

总之,把《庄子》寓言直接理解为现代汉语之中的寓言,即"用假托的故事或自然物的拟人手法来说明某个道理或教训的文学作品,常带有讽刺和劝诫的性质",[2]这绝对是不合适的,并不符合《庄子》文本。如果把《庄子》和《伊索寓言》进行对比就可以进一步凸显出以"寓言"来翻译"fable"所产生的误解问题:《庄子》是一本《伊索寓言》那样的寓言集吗?显然不是。《庄子》中出现的人物和故事仍然是以思想表达为宗旨,绝没有追求人物性格的突出和故事情节的完整以及某种讽刺和劝诫的作用。《庄子》和《伊索寓言》两者性质决然不同,《庄子》寓言也就不同于《伊索寓言》中的寓言。以"寓言"来翻译"fable",这是中西文化对接上产生的偏差,虽然当时做出这种翻译实在是难以避免,但是后人必须给予足够的注意才不至于产生误解。

② 误解产生的原因之二:对《史记》相关记载的误读

《史记·老子韩非列传》对庄子的记载非常简略:

---

[1] 爱莲心:《向往心灵转化的庄子:内篇分析》,南京:江苏人民出版社2004年版,中译本序,第2页。
[2] 中国社会科学院语言文字研究所词典编辑室编:《现代汉语词典》(第7版),北京:商务印书馆2016年版,第606页。

> 庄子者，蒙人也，名周。周尝为蒙漆园吏，与梁惠王、齐宣王同时。其学无所不窥，然其要本归于老子之言。故其著书十余万言，大抵率寓言也。作《渔父》《盗跖》《胠箧》，以诋訿孔子之徒，以明老子之术。《畏累虚》《亢桑子》之属，皆空语无事实。

司马迁的这段话很容易引发误解，其中的关键是：司马迁所说的"寓言"究竟是什么意思。如果司马迁所说的"寓言"是指伪造他人言论的话，即如《史记索隐》所谓：

> 大抵犹言大略也。其书十余万言，率皆立主客，使之相对语，故云"偶言"。又音寓，寓，寄也。故《别录》云"作人姓名，使相与语，是寄辞于其人，故庄子有《寓言》篇"。

那么接下来司马迁只是在举例论证他的判断，即列举了《庄子》中的部分篇章和内容并说明其别有用心之旨，揭示其捏造事实之处。所以按照这个思路来看，《庄子》这本书全部是"假托之言"，其用意是"以诋訿孔子之徒，以明老子之术"，所出现的人物"皆空语无事实"。

下面首先辨析司马迁所说"寓言"的含义，进而对这些误解加以澄清。

司马迁应该是读过《庄子》并对其有足够深入的了解，这是展开讨论的基本前提。因为《庄子·寓言》有"寓言十九，藉外论之"这句话，①意即《庄子》这本书的大部分内容都是"藉外论之"的寓言，所以司马迁据此做出庄子"著书十余万言，大抵率寓言也"这样的判断。如果说"寓言十九"是司马迁做出"故其著书十余万言，大抵率寓言也"这一判断的直接根据的话，那么司马迁所说的"寓言"就是《庄子》中的"寓言"，两者同义，都是"藉外论之"，丝毫没有作伪的含义。

就《庄子》这本书而言，引述他者之言的寓言是一种主要言说方式。因为迥异于其他先秦子书特别是《老子》所采用的直接言说方式，所以寓言可以说是《庄子》一书最主要的特征。"直接言说"就是作者对言说对象进行直接说明和评述，《老子》一书的大部分内容都可以看作是对道的"直接言说"，而《庄子》一书的大部分内容则是引述他者的对道的言说，即"间接言说"。进一步来说，与《老子》一书少有引用而往往进行"直接言说"不同，

---

① "寓言十九"的字面含义是寓言占十分之九，就是说《庄子》一书的大部分内容是寓言，可参阅张松辉的研究（张松辉：《庄子疑义考辨》，北京：中华书局 2007 年版，第 279 页）。

《庄子》中的大部分内容是引述他人相关话语,所谓的"间接"就体现在作为言说方的他者的引入。由此可以进一步确认,司马贞在《史记索隐》中对《庄子》寓言的解说与前注所引陆德明在《经典释文》中的说法类似,两者都脱离了《庄子》文本而在"寓"字上着力阐发,实际上凭空给《庄子》的"寓言"添加了"假托"的义项。

正是因为《庄子》一书中有很大一部分内容是对他人对话的记载,所以《庄子》记录了很多先秦人物关于道的认知内容和实践方法,①这使得《庄子》远远超出了专述一家之言的一般子书而具有了文献资料汇编的意义。按照《庄子·寓言》中"寓言十九,重言十七"的说法,②在寓言之中还包括了很多重言,即重申先贤之言。③ 所以《庄子》一书有不少内容都是对当时著名人物论道和修道话语的记载,《庄子》一书中的思想材料由此还具有了权威性和代表性。由此可以进一步确认,司马迁所说的寓言是《庄子》之中"藉外论之"的寓言,其中绝没有虚构或伪造的含义。如果要以司马迁"大抵率寓言也"这句话为根据来推断《庄子》寓言无足信据,那么这实际上就是对司马迁原意的根本性误解。

在做出《庄子》寓言居多这一判断之后,司马迁对《庄子》一书还做出了一些澄清和批驳,即(庄子)"作《渔父》《盗跖》《胠箧》,以诋訾孔子之徒,以明老子之术。《畏累虚》《亢桑子》之属,皆空语无事实。"总体上来说,这是《庄子》一书内容的复杂性所导致的问题,需要细致地加以辨析。

首先,因为《庄子》一书收录了很多当时著名人物论道和修道的话语,其中必然收录了很多涉及孔子及其门徒的文献资料,这也说明了孔子及其门徒在当时思想界所占据的重要地位。至于其中哪些是对孔子言行的忠实记载,哪些是修辞夸张的虚托造作,这就需要对具体内容进行具体分析。

其次,按照当今学术界的一般看法,《渔父》《盗跖》属于杂篇,《胠箧》属于外篇,它们中的一篇或数篇有可能不是庄子亲作,而是出自庄子后学,所以司马迁认定《渔父》《盗跖》《胠箧》三篇系庄子亲笔所作这有可能不甚准确。

再次,虽然《盗跖》之中出现了盗跖对孔子大加批驳的明显渲染过度的

---

① 在《史记·老子韩非列传》中,司马迁明确指认"老子修道德",《老子》"言道德之意";随后,司马迁对《庄子》(或庄子)思想的主旨进行了论述:"庄子散道德,放论","然其要本归于老子之言"。
② "寓言十九,重言十七"的含义是寓言占十分之九,重言占十分之七。可见,重言和寓言有彼此重合的一部分内容,很多寓言也是重言,很多寓言也是重言。参阅张松辉的研究(张松辉:《庄子疑义考辨》,北京:中华书局2007年版,第279页)。
③ 张松辉:《庄子疑义考辨》,北京:中华书局2007年版,第278页。

情节，但是就总体而言，《庄子》一书中的孔子及其弟子大都是以正面或中性形象出现的，对其言行的记载也比较笃实。司马迁的论断"以诋訿孔子之徒，以明老子之术"对于《渔父》《盗跖》《胠箧》三篇来说是可以成立的，特别是对《盗跖》这篇来讲最为恰当，但是对于《庄子》全书而言这一判断则不能成立。

具体来说，孔子在《庄子》之中曾经多次出现，除了《盗跖》中被贬抑的形象之外，还有很多正面甚至是光辉的形象，比如《秋水篇》有：

  孔子游于匡，宋人围之数匝，而弦歌不惙。子路入见之，曰："何夫子之娱也？"孔子曰："来，吾语女。我讳穷久矣，而不免，命也；求通久矣，而不得，时也。当尧舜而天下无穷人，非知得也；当桀纣而天下无通人，非知失也，时势适然。夫水行而不避蛟龙者，渔夫之勇也；陆行而不避兕虎者，猎夫之勇也；白刃交于前，视死若生者，烈士之勇也；知穷之有命，知通之有时，临大难而不惧者，圣人之勇也。由处矣，吾命有所制矣！"无几何，将甲者进，辞曰："以为阳虎也，故围之。今非也，请辞而退。"

对于这些孔子"畏于匡"（《论语·子罕》）时坦荡言行的珍贵记载，司马迁没有提及。那么是不是可以说，经过司马迁历史学家的权威鉴定，这些材料都没有问题呢？况且《寓言》有庄子亲口承认自己不如孔子的感叹："吾且不得及彼乎！"可见，在《庄子》关于孔子的诸多记载之中并没有尊老贬孔的明显而一贯的思想倾向。而司马迁在《史记·老子韩非列传》中所谓的"世之学老子者则绌儒学，儒学亦绌老子"，只是针对司马迁自己所处的西汉早中期的思想界情况而言，并非对老子和孔子所处时代的总结。所以根据司马迁"以诋訿孔子之徒，以明老子之术"的论述而把《庄子》关于孔子的全部记载一概否定，这种看法肯定是一种误解。

最后，今本《庄子》中根本就没有《畏累虚》《亢桑子》两个篇名，更没有直接出现"畏累虚"和"亢桑子"这两个名字。现在看来，司马迁很可能是根据当时流行的其他《庄子》版本①认为"畏累虚"和"亢桑子"为代表的虚拟人物"皆空语无事实"，而不是指认《庄子》全部内容都是胡编乱造。

具体来说，虽然司马迁把"畏累虚"和"亢桑子"位列《渔父》《盗跖》《胠箧》之后，但是现在看来"畏累虚"和"亢桑子"两者根本不是《庄子》的篇名，不需要加书名号。古今很多学者都对此产生了误解并进行了放大，以为《庄

---

① 《汉书·艺文志》中记载《庄子》有五十二篇，较今本三十三篇为多。

子》中《畏累虚》《亢桑子》等篇都是庄子的胡编乱造,以至于对《庄子》一书产生了彻底的不信任。比如,唐代司马贞在《史记索隐》中就有"言庄子杂篇庚桑楚已下,皆空设言语,无有实事也"之论。实际上,司马迁只是认定"畏累虚""亢桑子"是《庄子》一书中的"虚拟"人物,《庄子》关于这两个人物的记载没有历史事实作为依据。那么司马迁这一判断是否准确呢?现在看来仍然存疑。《庄子·庚桑楚》中有"老聃之役有庚桑楚者,偏得老聃之道。以北居畏垒之山",这里的"庚桑楚"无疑是人名,而庚桑楚在历史上确有其人。参考司马贞《史记索隐》可以知道,其人如果以所居之地称呼,"庚桑楚"就可以称为"畏垒虚";而所谓的"亢桑子"有可能是"庚桑楚"的别称。所以就目前掌握的史料来看,司马迁"《畏累虚》《亢桑子》之属,皆空语无事实"这一句话最可能的意思就是指《庄子》中诸如"畏累虚""亢桑子"之类的人物都是纯属虚构而没有历史根据,而司马迁的这个看法很可能还是不正确的。

综上所述,司马迁是在《庄子》"藉外论之"的语义之下使用"寓言"一词,他只是针对《庄子》一小部分内容加以指摘和澄清,并没有全盘否定《庄子》内容的真实性。以司马迁对孔子的孺慕之情,在《庄子》数十篇中也只能够指出《渔父》《盗跖》《胠箧》三篇有"诋訿孔子之徒"的嫌疑,遑论其他。

③ 误解产生的原因之三:文学研究视角的局限

鲁迅先生关于《庄子》寓言有一番经典评述:

> 庄子名周,宋之蒙人,盖稍后于孟子,尝为蒙漆园吏。著书十余万言,大抵寓言,人物土地,皆空言无事实。而其文则汪洋辟阖,仪态万方,晚周诸子之作,莫之能先也。①

其中对庄子之文"汪洋辟阖,仪态万方"的评定,几乎为《庄子》文学研究论著所必引。但是鲁迅"庄子名周,宋之蒙人,盖稍后于孟子,尝为蒙漆园吏。著书十余万言,大抵寓言,人物土地,皆空言无事实"之语,实是对上文所引《史记·老子韩非列传》关于庄子记载的摘要和提炼,比如"著书十余万言"被照抄,虽然鲁迅先生所能看到的《庄子》文本肯定不是十余万字而是六万余字;"大抵率寓言也"被压缩为"大抵寓言";司马迁对于《渔父》《盗跖》《胠箧》三篇的批评,对"畏累虚""亢桑子"的分辨,则全部被省略。从中

---

① 鲁迅:《鲁迅全集》(第九卷),北京:人民文学出版社2005年版,《汉文学史纲要》第三篇"老庄",第375页。

不难发现,鲁迅对《庄子》寓言的误解:"人物土地,皆空言无事实"。由于鲁迅在中国文学研究中的崇高地位,就其《庄子》文学研究的示范作用,且对于《庄子》寓言"皆空言无事实"的定性可谓影响深远。鲁迅先生把《庄子》寓言全部当作"空言无事实"的文学作品来处理,实际上也就是把《庄子》寓言的研究角度限定为文学研究,进而全盘否定了《庄子》的历史文献价值。

《汉文学史纲要》系鲁迅1926年在厦门大学教授中国文学史课程时的讲义。由于早在1902年林纾翻译《伊索寓言》时首次使用了"寓言"一词来翻译"fable",而在"寓言"被用来翻译"fable"并被接受之后,"'寓言'便成了西方寓言的中文定名。这个定名一经通行,人们反过来按图索骥,将包括先秦两汉子书著作中的寓言故事均称作'寓言'。"①由此沈德鸿在1917年编成了《中国寓言(初编)》。所以鲁迅当时应该是已经知晓并接受了以"寓言"来翻译"fable"这一通行做法,进而在其《汉文学史纲要》的创作中受到了西方文学体裁概念下寓言一词"虚构"含义的影响。

总之,《庄子》寓言被鲁迅看作"皆空言无事实"是必然的。一方面从"寓言"被用来翻译"fable"这一事实来看,鲁迅做出《庄子》寓言"皆空言无事实"的论断是对这一翻译的承认和接受;另一方面就《史记》的相关记载而言,鲁迅则是对《史记》中关于《庄子》寓言的话语产生了误解。

闻一多关于《庄子》寓言的看法比鲁迅更加激进:"寓言成为一种文艺,是从庄子起的","《西游记》《儒林外史》等等,都是庄子的赐予","谐趣和想象打成一片,设想愈奇幻,趣味愈滑稽,结果便愈能发人深省——这才是庄子的寓言。"②从文学角度研究《庄子》寓言本来无可厚非,但是像闻一多这样完全忽视《庄子》寓言对于庄子思想的重要意义而专注于文艺视角的阐发就有些偏颇。把《庄子》寓言视作纯粹的文艺作品,不顾其本初含义,这种看法已经被现代学者注意到并加以批评:"闻先生过于偏爱《庄子》中的文学成分,故将《庄子》所谓'寓言'与《庄子》中的寓言故事混同。既误解了'寓言'称谓的含义,又夸大了寓言故事的文学意义。"③

鲁迅和闻一多两人对《庄子》寓言系文学作品而完全没有先秦史料价值的界定一直被继承下来,在章培恒、骆玉明、游国恩、袁行霈等主编的文学史著作中被再三确认,比如章培恒、骆玉明在具体论述"用艺术形象来阐明哲学道理,是《庄子》的一大创造"时指出:"与此相关,在表现手法上,许多篇

---

① 饶龙隼:《先秦诸子寓言正义》,刘东主编:《中国学术》第九辑(2002年第一辑),第127页。
② 闻一多:《闻一多全集》(第二卷),北京:生活·读书·新知三联书店1982年版,第288页。
③ 饶龙隼:《先秦诸子寓言正义》,刘东主编:《中国学术》第九辑(2002年第一辑),第131页。

章,如《逍遥游》《人间世》《德充符》《秋水》,几乎都是用一连串的寓言、神话、虚构的人物故事连缀而成,把作者的思想融化在这些故事和其中人物、动物的对话中,这就超出了以故事为例证的意义。"① 仅就庄子本人而言,《逍遥游》《德充符》都有庄子与惠施辩论的记载,《秋水》中记载了庄子钓于濮水而楚王遣使邀其出仕、庄子去魏国见魏相惠施、庄子与惠施在濠梁观鱼三则记载。显然章培恒和骆玉明两位都认为这些关于庄子的记载都是寓言,是"虚构的人物故事"。游国恩认为"庄子的散文在先秦诸子之中具有独特风格。这首先是吸收神话创作的精神,大量采用并虚构寓言故事,作为论证的根据"。② 可见游国恩等同样也全盘否定了《庄子》寓言可能存在的历史文献价值,但是承认其可以"作为论证的根据"。袁行霈认为寓言是《庄子》的主要创作方法,而给出的寓言定义则非常标准,即"寓言即虚拟的寄寓于他人他物的言语"。袁行霈指出"《庄子》一书的文学价值,不仅在于寓言数量多,全书仿佛是一部寓言故事集,还在于这些寓言表现出超常的想象力,构成了奇特的形象世界。"③其中的"仿佛"二字,尤其高妙。以上述几部经典中国文学史为参照,从文学视角对《庄子》寓言进行研究的学术作品至今仍然层出不穷,甚至是蔚为大观。

所以,文学研究视角的局限应该是对《庄子》寓言产生误解的重要原因之一。

④ 总结

"藉外论之"的《庄子》寓言在很大程度上就相当于在现代文体中经常出现的引用他人话语——引用他人话语当然不意味着引用者必然别有用心地捏造他人话语。与今时之引用颇有不同的是,《庄子》所引述的内容往往是生动的对话,这就把他者言说的具体情境也尽量完整地记录下来了。两千年前,庄子及其弟子在创作《庄子》的过程中没有动机也没有必要去学术造假,去贬低诋毁,去编排故事,相信那时候的思想创造者的品德或节操应该比后世捉笔之人要高尚许多。即使《庄子》因为各种其他原因而羼入今天看起来"很可疑"的部分内容,这也应该是先秦古籍在流传中产生的一些问题。

总之,就整体而言《庄子》寓言是可靠而珍贵的先秦史料,对于上古或先秦道术思想史而言其尤为重要。在这里我们必须恢复庄子及其弟子们的名

---

① 章培恒、骆玉明主编:《中国文学史》(上卷),上海:复旦大学出版社1996年版,第129页。
② 游国恩等主编:《中国文学史》(修订本)(一——四),北京:人民文学出版社2004年版,第80页。
③ 袁行霈主编:《中国文学史》(第一卷),北京:高等教育出版社2009年版,第125—126页。

誉,他们不应该被错误地指认为"说谎者""造假者""诽谤者""欺世盗名者",相反,他们是论道者,是领路人,是诚实的学者,是笃行的实践者,而《庄子》寓言则是他们所树立起来的一座引导后人进行道术研究的长明灯塔。古人或许可欺之于一时,学者也可能惑于时代激愤,但是历史并非总是风雨如晦,思想的力量必然如浩然正气长存天地之间。

三、《列子》的史料价值

在中国学术史上,《列子》一书堪称际遇离奇:"一直到近代,在先秦诸子之中,本书竟成为聚讼日多、是非最难论定、结论最分歧的一部子书。"[1] 西汉刘向整理《列子》并作《叙录》时已经认定其"多寓言",南渡散乱之后再经晋代张湛重新整理并进行注解,无意间留下了很多悬疑,导致自唐代柳宗元以后学界对其内容展开了持续的考辨。受20世纪20、30年代疑古思潮盛行的影响,在以马叙伦的《列子伪书考》为代表的古书辨伪强势指证之下,《列子》的"伪书"身份几乎成为铁案。受此影响,疑为张湛所"伪作"的《列子》作为魏晋时期的著作理所应当地被放进魏晋玄学的理论框架内进行分析讨论,而有关《列子》思想内容的系统梳理也就多见于各种中国哲学通史或断代史之中关于魏晋玄学的章节中。比如,任继愈所主编的《中国哲学发展史·魏晋南北朝卷》就专辟一章论《列子》思想,而孙以楷但凡论及列子思想,必然"不援引《列子》。"[2]

从20世纪八九十年代开始,情况逐渐有了变化。除了杨伯峻等人仍然主张《列子》为伪书之外,有越来越多的学者主张为《列子》翻案,比如许抗生、马达、胡家聪和陈广忠等学者的一系列研究文章(主要发表在《道家文化研究》第一辑、第四辑、第六辑、第十辑、第十五辑等),并开始尝试从先秦诸子学着眼,阐释《列子》的思想。

为《列子》以及张湛辨诬最有力者,当数马达的专著《列子真伪考辨》(北京出版社2000年),此书堪称是当代《列子》非伪书论的最具说服力的代表著作。马达积二十多年之功,有理有据地对《列子》进行了全面梳理和细节考辨,将此前几乎所有学者的所有疑伪理由都一一进行考辨匡正,从而极其有力地证明了《列子》系先秦真书,主张全面恢复其先秦诸子著作的应有地位。在以大量确凿的史料进行详尽周密的考证之后,马达指出:"《列

---

[1] 郑良树:《诸子著作年代考》,北京:北京图书馆出版社2001年版,第150页。
[2] 孙以楷:《道家哲学研究(附录三种)》,合肥:安徽大学出版社2010年版,第23页;孙以楷、陆建华、刘慕方:《道家与中国哲学(先秦卷)》,北京:人民出版社2004年版,第207页。

子》是先秦道家的重要著作,它上承老子,下启庄子,对中国哲学史、思想史的发展有重要影响。"①

值得注意的是,台湾地区以及海外学界很早就从"《列子》伪书论"之中摆脱出来了。较早对"《列子》伪书论"表示怀疑的有日本学者武内义雄的《列子冤词》(现收录于《先秦经籍考》,上海文艺出版社1990年)以及台湾学者萧登福的《列子探微》(文津出版社有限公司1977年),此外还有山口义男的《列子研究》(东京:风间书房1976年)一书,其书之总结部分推定《庄子》有取于《列子》,因此《列子》伪书说不正确。其后有小林胜人的《列子研究》(东京:明治书院1981年)继之,也认为《列子》非伪书,《列子》是先秦著作。以上这些研究多着眼于考辨真伪而不注重思想研究,而对《列子》进行思想研究的港澳台以及海外诸多作品之中最为突出的就是严灵峰的《列子辩诬及其中心思想》(文史哲出版社1983年),其对《列子》实属先秦著作申说甚力。

总之,近三四十年来,关于《列子》是否为伪书的研究取得了很大的进展,而为《列子》翻案、为《列子》正名的学术呼吁也就越来越多了,甚至称之为当前道家学术研究的一个趋势也未尝不可。

即使上述很多学者进行了很多研究并揭示出了很多证据,但是,断言《列子》属于先秦典籍,这恐怕还是为时尚早,至多可以认为《列子》有一定的先秦史料价值。

《列子》的年代问题在现今以及以后都将是个具有很大争议的问题,这种争议必将是长期的、广泛的,而最为关键的一点是:我们缺乏有力的直接证据来考定《列子》的确切年代。类似于《老子》年代纷争百年的情况,我们不妨寄希望于在某次先秦古墓的发掘之中能够出土一本《列子》,最好其比今本《列子》更多更全——恐怕只有在这种情况下才能够在最大程度上消除争议,给出绝对令人信服的结论。

由此本研究的一个基本预设就是:

列子是先秦诸子之一;虽然《列子》不一定是先秦道家著作,但是《列子》之中记载了很多上古道术的思想材料,我们需要足够重视并充分发掘《列子》的先秦史料价值。

需要说明的是,之所以采取这个基本预设是因为如下两个方面:

一方面,因为《列子》不一定是先秦道家著作,所以《列子》之中所记载的很多上古道术思想材料并不能百分之一百地采信,而是有保留、有鉴别地

---

① 马达:《列子真伪考辨》,北京:北京出版社2000年版,扉页之内容提要。

采用；

另一方面，因为一些必要的论说要以《列子》之中的上古道术思想材料为基础，而《列子》之中的很多材料因为具有唯一性而难以辨别清楚，所以本书采用《列子》中关于上古道术思想材料的时候并没有强调其在一定程度上只是"假设"而不是百分之一百的"事实"，这一点需要事先向读者说明，请注意鉴别。

总而言之，之所以不能够百分之百地排除这些具有"假设"性质的陈述和论说，不能彻底排除《列子》中的上古道术思想材料，一是因为上古材料流传于世的实在太少，"《列子》虽伪物,亦多有古书为据"，[1]不得不姑且采用之；二是因为这样也许能整理出一条原本隐伏难见的线索，进而打开不一样的视野，提供另一种解说的可能。

---

[1] 吕思勉：《先秦史》，上海：上海古籍出版社1982年版，第474页。

第二章　图形之阴阳：三皇时代的道术思想

在文字产生前后，世界各个文明都长期存在着大量的岩画，"岩画不止中国有，它是整个人类发展过程中智慧、能力包括艺术本能的具体表现"。①比如，中国河南新郑发现的距今三千年到八千年的具茨山岩画就有很多非常抽象的点列图形和线条图案，这些岩画之中特别抽象的那一部分很可能就是古人思想的表达。"岩画即使不是直接演变成为文字，至少也是和文字一样，是我们的先人智慧能力的具体展现。"②思想的图形表达，是在文字产生之前必不可少的文明记录。即使是在文字产生之后，思想的图形表达也是思想的文字表达以及语言表达的重要补充方式。

在三皇时代，中华文明肇始，人们道德淳厚质朴，秉性天真自然，浑然忘我而忘天下，期间有伏羲画八卦、女娲补天、神农尝百草等重大历史事件发生。但就道术思想而言，阴阳无疑是最值得关注的内容。作为传统思想文化中的瑰宝，阴阳思想横跨文理，贯穿百科，在长期的学术发展之中已经被不断重新发现其独特价值和重要意义，其也必将成为新时代中华民族伟大复兴的学术支撑和思想泉源。阴阳以及八卦、河图、洛书、太极图等各种图形是本章讨论的主要内容。

本章主要的逻辑线索是：因为历史明确记载了是伏羲画作八卦，所以在三皇时代阴阳就已经产生，或者说由八卦的创制可以推断当时已经有了成熟而完备的阴阳思想，而作为被宋代学者所重新发现的三皇时代的道术孑遗，河图、洛书、太极图是对阴阳（思想）的三种图形表达。

第一节　八卦与阴阳

被誉为人文始祖的伏羲是历史人物，伏羲画作八卦，阴阳或阴阳思想就

---

① 李学勤：《三代文明研究》，北京：商务印书馆2011年版，第7页。
② 李学勤：《三代文明研究》，北京：商务印书馆2011年版，第9页。

此产生,所以道术思想史应该从伏羲开始。

一、伏羲与伏羲画八卦

因为伏羲之时还没有文字,"最初的历史总是用'口耳相传'的方法流传下来的",①所以一般认为以伏羲为代表人物的三皇时代属于传说时代。正是因为史料的极度缺乏,司马迁撰作《史记》时省略了三皇而直接从五帝开始。但是从皇甫谧《帝王代纪》和徐整《三五历》一直到现代学者徐旭升的《中国古史的传说时代》所代表的另一种历史观念来看,三皇时代是中国历史的肇端,无论是追求历史的完整还是考察思想的渊源,都不可以付之阙如,所以唐代司马贞专门撰作《三皇本纪》以补《史记》之不足。"古史传说是历史的一部分,当然是不同的一部分",既不能全部舍弃,也"不能拿对后代历史的要求和研究方法来去要求和研究古史传说。"②下面以司马贞的《三皇本纪》为依据对伏羲及其所处的三皇时代进行简要说明,然后着重阐述伏羲所画八卦的道术思想内涵。

(一) 伏羲其人及其时代

一般来讲,在三皇时代,人名和氏族名是混用的,即伏羲既可以指伏羲这个人也可以指伏羲氏,而伏羲氏则是代代相传的一群人的集合。下面在讨论伏羲及其时代时,为了表达清晰所以专门使用"伏羲"作为人名而使用"伏羲氏"作为氏族名。

在伏羲之前,有"构木为巢,以避群害"的有巢氏时代,有"钻燧取火,以化腥臊"的燧人氏时代(《韩非子·五蠹篇》),随后才有"太皞庖牺氏,风姓,代燧人氏继天而王。母曰华胥,履大人迹于雷泽而生庖牺于成纪"(《三皇本纪》)。伏羲亦名庖牺,太皞应该是他的号,这里所谓的"王"就是《周易·系辞》所说的"王天下"。伏羲的母亲是华胥,而"华胥履大人迹于雷泽而生庖牺于成纪"的故事因为明显具有神话色彩以致现在很难理解,其实不妨将其看作母系氏族社会中人人"但知其母,不知其父"(《白虎通·号篇》)这一实际情况的神话表述。伏羲和伏羲氏有很多发明创制,比如"造书契,以代结绳之政",③比如"始制嫁娶,以俪皮为礼。结网罟,以教佃渔",比如在进

---

① 徐旭升:《中国古史的传说时代》,北京:文物出版社1985年版,第19页。
② 李学勤:《三代文明研究》,北京:商务印书馆2011年版,第17页。
③ 最早的书契是正面写字、侧面刻齿以便验对的竹木质券契。参阅《周礼·质人》及郑玄注和《周礼·小宰》及郑玄注。现在虽然没有证据表明最早的书契与下文所讨论的八卦符号有关,但是在文字产生之前,无论是书契还是八卦符号以及图形,在一定程度上都起到了文字的作用。

入渔猎时代之后又驯化家畜家禽，"养牺牲以庖厨"而得到"庖牺"这一名号，再比如"作三十五弦之瑟"等。作为一个大有作为的古代帝王，伏羲本人在位时间似乎并不长，司马贞的《三皇本纪》说他"立十一年崩"，但是更为广泛接受的另外一种说法是他在位长达一百一十年（《帝王世纪》）。无论如何伏羲的后代一直延续下来："其后裔当春秋时有任、宿、须句、颛臾，皆风姓之胤也。"正所谓"子孙以祭祀不绝"，所以伏羲是一个确有其人的历史人物，这一点完全可以确定下来。关于"伏羲画八卦"这一伟大创制将在下文进行集中讨论。

伏羲氏之后是"女娲氏，亦风姓"，"有神圣之德"而王天下。女娲氏发明创制很少，"惟作笙簧"。在女娲统治的末期发生了一场很大的灾难，即"诸侯有共工氏，任智刑以强霸而不王，以水乘木，乃与祝融战。不胜而怒，乃头触不周山，天柱折，地维缺。"这一神话故事所反映的巨大灾难到底是什么情况，我们现在已经很难说清楚了。最后幸好有"女娲乃炼五色石以补天"，这才使得"地平天成，不改旧物。"所谓的"断鳌足以立四极，聚芦灰以止滔水"都是对女娲补天具体举措的神话叙事，很像是比喻性的解说，现在已经难以深究。

女娲氏之后是神农氏，有人认为神农也就是炎帝，但也有学者认为不是。炎帝"姜姓，母曰女登，有娲氏之女，为少典妃"，其"感神龙而生炎帝"也可以看作是母系氏族社会中人人皆知其母而不知其父的神话表述。神农有很多关于农业生产的发明创制，他"斫木为耜，揉木为耒，耒耨之用，以教万人。始教耕，故号神农氏"。神农还是中医药的始祖，他"始尝百草，始有医药"。此外炎帝还发明了"五弦之瑟"，创制了集市，即"日中为市"，使人们"交易而退，各得其所。"因为有神农"遂重八卦为六十四爻"的记载，所以神农有可能继承了伏羲所始创的八卦并做出了重要发展。

究竟是谁重八卦为六十四卦呢？对此历史上有多种说法。神农"遂重八卦为六十四爻"虽然是其中比较古老的一种说法，但是这种说法非常不确切。因为八卦符号全体有24个阴阳卦画或者不准确地称之为24爻，六十四卦则有384个阴阳卦画或者称之为384爻（《周易》中因为有"用九"和"用六"两爻，因此又称之为386爻，而这里所谓的"爻"也是不准确的一种概念使用），所以严格来说"遂重八卦为六十四爻"之说非常不准确。因此其中的"爻"字应该是"卦"字所讹，即神农"遂重八卦为六十四卦"。

此外，还有伏羲自重八卦为六十四卦之说、文王重卦之说。根据《周礼·春官·大卜》三《易》之说，即太卜"掌三易之法，一曰《连山》，二曰《归藏》，三曰《周易》，其经卦皆八，其别卦六十有四"，既然在夏商时期六十四卦已经存在，所以可以完全排除文王重卦这一种说法。

无论重八卦为六十四卦的是伏羲还是神农，总之在伏羲、神农所处的三皇时代，先贤已经完成了从八卦到六十四卦的卦象推演。只是为了文献证据的可靠，特别是三《易》"筮占之书"的突出特征以及叙述的方便，本章只讨论八卦，而把六十四卦放在第三章加以讨论。

(二) 伏羲画八卦的道术内涵

八卦是何时产生的？

此前学界对此问题的一般看法是：就实物而言，关于伏羲画卦和三皇五帝时代以及夏朝的八卦符号的考古发现几乎没有，只有商周时期的一些数字卦可以作为可靠的证据。准确地讲，数字卦可以证明八卦和六十四卦在商周时期就被应用于占筮；如果把数字卦当作八卦或六十四卦的原型或前身，那么这就是本末倒置。可以勉强作为八卦产生的旁证的是，考古发现了很多类似于八卦盘的"八角星"图案，比如在距今大约6 500年的崧泽文化遗址，江苏邳县(今邳州市)大墩子大汶口文化遗址，以及距今4 000年的内蒙古赤峰敖汉旗小河沿文化遗址中都有一些独特的玉器出土，上面刻有类通于八卦盘的"八角星"图案。

但是，在浙江义乌桥头遗址中出土的距今9 000年的陶罐上发现了豫卦的卦象符号，足以说明早在9 000年前八卦和六十四卦就已经存在了。之所以说这个符号肯定就是六十四卦之中的豫卦，理由有两点：

一是传统历史文献是自成体系的，而从逻辑上讲六十四卦一定诞生于八卦之后。历史记载之中就有伏羲画八卦之后重八卦为六十四卦的说法，而传统史学一般认为伏羲距今约一万年，所以距今9 000年的豫卦的出土可以证明在三皇时代伏羲创制八卦之后八卦"很快"就被重置为六十四卦。

二是文明的传承自有其脉络，虽然这种脉络因为实物的零星出土往往看起来并不是完整而连贯。在同为长江下游文化的马家浜文化(距今6 000—7 000年)到璀璨的良渚文化(距今5 000年)的考古中，并未获得任何与卦象有关的发现，同样的与卦象有关的发现也未曾出现在到周以前的6 000多年跨度的已知发掘中，但是1987年陕西省淳化县出土的西周陶罐上就刻有十一组筮数，其足以确定这种以日常用具陶罐记载卦符和筮数的传统一直流传不绝的可能性。八卦和六十四卦的存在和传袭对华夏文明的重要性当然是不言而喻的，如果他真的诞生于9 000年前乃至更早，在其后数千年的历史中当然不可能留不下一点痕迹的，其关键在于以何种态度来对待这种由于实物出土的稀少而出现的"证据断裂"。证据断裂不等于历史断裂，更不等于逻辑断裂。如果是"疑"字当头，那么这种"证据断裂"就会变成否定传统历史的思想倾向,慢慢滑向"历史断裂";如果是使用"二重证据法"的科学方法来处理这种"证据断裂",那么这种"历史断裂"就会被逻辑推导轻易跨越。

虽然在义乌桥头遗址出土的陶罐上所发现的豫卦卦象符号很可能不是占筮结果的记录,但是豫卦卦象符号无疑具有吉利的意蕴在,其意蕴正如《周易》豫卦卦辞所言:"利建侯、行师。"有利于建立公侯那样的功业,利于出师用兵,无论是否占筮,这样的卦象无疑预示着这个部落有一个兴旺发达的未来。

所以关于八卦的产生我们暂时只能推断其时代久远,至少在9 000年前,但还没有足够的考古实物可以凭借进一步展开讨论,我们目前的研究还只能以古籍所记载的"伏羲画八卦"为中心。

关于伏羲画八卦,《三皇本纪》的记载是:伏羲"有圣德,仰则观象于天,俯则观法于地,旁观鸟兽之文与地之宜,近取诸身,远取诸物,始画八卦,以通神明之德,以类万物之情。"将其对照于《易经·系辞下传》的记载,即"古者包羲氏之王天下也,仰则观象于天,俯则观法于地,观鸟兽之文与地之宜,近取诸身,远取诸物,于是始作八卦,以通神明之德,以类万物之情",不难发现两者文字稍异,但大体一致。可以说,在司马贞创作《三皇本纪》而为伏羲作传的唐代,关于"伏羲画八卦"的具体情况及其所能够采用的史料基本上只有《易经·系辞下传》的这一段记载,别无其他。

我们所关心的问题是,伏羲根据什么画出了八卦?

依靠21世纪的知识水平和技术手段,按照"仰"观、"俯"观、"旁观"这三种"观察方法"或"观察角度"显然是不可能用眼睛看到八卦符号的,而作为以自我为中心而展开的这个"观察范围"中的"近"之"身"体和"远"之"物"体也没有八卦符号隐藏其中。在伏羲之后,历史典籍上似乎也没有记载其他人能够按照这种方法(或者不按照这种方法)直接观察到并画作八卦。据此我们虽然可以把这些关于"伏羲画八卦"具体情况的解说和记载全部否定掉,但是这里隐含着的一个前提就是:身处21世纪,身为被现代科学知识武装了头脑的人类,我们理解世界的水平和观察世界的能力理应是历史上的最高峰,远远超过了伏羲时代的科技水平。基于此种自信,我们当然可以把八卦和"伏羲画八卦"都彻底否定掉。彻底否定的方式也比较简单,只要一概视之为神话或传说即可。此前很多现代学者也都是这样做的,对"伏羲画八卦"最多是以"传说"一笔带过。

实际上按照前文"绪论"之中所讨论的"道术"的定义来看,画作八卦的伏羲无疑对宇宙进行了全面性、整体性的理解和把握,这种全面性和整体性被描述为"仰"观天、"俯"观地、"旁观""鸟兽之文与地之宜",又被描述为"近取诸身,远取诸物"。所以按照陈鼓应所给出的"道术"定义并结合相关讨论可以推断:伏羲是"能对宇宙人生的变化及其根源作全面性、整体性体认的人",而他所画作的八卦就是对宇宙之整体的一种概括或表述,是三皇时代具有代表性的道术研究成果。

正所谓"先有真人然后有真知"(《庄子·大宗师》),因为伏羲是真人或圣人,他能够"看到"常人所不能见到的宇宙之整体,所以只有他能够创制八卦而别人不能。伏羲之所以具有这种对宇宙之整体的把握能力,原因在于他德行淳厚,或者说是"道术"有成,这种情况也就是太史公所闻的先人之言:"伏羲至纯厚,作易八卦"(《太史公自序》)。这里所谓的"至纯厚"也就是《三皇本纪》所说的"有圣德",或者《易经·系辞下传》所说的"王天下"之德。

由此还可以继续追问,所谓的"至纯厚""有圣德",以及"王天下"之德究竟有什么实践基础呢?或者说"道术"有成的具体表现是什么,其社会实践的基础为何?由于史料的极度缺乏,对伏羲时代的道术实践内容,我们所知甚少,但是至少有一点是非常明确的,那就是在伏羲所代表的三皇时代(其时已经是黄帝口中的上古时代),那时候的养生实践非常普及而且发达,不仅普通人通过养生实践可以长命百岁并保持身体康健,"道术"有成之人更是可以大幅提高生命层次和精神境界,以至于达到一个后人难以企及的高度。

《黄帝内经·上古天真论》开篇在记叙黄帝生平之后,即有黄帝与天师岐伯问答上古之人道术养生与当时之人早夭短寿的对比:

第一是寿命和健康巨大差异的对比:

上古之人:"春秋皆度百岁,而动作不衰";
今时之人:"年半百而动作皆衰者"。

第二是对上面这种巨大差异原因的说明,即修道养生和不修道养生的对比:

上古之人,其知道者,法于阴阳,和于术数,食饮有节,起居有常,不妄作劳,故能形与神俱,而尽终其天年,度百岁乃去。
今时之人不然也,以酒为浆,以妄为常,醉以入房,以欲竭其精,以耗散其真,不知持满,不识御神,务快其心,逆于生乐,起居无节,故半百而衰也。

第三是进一步说明当时以伏羲所代表的三皇对普通民众的道术普及教育：

> 夫上古圣人之教下也，皆谓之虚邪贼风，避之有时，恬惔虚无，真气从之，精神内守，病安从来。是以志闲而少欲，心安而不惧，形劳而不倦，气从以顺，各从其欲，皆得所愿。故美其食，任其服，乐其俗，高下不相慕，其民故曰朴。是以嗜欲不能劳其目，淫邪不能惑其心，愚智贤不肖，不惧于物，故合于道。所以能年皆度百岁而动作不衰者，以其德全不危也。

所有的民众，无论是愚笨的还是聪明的，无论是才能突出的还是能力较差的，都能追求内心的安定而不惊惧于外物的获得或丧失，所以能符合养生之道。可见上古之时修道养生已经成为一种主导风尚，称之为举世皆然全民参与应该也不为过。正是在这种长期、广泛而深入的社会实践的基础上，才有了伏羲时代道术思想的大发展，取得了伏羲画八卦这样的伟大成就，伏羲也就理所应当地成为黄帝口中高山仰止的真人了：

> 黄帝曰："余闻上古有真人者，提挈天地，把握阴阳，呼吸精气，独立守神，肌肉若一，故能寿敝天地，无有终时，此其道生。……"

如此真人，才能够画出八卦，可见八卦就是道术"真人"所见之道术"真知"。

所以类似于"仰则观象于天，俯则观法于地，观鸟兽之文与地之宜，近取诸身，远取诸物"的这些说法只是对于"呼吸精气，独立守神"的伏羲依据"提挈天地，把握阴阳"的道术实践而"通神明之德""类万物之情"并最终"画八卦"的通俗解释，是不得不给出的对一些常人难以理解的历史真相的譬喻性解说，因之具有了某些神话或传说的性质。简单地讲，伏羲所研究的是道术，他对于宇宙作出了全面性、整体性的图形表述或符号表达，而八卦就是他的研究成果。

就整体而言，全部八卦符号合起来必然是一个圆盘，呈现出一种图形样态，所以说伏羲所画之八卦也就是对宇宙作出的全面性、整体性的一种图形表述；就个体而言，每一个八卦卦象必然是一个符号，是具有整体意义的一个符号，所以也可以说伏羲所画之八卦是对于宇宙作出了全面性、整体性的一种符号表达。

伏羲画作八卦,这是中华道术思想史的开端,也是中国学术思想史的开端。这正如吕思勉所言:"邃古之世,一切学术思想之根原,业已庞薄郁积。"①

由于各种原因,百年以来,学界对上古学术思想往往是三缄其口。其实仅就中国学术史而言,易学是中国哲学史的重要内容,借鉴和参考易学研究论域有助于中国哲学史视域的拓展和疑古观念的破除。阴阳是《周易》经传的隐含主题,阴阳思想可以上溯于伏羲时代,而"伏羲画八卦"堪称中国学术史的开端。阴阳是上古时期道术思想文化的伟大成就,也是中华文明最具有代表性的思想创造之一。所以阴阳是先秦学术的重要内容,需要在新时代更加开放、更加广阔的学术背景下阐述其产生渊源、演化脉络和深刻内涵。从"伏羲画八卦"开始而贯通古今的易学足以构成中国哲学史的一条重要线索,而没有易学内容的中国哲学史通史著作则一定是不完整的,甚至可以说是没有灵魂的。

二、八卦中的阴阳

伏羲画八卦是八卦的源起,也是阴阳(思想)的渊薮。可以说自从八卦被创制出来之后,阴阳(思想)就被表达出来了。或者说,阴阳(或阴阳思想)是八卦的主要内容。进一步来说,在伏羲画作八卦之时,八卦符号所反映的思想内容就是阴阳,所以阴阳(或阴阳思想)与八卦天然地生长在一起,两者不可分割。

在很大程度上受到疑古思潮的影响,"伏羲画八卦"这一具有重大意义的历史事件受到了质疑并被搁置处理,八卦与阴阳两者的内在一致性也遭到了怀疑和否定,阴阳的起源和八卦的起源反而成为现代学术中始终难以理清的两个问题。根据商周时期的数字卦以及其某些数字演化来说明八卦符号的起源其实是本末倒置。数字卦以及其某些数字演化足以说明在很早以前先民就已经把八卦和六十四卦系统用于占筮,但是从整个道术史来看,占筮只是八卦和六十四卦系统并不重要的一部分应用而已。

(一)阴阳

什么是阴阳?

阴阳是中国传统思想文化中最具魅力的内容之一,其渊源久远,在21世纪的今天仍然具有强大的生命力,特别是在中医理论和中医实践中居于不可动摇的核心地位。

---

① 吕思勉:《先秦史》,北京:北京理工大学出版社2016年版,第479页。

阴阳,甲骨文、金文作仌昜,基本是指日光的可见与否。① 窃以为,甲骨文、金文之中的仌、昜以及仌昜的使用情况并不能够全面、真实地反映出当时的阴阳思想和阴阳观念。一方面是因为甲骨文、金文的文体限制,另一方面则是因为与其他典籍所载不符。

现当代很多学者都按照东汉许慎《说文解字》中的说法来厘定"阴阳"一词的本义,即根据阴、阳二字原指日光的向背就认为"阴阳"一词的原义也是日照的向背。这种说法明显混淆了"阴阳"作为一个词和"阴"和"阳"作为两个字在含义上的巨大差异,也与先秦典籍所载不合,进而人为地把作为一个具有根本性的思想观念的"阴阳"的出现时间大大延后了。实际上,在春秋时期的古籍之中很难找到按照"日照的向背"这种含义来使用的"阴阳"一词。比如,《诗·大雅·公刘》"相其阴阳,观其流泉"中的"阴阳"一词诚然可以解释为山丘的北面和南面,但是如果把"阴阳"作为一个具有根本性的思想观念来看待的话,那么在这个诗句里"阴阳"一词的含义实际上已经非常接近于后代所说的堪舆风水了——当然,堪舆风水的理论核心就是阴阳。此外,把《国语·周语上》的"阴阳分布,震雷出滞"中的"阴阳"解释为明暗或日夜明显不恰当。还有《左传·僖公十六年》中内使叔兴对"六鹢退飞,过宋都"的解释是"是阴阳之事,非吉凶所生也",显然这里所说的"阴阳之事"不会是明暗日夜之事。就思想考察或哲学研究而言,"阴阳"概念既然在先秦时代就已经被广泛使用,那么其作为一个哲学范畴或思想观念就不可以仅仅通过几百年后汉代学者对阴字或阳字所做的某种训诂而厘定其本义、限定其渊源,更何况现当代文字学研究已经证明东汉许慎的《说文解字》对很多汉字的解释并不符合先秦时代文字演化的实际情况。

从根本上来说,对先秦时期的阴阳观念展开研究,研究不适合套用进化论,更不能套用僵化的解释。所谓从春秋时期的阴阳观念,即"指两种相互对立的气或气的两种状态",到战国时期的阴阳观念,即"世界上两种最基本的矛盾势力或属性。……并认识到阴阳的相互作用对万物的产生和发展的重要意义",②这种渐进过程是不存在的,因为两者的界限实际上非常模糊。把阴阳观念作为一个先秦时期连续不断,甚至是一以贯之的思想脉络来加以考察,这更加符合历史事实。

一般来说,阴阳的基本内涵是:宇宙由阴和阳两种基本物质(气)组成,

---

① 详细讨论可以参阅彭华:《阴阳五行研究(先秦篇)》,长春:吉林人民出版社2011年版,第63—98页。

② 《哲学大辞典·中国哲学史卷》,上海:辞书出版社1985年版,第293—294页。

阴和阳两种基本物质(气)互相对立、互相依存、互相转化。显然如果被当作一种具有普遍意义的思想观念来理解的话,阴阳既可以被这样陈述,也可以被那样表达;既可以用文字来叙述,也可以用图形来描摹。虽然表达方式多样,但是就核心思想而言阴阳有两个要点:其一是一分为二,即把整体分为两个相对独立的部分(当然反过来也可以说是合二为一,即两个相对独立的部分组成为一个整体);其二是对立转化,即两个相对独立的部分之间存在着互相作用和互相转化的关系。就思想或哲学来说,阴阳也可以被理解为对立统一、矛盾或辩证法的核心。①

实际上,传世典籍中对阴阳的道术内涵已经阐释得非常充分:"阴阳者,天地之道也,万物之纲纪,变化之父母,生杀之本始,神明之府也","故积阳为天,积阴为地。阴静阳躁,阳生阴长,阳杀阴藏","阳化气,阴成形","故清阳为天,浊阴为地","水为阴,火为阳。阳为气,阴为味"(《黄帝内经·素问·阴阳应象大论篇第五》)。所以阴阳是天地万物生灭变化的根本依据,是具有全面性和整体性的思想方法和理论系统,也是三皇时期道术研究的伟大成就。

(二) 八卦中的阴阳

在八卦图形被创制之时,阴阳(思想)也就随之产生;阴阳或阴阳思想是八卦的主要内容。本节将从八卦符号的内涵、传世典籍的相关记载和古人对八卦中的阴阳所作出的"消息"这一种独特概括为三个方面对此展开论述。

首先,从八卦符号的内涵来看,阴阳是八卦的主要内容。

"阴阳"是具有全面性和整体性的思想方法和理论系统,其涵盖范围非常广大,所以《系辞》说:"一阴一阳之谓道"。这一点反映在中国传统思维方法中,就是把世界当作一个合二为一的整体来看待。阴阳是"万物之所然也,万理之所稽也",所以万物皆在"阴阳"的自在运化之中,并没有一个绝对独立于阴阳之外的物、"我"或人类存在。人同万物一样,都与阴阳二气的运化密不可分。《系辞》有"观变于阴阳而立卦",因此古人首先是用易卦符号来描摹阴阳配比关系,进而把握事物的根本,所以八卦就是关于阴阳的系统化的象数模型。

进一步来说,以"- -"代表阴,以"—"代表阳,八卦或八卦卦象是根据阴阳二气的八种不同配比关系来把握事物阴阳属性的分析方法,所以八卦符号实际上是对于八种阴阳二气配比关系的一套符号表述。自古流传是在三

---

① 金景芳:《西周在哲学上的两大贡献——〈周易〉阴阳说和〈洪范〉五行说》,《哲学研究》1976年第6期。

皇时代由伏羲"始作八卦",这就说明在很早以前中国古人就开始用八卦来表述和把握事物的阴阳属性了。

《老子·四十二章》有"万物负阴而抱阳",万事万物皆在阴阳二气之中,秉持阴阳二气而生、长、衰、亡,所以皆受八卦之气的制约,即如《说卦》所说:"动万物者,莫疾乎雷;桡万物者,莫疾乎风;燥万物者,莫焕乎火;说万物者,莫说乎泽;润万物者,莫润乎水;终万物始万物者,莫盛乎艮。"正是在这个基础上,八卦模型广泛适用,即具有普适性。

《说卦》列举了应用八卦所分析的大大小小各个系统,包括自然界、家庭、人体、家畜、动物种群等:

以自然界中八卦之气的功能来划分:"雷以动之,风以散之,雨以润之,日以烜之,艮以止之,兑以说(悦)之,乾以君之,坤以藏之。"

以八卦之气的广泛作用来划分:"乾,健也。坤,顺也。震,动也。巽,入也。坎,陷也。离,丽也。艮,止也。兑,说(悦)也。"

以八方为八卦系统,则乾为西北,坤为西南,震为东,巽为东南,坎为北,离为南,艮为东北,兑为西。

以自然运化为八卦系统,则乾为天,坤为地,震为雷,巽为风,坎为水,离为火,艮为山,兑为泽。

以家畜为八卦系统,则"乾为马,坤为牛,震为龙,巽为鸡,坎为豕,离为雉,艮为狗,兑为羊。"

以人体各个部位为系统,则"乾为首,坤为腹,震为足,巽为股,坎为耳,离为目,艮为手,兑为口。"

以家庭成员为系统,则乾为父,坤为母,震为长男,巽为长女,坎为中男,离为中女,艮为少男,兑为少女。

《系辞》有"'易'有太极,是生两仪,两仪生四象,四象生八卦"。"卦"本为阴阳而设,而设"卦"以表阴阳,即以有形的卦符来模仿或表述无形的阴阳属性。

从数理的角度来看,"易"是无,太极是"0",这就是"易有太极"。需要强调的是,"无"不是什么也没有,绝不是数学上的空集,而是混沌未分的包含万有,是整体性的一个概念。

$0=(+1)+(-1)$。这个算式可以用以表示"太极生两仪"。

$0=(+2)+(+1)+(-1)+(-2)$。这个算式可以用以表示"太极生两仪"之后的"两仪生四象"。

$0=(+4)+(+3)+(+2)+(+1)+(-1)+(-2)+(-3)+(-4)$。这个算式可以用以表示"两仪生四象"之后的"四象生八卦"。

为了强调八卦的整体性，后人发明了"八卦盘"这个概念。确实，一般来说八卦就是指乾、兑、离、震、巽、坎、艮、坤这八个卦象。但是，如果忽视八卦的整体性，就会倾向于简单地认为八卦是八个卦。实际上八卦并非八个卦。如果八卦是八个卦，那么乾、乾、乾、乾、乾、乾、乾、乾也是八卦，兑、兑、兑、兑、兑、兑、兑、兑也是八卦，离、离、离、离、离、离、离、离也是八卦……这样八卦就太多了，八卦之总和也就不等于太极或无了，八卦也就失去了整体性的含义，其周期性、对待性更是无从谈起。

其次，从传世典籍的相关记载中可以看出，阴阳或阴阳思想是八卦的主要内容。

《管子·轻重戊》中有"伏羲作造六峜以迎阴阳，作九九之数以合天道而天下化之。"对于这里的"六峜"，现代学者一般解释为"六法"或"八卦"，还有人认为"六峜"应该是人文始祖伏羲"立周天历度"中所创造的八卦的一种运用方式。很明显，把"六峜"直接解说为"八卦"逻辑不通，两者数量明显不同，但是就简近解释着眼，不妨把"六峜"解说为"六画"，而六画卦则是六十四卦，又因为六十四卦则是由八卦重叠而成，所以这样看来所谓的伏羲"作造六峜以迎阴阳"也就是"作造六十四卦以迎阴阳"。但无论"六峜"是"八卦"也好，是"六十四卦"也罢，《管子·轻重戊》中的这则记载无疑确定了卦象符号与阴阳（思想）之间的直接的内在的关联：伏羲画卦，就是为了表述阴阳（思想）。①

此外，《庄子·天下》有"《易》以道阴阳"。一般来说，这里所说的《易》应该不是泛指《周易》《连山》《归藏》三《易》，而是专指与《诗》《书》并列的《周易》。《周易》的主要内容就是六十四卦（和八卦）的占筮应用，而"《易》以道阴阳"则指明：《周易》的中心内容就是阴阳。由此可以有力地说明阴阳或阴阳思想是八卦或六十四卦的主要内容。

最后，从传世典籍的相关记载中可以推导出古人对八卦中的阴阳所作出的"消息"这一种独特概括。

《左传》定公四年《正义》引《易》云："伏羲作十言之教。"按照这种说法伏羲还有"十言之教"遗世，那么这个"十言之教"是什么呢？汉代郑玄在《六艺论》中进行了解释："虙羲作十言之教，曰乾、坤、震、巽、坎、离、艮、兑、消、息。"从郑玄对"十言之教"的解说中我们可以解读出三点内容：

---

① 《淮南子·览训》有"不将不迎"之语。其《注》曰："将，送也。迎，接也。不随物而往，不先物而动也。又逆数也。"《史记·五帝纪》有"迎日推策"。《注》曰："逆数之也。日月朔望，未来而推之，故曰迎日。"

第一点，郑玄所述的"十言之教"是对伏羲画作八卦这一历史事件的重复和确认。

第二点，乾、坤、震、巽、坎、离、艮、兑的顺序与《说卦》中泛论诸卦的顺序一致。从"乾、坤、震、巽、坎、离、艮、兑"的顺序中可以解读出两两相对的八卦盘式，即先天八卦盘式或伏羲八卦盘式，而八卦这种两两相对的排列顺序是由阴阳对立统一的性质所决定的。

第三点，在八卦（盘式）中具体展开的阴阳变化被总结为"消息"。

消，减弱，变小。息，增长，变强。《易传》中"消息"一词出现了两次，即《丰·彖》有"中则昃，月盈则食，天地盈虚，与时消息"，《剥·彖》有"君子尚消息盈虚，天行也。"《庄子·秋水》亦有"年不可举，时不可止。消息盈虚，终则有始。"所以综合来看，"消息"与"盈虚"可以互相发明，两者含义也比较接近。就阴阳而言，阴消必然阳息，阳消必然阴息。阴阳具有一体性和关联性，所以把阴阳变化总结为"消息"非常恰当。

具体就八个卦象之间的阴阳变化来说，乾、兑、离、震、巽、坎、艮、坤的顺序是阳消阴息，而坤、艮、坎、巽、震、离、兑、乾的顺序是阴消阳息。简单来说，八卦就是阴阳消息的符号表达。

第二节　阴阳与河图、洛书、太极图

三皇时代还没有文字，所以思想的表达不得不借助于图形和图画。从这个角度来讲，三皇时代也可以称之为"图形时代"。在这个"图形时代"里，阴阳的表达可以使用多种图形。如果说八卦（盘）是阴阳的第一种图形表达的话，那么河图、洛书、太极图就是阴阳的其他三种图形表达。对于图形或者说是图像的重要性，萧汉明有非常集中的概括：

> 图像在中国古代文化中占有极为重要的地位，这不仅因为汉字本身即以图像为先驱，还因为图像同样具有语言的特征，甚至可以起到语言与文字所不及的功用。《易·系辞上》说："书不尽言，言不尽意，然则圣人之意其不可见乎？子曰：圣人立象以尽意，设卦以尽情，系辞焉以尽其言，变而通之以尽利，鼓之舞之以尽神。"在先秦，文字的数量不多，而且时代越往上推数量越少。语言比文字相对要丰富一些，但其量也十分有限，且交流的方式和范围还受环境条件的制约，不能及远。因此，作为人们交流思想、意识、情感的传媒载体和记事工具，图书文化便

成为古代文化不可缺少的组成部分。①

需要补充的是,一般来说,八卦是符号而不是文字,虽然早期的文字很可能保留了八卦符号的全部或部分作为乾、兑、离、震、巽、坎、艮、坤等字。当然,就八卦这一整体而言,其必然通过某种样式的图形作出全体的展现,这就是后来通常所说的八卦盘(或八卦盘式)。就简近直接而言,最早的八卦盘应该就是后人所说的先天八卦盘或伏羲八卦盘,一般就被称为图形而不是符号了。

在各种易图之中,八卦盘与河图、洛书、太极图是最为重要的几种图形。比如,朱伯崑在对四千余幅易图之总集《周易图说总汇》进行系统全面的总结时说:"易图学……它所提出的图式,其中影响大的有《河图》《洛书》《先天图》《后天图》《太极图》等。"②"而无论何年何月、何时何地,最有生命力的东西,只是真实的东西。"③正是因为这个原因,承接上文对八卦盘的讨论,本节将主要对河图、洛书、太极图三种图形展开论述。

一、河图、洛书、太极图的历史记载与重新梳理

在对河图、洛书、太极图中的阴阳展开讨论之前,有必要对关于河图、洛书、太极图的历史记载与研究方法进行综合述评,用以厘清基本事实,辨析研究思路,特别是要凸显出研究方法中的逻辑问题。只有这样才能够准确说明从"疑古"到"信古"的转换,进而通过推理完成关于河图、洛书、太极图的从宋代到上古的历史跨越。

(一) 相关记载与既有研究反思

首先需要讨论的是关于河图、洛书的历史记载和既有研究。

概括而论,河图、洛书之说渊源甚久,散见于《尚书》《管子》《系辞》《论语》等先秦典籍。河图以及洛书是伏羲画八卦的根据,或者说八卦与河图、洛书具有紧密关联,这是从上古时代一直流传到汉代的传统观念。值得注意的是,先秦两汉时期所有关于河图、洛书的图形图画都没有流传下来,现今我们能够看到的所有关于河图、洛书的各种图形图画都是在宋代被"重新

---

① 萧汉明:《河图·五行·图像语言》,《不尽长江滚滚来——中国文化的昨天、今天与明天》,北京:东方出版社1994年版,第256—257页。

② 李申、郭彧:《周易图说总汇》,上海:华东师范大学出版社1998年版,序,第1页。这里所谓的《先天图》《后天图》就是指由八卦盘所衍化而来各种八卦图式和六十四卦图式。《周易图说总汇》收录各种《先天图》《后天图》共计765幅,为各类易图之首(其他各色杂图除外)。

③ 李申、郭彧:《周易图说总汇》,上海:华东师范大学出版社1998年版,编者序,第1页。

发现"的。具体来说，就是从汉以降，在官方典籍文库之中，河图、洛书都完全彻底地失传了，直到宋代，学者们突然认识到了类似于河图、洛书的这些图形和图画（即通常所说的"易图"，其中也包括类似于太极图的各种图形和图画）的重要，通过对民间资料长时间的搜求和挖掘，河图、洛书才重新出现在人们的视域之中。正所谓"礼失而求诸野"，河图、洛书应该是一直在民间流行，从来就没有断绝过，所以当时代需要它们的时候，它们就理所应当地被宋代易图研究者发现了——当然，这并不意味着被"重新发现"的全部易图都是渊源有自而且毫不走形。在漫长的隐伏与突然的显现这一过程中，对河图、洛书有意无意地人为改造或流传过程中产生的淆乱是不可避免的，这都需要后来的研究者仔细应对，小心求证，才不至于犯下这样或那样的错误，以至于或指鹿为马，或买椟还珠……

《尚书·顾命》有："越玉五重：陈宝、赤刀、大训、弘璧、琬琰在西序；大玉、夷玉、天球、河图在东序。"周成王从周康王那里继承了很多国宝重器，这里的"河图"与大玉、夷玉、天球等并排陈列于礼堂的东面。颇有意味的是，既然是"五重"国宝，西面排列有五个，东面也应该排列有五个才对——如果不把"琬琰"一物拆解为"琬""琰"二物，并按照西面六个、东面四个的分布以作不平衡的陈设的话——那么这里的所说的"河图"很可能就是指河图与洛书两个宝贝。当然，这一段文字中漏掉"洛书"二字也有可能，但是估计发生这种文本错漏的可能性比较小。所以不能够排除的一种可能是：这里的"河图"是河图、洛书两种图形图画的一个总称。

《管子·小臣》有："昔人之受命者，龙龟假，河出图，洛出书，地出乘黄，今三祥未见有者。"龙马背负河图出于黄河，神龟背负洛书出于洛河，因为自古流传的这种关于河图与洛书来源的传说，所以古人往往把河图与洛书理解为天赐的祥瑞。类似的说法还有《论语·子罕》中孔子慨叹生不逢时："凤鸟不至，河不出图，吾已矣夫！"《礼记·礼运》更是列举了一大堆祥瑞："山出器车，河出马图，凤皇麒麟，皆在郊椒"。但是《论语》和《礼记》也只是提到了河图而没有提及洛书，这种情况一方面可以说明河图比洛书更具有代表性，另一方面也再次说明了"河图"作为河图、洛书总称的可能性。

《周易·系辞上》有："河出图，洛出书，圣人则之。"从上下文来看，其中的圣人应该是指俯仰天地万物而画作八卦的伏羲。《系辞上》的这种说法无疑是认定了伏羲所画之八卦乃是根据河图与洛书演化而出，六十四卦以及三《易》也是以此为最终根据。"河图"之类的图形图画是八卦六十四卦以及三《易》的总根源，这种说法是先秦时代通行的一种解释，比如：

《山海经》曰："伏羲氏得河图,夏后因之,曰《连山》。"《玉海》引今本无。①

《山海经》曰："黄帝得河图,商人因之,曰《归藏》。"《玉海》引今本无。②

《山海经》曰："列山氏得河图,周人因之,曰《周易》。"《玉海》引今本无。③

虽然河图以及洛书到底是个什么样子,先秦典籍上都没有记载,但是汉代学者,如刘歆、孔安国、扬雄、班固等一大批学者都接受了"八卦乃据河图和洛书推演而出"这一种说法,纷纷以河图和洛书来解释八卦来源,甚至有学者认为比照河图就可以直接画出八卦。比如,汉代学者孔安国就认为"伏羲王天下,龙马出河,遂则其以画八卦,谓之河图。"(《尚书·顾命》孔安国传)刘歆也声称:"伏羲氏继天而王,受河图,则而图之,八卦是也"(《汉书·五行志》),这几乎就是把河图直接当作了八卦图形。相对而言,孔颖达则要更加有分寸,他在《周易正义》中所说的"伏羲得《河图》,复须仰观俯察,以相参正,然后画卦"就明确区分了河图与八卦的不同。

北宋易学家刘牧在《易数钩隐图》中第一次向世人披露了河图、洛书这两幅图形图画,此后易学史上也就出现了以使用河图、洛书等图形解释八卦起源和《周易》为主要内容的图书派。当时对"图十书九"还是"图九书十"④还有过很大的争论,最终多数学者倾向于得出的结论是"图十书九",而这种概念和区分一直延续至今。宋代大多数学者也都相信八卦就是由河图、洛书这二幅图式推演而来,可见这种传统的说法影响之大,所以在宋代河图洛书等图形甫一出世就成为新时期易学研究的中心。

以好学深思而著称的大儒朱熹不仅接受了河图和洛书是《周易》源头的说法,在《易学启蒙》之中更是用河图和洛书等图式来教导后学,而且还把河图和洛书等九种图式珍而重之地置放于其大作《周易本义》卷首。虽然对河图和洛书非常重视,但是朱熹实际上对河图洛书与《周易》的具体关联并没有进行特别深入的阐释,他还是认为《周易》本为占筮之书,其名为"周易本

---

① 张心澂:《伪书通考》,北京:商务印书馆1957年版,第37页。
② 张心澂:《伪书通考》,北京:商务印书馆1957年版,第39页。
③ 张心澂:《伪书通考》,北京:商务印书馆1957年版,第45页。
④ 所谓的"图十书九"是认为河图的图形是十点,洛书的图形是九点,而"图九书十"这种看法则恰恰相反,即认为河图的图形是九点,洛书的图形是十点。所谓的九和十,就是指两种图形之中的最大数。

义"的著作仍然是以儒家义理阐发为主要内容。

河图和洛书的基本含义为何？在何种意义上河图和洛书是《周易》的源头？这些基本问题一直没有得到全面的梳理和明确的解答，这就使得宋代以新发现的易图为中心的图书之学不可避免地具有了学理模糊、根基不稳的巨大缺欠。另外，某些基本概念在使用上的淆乱所导致的对河图和洛书理解上的模糊也是其难以回避的问题。比如，元代学者王申子在《大易缉说》中说："伏羲之易本于河图，河图中宫天五地十，太极也。"他把太极理解为河图中宫，这既误解了河图，也淆乱了太极。

"反者道之动"，对"其兴也勃"的宋代图书之学进行反思和批评是学术发展的必然。早在元末就有学者开始对图书之学展开批评，比如陈应润就在其《周易爻变义蕴》中认为所谓的"先天"图形之中掺杂有道家修炼之术，其并非《易》之本旨。明代中叶的归有光撰作《易图论》也对图书之说加以排斥。清代考证之学大兴，一些著名学者开始对图书之学展开逐渐深入和更加系统的批判。黄宗羲、黄宗炎著《易学象数论》《图书辨惑》，毛奇龄著《河图洛书原舛编》，胡渭著《易图明辨》，这些学者对图书之说进行了越来越全面、越来越彻底的否定。他们的基本思路是：针对图书之学学理模糊、根基不稳的弱点，通过广博漫衍的考证，说明宋代出现的河图和洛书的所有根据仅仅是汉代《易纬》以及《易传》中的一小部分内容，进而把先秦典籍中所记载的河图、洛书与宋代的河图、洛书完全割裂开来。① 他们的基本结论是：宋代学者根据汉代《易纬》以及《易传》中的一小部分内容"创造发明"了河图、洛书，河图、洛书与《易》之本旨没有关系。这种观点至今仍然为许多现代学者所接受，是近乎主流乃至于权威的一种观点。

特别令人感到欣慰的是，以萧汉明为代表的一些学者对此提出了不同的意见，可谓难能可贵。他们坚持认为：河图、洛书古已有之，并非宋代学者所伪造，河图、洛书与《易》之本旨有甚深关联。关于河图、洛书的源起，特别是针对李申全面否定其先秦根据的观点，萧汉明曾经有多次辩难，皆为"见人所不能见，论人所不能论"之雄文：

> 九数图，即朱蔡所称的洛书图案，最早被医学采用而见之于文献的是《内经·灵枢》中的九宫图。《灵枢·九宫八风》运用后天八卦方位配八方之数，虚中五为太乙所居之宫，说明八面之风逆时而来对人体的

---

① 参见李申：《话说太极图——〈易图明辨〉补》，北京：知识出版社1992年版，第112页。

危害。隋代扬上善《黄帝内经太素》有《九宫八风》全文和九宫图,这个图的标注文字较《灵枢》为多,显然经过杨上善的增补了。中医界一般认为《灵枢》成书较《素问》为早,而其中的《九宫八风》篇文字古朴,很有可能是战国后期的作品。《庄子·天运》有"九洛之事,治成德备"之说,说明九数图在战国时期就已被人们称之为洛书。开始时曾被用于天文,继之被医学和数术广泛采用,一直流传不绝。因此,称九数图为洛书并无不妥,自然这个图不会是宋代人伪造的。

十数图,即朱叶所称之河图图案,最早被阴阳家采用而局部见之于文献的是《管子·幼官图》(图已佚)。闻一多、郭沫若等以为"幼官"二字不可卒读,可能与明堂之说有关,那么"幼官"便为"玄宫"之误。石一参则认为"幼官"为"五官"之误。五官,即五宫,五行之宫。从《幼官篇》由中央而四方对图作标注文字的特点看,当以石一参的见解为允当。由此看来,关于五行的数与方位,早就是有图存在的。不仅《幼官篇》对这个图按方位作过标注,《吕氏春秋·十二纪》实际上也是对这个图作的标注,只不过内容更精致更详尽罢了。还有个事实是扬雄的《太玄》,这是一部仿《易》之作,既然《易》有易数,《太玄》也就有太玄数。有趣的是,太玄数所采用的框架正好也是五行方位图式:"三八为木,为东方";"四九为金,为西方";"二七为火,为南方";"一六为水,为北方";"五五为土,为中央"。《道藏·灵图类》载有此图,图之黑白点傍云:"一与六共宗,二与七为朋,三与八成友,四与九同道,五与五相守。"范望注云:"重言五者,十可知也。"可见,太玄数也是有图的。从上述《幼官》《十二纪》《太玄数》的情况看,五行都有相应的数与方位,按方位绘制出的五行数结构也都是相同的,区别只在于所选用的数码有多有少,《幼官》和《十二纪》只用了五六七八九,按生成数的意义说,六七八九是成数,五是生数;《太玄数》用一二三四六七八九十,没有用五,因为五五相重为十,故五可略而不用。《素问》和《周易参同契》也有五行生成数方位的描叙,用一二三四五六七八九,而不用十。……再往前推,《汉书·五行志》是西汉末刘歆的思想,他说:"天以一生水,地以二生火,天以三生木,地以四生金,天以五生土。"这里说的是天地之数中的五行生数;至于成数,刘歆采用了春秋时期占星家们以生数配土数五即"妃以五成"的说法,依此则得"水之大数六、火七、木八、金九、土十",所谓大数,也就是成数。可见,刘歆早就将五行生成之数与天地之数合一而论了。以上所引,汉、隋、唐、宋诸代学者都有认定天地之数就是五行生成之数的见解,特别是汉代学者去古未远,且于理亦无不合,应当是可信的。①

萧汉明征引颇广,除了引述《灵枢》等先秦时期的思想材料之外,萧汉明还指出,在很多汉代文献中也能够找到一些易图曾经存在过的印痕,足以说明河图、洛书等图形图画对中国传统思想文化发生过多方面的深刻影响。比如,洛书与《大戴礼记》中所记载的明堂九室与西汉末年著作《乾凿度》中的九宫说在9个数的方位配置上完全一致。

要之,如果拘囿于先秦两汉所流传于世的有限资料,在缺乏实物证据的情况下,先秦典籍中所记载的河图、洛书之名称与宋代的河图、洛书之实物当然不能够直接等同起来。但是,证据断裂不等于历史断裂,更不等于逻辑断裂,只要通过细致的思想解析和全面的文献爬梳,并对河图、洛书的名称进行符合现代学术规范的界定以及一些必要的技术处理,就可以通过对阴阳这一核心内容的澄清来确认河图、洛书与八卦之间密不可分的内在关联,进而把先秦典籍中所记载的河图、洛书之名称与宋代的河图、洛书之实物连接起来:

先秦典籍中所记载的河图、洛书大致等同于宋代的河图、洛书。

这是本研究所作出的一个基本结论,也是下文之中其他研究展开的一个前提。

众所周知,中华文明是全球各个古文明之中唯一一个上下贯通数千年而没有彻底断绝的古文明,其文化传承因此具有极强的连续性,而这种连续性的重要保障就是中华文明传播地域宽广而且文化典籍保存众多。先秦典籍中所记载的河图、洛书因为官方典籍书库的一再散失毁灭而导致长时间湮灭无闻,这并不意味着河图、洛书本身在中华大地上没有保存和流传。正如孔子所说:"礼失而求诸野",②周秦以降官方典籍书库虽然迭遭损毁散失,但是广阔民间必然有人慧眼识珠而妥善保存之,其在小庙、在深山、在古刹、在幽宅之中往往就留有"备份"。河图、洛书既然是道术瑰宝,是珍贵的历史文化遗产,那么只要道术思想和道术实践在中华大地上代代相传,其必

---

① 萧汉明:《医易会通之我见》,《周易研究》1994年第4期。进一步的讨论请参阅萧汉明:《关于河图、洛书问题——答李申兄》,《周易研究》1995年第4期;萧汉明:《医〈易〉会通与文化进化论——与李申兄再商榷》,《周易研究》1997年第1期。
② 《汉书·艺文志》:"仲尼有言,'礼失而求诸野',方今去圣久远,道术缺废,无所更索,彼九家者,不犹瘉于野乎!"

然可以躲过一轮轮的战乱纷扰,兵祸雷火,默默无闻地在中华大地上广有流传百年乃至千年,直至在恰当的时机现身登场,惊诧世人。宋代学者的理论水平高企,学术兴趣广泛,周敦颐作《太极图说》又使得易学与阴阳图形紧密纠结,这种与易理深自契合的河图、洛书自然会引来关注,引发思考,引起热潮——先秦典籍中所记载的河图、洛书在宋代被重新发现,进而引爆"图书之学",这应该是历史的必然。

其次需要讨论的是关于太极图的历史记载和既有研究。

需要注意的是,其一,这里所说的太极图是阴阳鱼太极图,是用圆形的图像表示阴阳对立而统一的一种图形,俗称"阴阳鱼"或"阴阳鱼太极图";其二,一般所见的太极图的图形外缘可以附加有八卦方位等其他图形图画,但是就本文所述,太极图专指阴阳鱼,没有其他图形图画附着。这种"阴阳鱼太极图"与周敦颐所作的《太极图说》中的周氏太极图判然有别,不可混淆。

关于太极图的误解有很多,比如下面所引述的从清代胡渭一直传承下来的这一种比较流行说法中就有很多需要澄清的地方:

> 《太极图》据传是宋朝道士陈抟所传出。陈抟是五代至宋初的一位道士。据史书记载,陈抟曾将《后天太极图》《八卦图》《河图》以及《洛书》传给其学生种放,种放以之分别传穆修、李溉等人,后来穆修将《太极图》传给周敦颐。周敦颐著《太极图说》加以解释。①

根据现代学者李申的研究,陈抟不是道士,所谓的陈抟"将《后天太极图》《八卦图》《河图》以及《洛书》传给其学生种放"是没有根据的。② 而且周敦颐的《太极图说》中的"太极图"是一系列图示,其中没有,并且也不是"阴阳鱼太极图"。

"太极"是先秦学术的一个重要概念,渊源甚久。就传世的先秦文献看来,"太极"一见于《庄子·内篇·大宗师第六》中对于"道"的描摹:"在太极之上而不为高;在六极之下而不为深;先天地而不为久;长于上古而不为老"。太,是大;极,指尽头,极点。这里所说的"太极"是指天地之上的最高点,不是指一种图形,其具体内涵也没有被进一步解释为互相纠结缠绕的阴

---

① 李申:《话说太极图——〈易图明辨〉补》,北京:知识出版社1992年版,第11页。
② 李申:《我与周氏太极图研究》,刘大钧主编:《象数易学研究》,济南:齐鲁书社1997年版,第219页。

阳二气。特别值得注意的是,这里所说的"太极"是与"六极"相对应的概念,两者一指极高,一指极深,并不特指天地万物的根源或天地万物生成过程中的一个阶段。①

"太极"二见于《易传·系辞上》:"易有太极,是生两仪。两仪生四象,四象生八卦"。张岱年曾经归纳总结了历史上关于"易有太极"四种不同的解释:"第一,天地起源说,以郑玄、虞翻为代表。第二,画卦说,以朱熹为代表。第三,揲蓍说,以胡渭、李塨为代表。第四,大中说,以焦循为代表。"张岱年认为以上各种解说中以郑玄、虞翻的解说比较正确,最为可取。太极可以解释为天地未分的原始统一体,而《系辞上》则以太极为天地万物生成的根源。②

当然,也有很多学者与张岱年见解不同。比如,朱伯崑认为"太极这一范畴,在《易传》中是作为解释筮法的易学范畴而出现的,从汉朝开始,演变为解释世界的始基和本体的哲学范畴,但对其理解始终存在着唯物论和唯心论的对立"③。朱伯崑是以清代学者胡渭、李塨的看法为准绳而集中讨论了"太极"一词的筮法含义并且兼顾了"太极"一词在哲学史上的演化过程,但是其所做出的"太极"哲学范畴"从汉朝开始"之论断显然过于保守。

此外,就哲学内涵阐发而言,乌恩溥对"太极"的阐发堪称完备:"所谓'太极',《系辞传》有时又称为'一',它是超现实的,无形无象的,先验的本体,是宇宙万物的本原。《系辞传》认为由太极派生出两仪,即阴阳;由阴阳派生出四象,即老阴、老阳、少阴、少阳;由四象派生出八卦,即乾、坎、艮、震、坤、离、巽、兑;人们依据八卦判定吉凶休咎,决定行止,然后成就万事万物"。④

受到"太极"一词解说分歧巨大的影响,后来很多学者都将两种互不相洽的说法糅合在一起进行论说,比如,高怀民认为"太极一方面与二仪、四象、八卦一道作为筮法的一个基本范畴,用来指称大衍之数或奇偶未分状态,并作为六十四卦的最初根源。从这一方面看,它不具有哲学意义。另一方面,太极又包含着宇宙生成论和宇宙本体论的内涵,揭示了一种宇宙生成的基本模式,这又使它具有了哲学的内涵,成为一个哲学范畴。之所以这样讲,是因为《易传》认为《易经》是一部可以预测未来、决断吉凶的筮书,而

---

① 陈鼓应:《庄子今注今译》(最新修订版),北京:商务印书馆2007年版,第214页。
② 张岱年:《论易大传的著作年代与哲学思想》,黄寿祺、张善文编:《周易研究论文集》第一辑,北京:北京师范大学出版社1987年9月版。
③ 朱伯崑:《易学哲学史》(第一卷),北京:华夏出版社1995年版,前言第5页。
④ 乌恩溥:《周易——古代中国的世界图式》,长春:吉林文史出版社1988年版,第156页。

《易经》之所以能预测未来、决断吉凶,是因为《易经》是整个宇宙、整个世界的缩影,整个宇宙和世界生存发展变化的奥妙全在其中"。① 两个方面究竟哪一个是主,哪一个是次;哪一个是本义,哪一个是衍生义,高怀民显然没有做出判断。再比如,王树森的看法与高怀民非常类似,博采众家之后他认为"《系辞》作者巧妙地运用了语意双关的方法,既简要表述了天地起源的观点,也透露了八卦产生的过程。所谓'太极'指宇宙的本原,然联系下文'八卦'也兼指行筮过程中未分之竹策,亦即如四川彝族占法中的一束细竹竿。所谓'两仪',既指天地,也兼指行筮中分而为二之后左右两手各握之竹策。这是初筮的结果。所谓'两仪生四象',如《礼记·礼运》所说的'礼必本于太一,分而为天地,转而为阴阳,变而为四时',具有宇宙生成论的意义。'四象'亦可理解为再筮结果的四种情况……按占必三次的通则,进行三筮,则可能出现八种情况……所谓伏羲八卦,卦有三爻,实为筮必三次所得各种结果的记录"。② 可惜其所引述的"占必三次的通则"之原则以及"卦有三爻,实为筮必三次所得各种结果的记录"的解说实际上并不符合《周易》占筮传统。

筮占只能够是易学理论的衍生品,而所有的易占操作都是对"易有太极,是生两仪。两仪生四象,四象生八卦"等易学理论的模拟和复刻。这样看来,只有以易学为背景,"太极"才可以解释为天地万物的根源或天地万物生成过程中的一个阶段,并且进一步被解释为互相纠结的阴阳二气,进而以之来命名某种图式。所以我们可以认为"太极图"之名称出现在易学比较发达,特别是"易有太极,是生两仪"之说之后。我们甚至可以认为以"太极图"这一名称来命名"阴阳鱼太极图"是比较晚起的一件事情,而在此之前,"阴阳鱼太极图"或可以以"河图"这一阴阳图形的总称来涵盖,或者无名而单独流传。

那么先秦时期到底有没有阴阳鱼太极图呢?有些学者认为太极图应该自古有之,比如很早就关注这个问题的陈立夫在对很多上古时期的图形图画进行考察之后认为:"大陆先后所出土之古太极图,较《周易》及《乾凿度》之成书,尚早三、四千年。诸如陕西永靖所出土六千五百年前(伏羲时代)双耳彩陶壶上之双龙古太极图(藏瑞典远东博物馆),乃使用毛笔中锋所画,竟早于孔子四千年。又出土商代及西周之多件青铜器上,亦契有雌雄双龙相互缠绕之太极图。"(《关于太极图的一些问题》)陈立

---

① 高怀民:《易学的哲思——人类理性的引导》,《周易研究》1998年第2期。
② 王树森:《周易与中华文化》,北京:工人出版社1993年版,第11页。

夫所列举的这些图形笔者百般查找，却一直没有见到，所以难以遽下断言。但是由于技术条件的限制，上古时期的太极图（或者说是太极草图）与我们今天所见到的越来越趋向于标准的太极图无疑有着比较明显的差异。显然，我们不能够把所有的双龙、双蛇、双鱼、双凤以及漩涡图案或者由两个相同的符号交叉而成的长期而又广泛地存在于世界各地的形形色色的具有旋转特征的各种图案都看作是太极图。一个最基本的太极图图案应该是二鱼黑白相间，首尾纠合，做同心旋转运动，而标准的太极图图案甚至还必须要加上两个"鱼眼"。所以如果按照最基本的太极图图案来看，陈立夫所列举的这些考古实物应该在一定程度上能够为先秦时期太极图的存在提供支持。

以笔者的阅读范围为限，迄今所见到的最有说服力的考古证据是距今4400年左右的湖北石家河罗家柏岭新石器时代遗址出土的陶纺轮，①以及与罗家柏岭遗址相连的肖家屋脊遗址出土的彩绘纺轮，②上面的图形是基本的太极图图案。当然，也有学者反对将这些图形径直称为"太极图案"。③笔者认为，考古发现的这些实物上的图案与太极图的相似度是很高的，只要不抱定太极图是"很晚由道教发明的修炼之图"这种旧观念，就会认可这一点。而且只要明确了阴阳是太极图的核心思想，那么上古以及后世的各种各样的图形都可以归入太极图这一类。

一种比较通行的观点认为"太极图"（准确地讲是后世所熟知的"阴阳鱼太极图"）在宋代图书之学大盛之时并没有随着河图、洛书一起问世。晚至明朝这种"阴阳鱼太极图"才被发现进而广为人知。当然，受到图书学万众创新的影响，宋代以来直到明清很多学者都创作过具有阴阳内涵的图形图画。但是这些作品与自古流传的"太极图"（准确地讲是后世所熟知的"阴阳鱼太极图"）还是具有很大差距。经过现代学者的长期研究，在全面检索现存文献资料后发现，现存最早的一张太极图是在南宋而不是在明代。

南宋学者张行成的《翼玄》中的"易先天图"就很可能是根据自古流传的"阴阳鱼太极图"所进行的二次创作。张行成，生卒年不详，约生活于公元12世纪，绍兴年间（1131—1137）进士，乾道二年（1166）向宋皇进呈易学七书，其中《翼玄》即载有一张"易先天图"，而此图的中心就是一张阴阳鱼太极图：

---

① 参见湖北省文物考古研究所、中国社会科学院考古研究所：《湖北石家河罗家柏岭新石器时代遗址》，《考古学报》1994年第2期。
② 参见湖北省荆州博物馆等石家河考古队：《肖家屋脊》，北京：文物出版社1999年版，第214页。
③ 参见吴锐：《中国思想的起源》（第一卷），济南：山东教育出版社2002年版，第303页。

张行成《易先天圆-浑天象》

具体来说，张行成把太极图作为图形中心，然后在太极图的边缘配置上六十四卦，其目的在于说明六十四卦与太极图的内在关联。张行成认为"阴阳鱼太极图"正是对六十四卦方位圆图的形象说明："易先天爻象图，自乾坤始者，阴阳之象，上下皆右行；自复遘始（当为'姤'之误）者，阴阳之象，上下皆左行，列于二也。"可见《翼玄》中已经使用了先天图"右行""左行"的字眼，而张行成认为"阴阳鱼太极图"的左行、右行正是六十四卦卦画的左行、右行，而"列于二"就指阴阳（即黑白二色）的排列。

进一步考察张行成之生平学术可以发现，著名学者袁桷曾经对张行成的象数易学研究甚为推重："薛（季宣）授袁（溉）时尝言：河洛遗学多在蜀汉间，故士大夫闻是说者，争相购之。后有二张，曰行成精象数，曰缜通于玄。最后朱文公属其友蔡季通……"（转引自胡渭《易图明辨》卷三）张行成是临邛人，他曾经闭门苦读近十年，即"乾道间，由成都府路钤辖司干办公事丐祠，杜门十年"（黄宗羲《宋元学案·张祝诸儒学案》），著书七种共计七十九卷。张行成之学应该是以邵雍之学为主要资源，即"取自陈希夷至邵氏所传先天卦数等四十图"(《四库全书总目·子部·术数类》作"十四图",应该更加确切),"敷演解释,以通诸易之变,始若殊途,终归一致。""先是康节之学有所传十四图者,世莫之传。先生得于蜀中估籍吏人之家,因演解之,以为象数之用。"(《宋元学案》)根据这些记载可以知道张行成特别地借助于在蜀中得到太极图的便利,根据自己的理解对太极图进行了二次创作,最终完成了这幅"易先天图"。

除了张行成,宋代应该还有其他学者研究过这类图形,比如研究"古先天图"的郑东卿(少枚),研究河图、洛书的罗愿,可惜他们所研究的这些图形最终都失传了。张行成的"易先天图"面世后在很长一段时间内都没有引起学界的重视,这种情况一直延续到明代初年。明代初年,学术风气大变,人们一反过去对太极图的淡漠态度,开始真正关注起太极图这类比较奇异的易学图形。

明朝初年,"考古先生"赵撝谦在其撰作的《六书本义》中就向世人公布了一种"阴阳鱼太极图"。有趣的是,当时这种外缘附有八卦的图形不叫"太极图",也不叫"阴阳鱼太极图",而是被赵撝谦命名为"天地自然河图"(不知道这种命名是不是受到自古流传的"河图"这一名称的影响)。赵撝谦解释说,在伏羲时代,龙马从荥阳附近的黄河水中走出,其身上背负着的就是这张图,而《尚书·顾命》中"河图在东序"、《周易·系辞上》中所说的"河出图"都是指这张图。因为圣人伏羲根据这张图画出了八卦,所以赵撝谦在"天地自然河图"的八个方位都注明了卦名和阴阳的比例。赵撝谦进一步解释说,这张"天地自然河图"是蔡元定从四川的一位隐士手里得到的,就是朱熹

也没有见到过这张图。赵撝谦仔细揣摩这张"天地自然河图"之后，认为这张图"有太极含阴阳，阴阳含八卦自然之妙。实万世文字之本原，造化之枢纽也。"

仅就太极图图形来看，赵撝谦"天地自然河图"中的太极图形与张行成"易先天图"中的太极图形还是很有一些不同的：

（1）赵撝谦"天地自然河图"中的太极图形并非完全对称，其阴阳鱼"鱼头"一尖一圆，而张行成"易先天图"中的太极图形则是完全对称，其阴阳鱼"鱼头"线条圆润，近乎半圆。

（2）赵撝谦"天地自然河图"中的太极图形中的"鱼眼"为偏长的水滴状，看起来比较怪异，而张行成"易先天图"中的太极图形"鱼眼"为圆形。

总体来看，张行成"易先天图"中的太极图形更加接近于后世的标准太极图，而赵撝谦"天地自然河图"中的太极图形颇有一些失真，不是中心对称的图形，估计或者被人修改过，或者是传播之中发生了一些谬误。

明朝末年，赵仲全撰作《道学正宗》，其中收录了赵撝谦的这张"天地自然河图"，但是赵仲全似乎另有传承，他直接把这张图改名为"古太极图"——这似乎是已知最早的对"太极图"的正式命名。

清初，胡渭撰作《易图明辨》，对几乎所有的易图都进行了考辨。胡渭认为，赵仲全所说的"古太极图"也叫"先天图"，这个"先天图"是由陈抟传给种放，最后传给了邵雍，而邵雍的"先天学"都是从这个图里演化出来的。胡渭的这些看法上文已经引述过，根据现代学者的研究这些看法都很成问题。

胡渭承认这张"古太极图"或者"先天图"具有极高的价值，其对阴阳消长的规律刻画得惟妙惟肖、生动形象。具体来说，胡渭认为这个易图奇妙非常，它用白黑回互表示阴阳相含；从方位来讲，北方坤卦阴极盛但阳初生，后来阳逐渐增长，依次成为震卦、离卦、兑卦，最后到南方乾卦，阳极盛而阴初生，以后阴逐渐增长，依次为巽卦、坎卦、艮卦，最后再回到北方坤卦，开始下一轮循环；阴与阳此消彼长，从图上一目了然。胡渭感叹：这是天工？还是人巧？胡渭认为，"古太极图"或者"先天图"这样的巧妙，这样的自然而然，画作图形之人如果不是精通阴阳造化的秘密，他又怎么能画得出呢？可见，胡渭对这张图的理解已经非常深刻了，似乎只要再往前走一步，他就会得出诸如"太极图与八卦和六十四卦浑然天成，不可分割"这样的结论。

但是，胡渭的儒家立场限制了他的研究思路：

> 胡渭的立场是十分清楚的：说这图是陈抟传下来的，可以信；说蔡元定到四川得到的，也可以信。因为这样可以把图的渊源归于道教，而这正是胡渭的目的。但不能相信这图是伏羲所传，因为那样的话，它就

成了儒家的正宗。而这是胡渭不能接受的。①

所以胡渭坚持认为这张"古太极图"或者"先天图"不是伏羲时代的《河图》，它只是方士的炼丹图，源于《参同契》。因为从这张图的内容看，它和《参同契》中的一些图形比较接近。

在这里胡渭有一个明显的逻辑漏洞：既然这张"古太极图"或者"先天图"充分完美地表述了阴阳，那么谁规定了这张图只能够用来阐述哲理而不能够用来炼丹呢？如果认定这张"古太极图"或者"先天图"是对阴阳的一种图形表述的话，那么由于其"道术"性质，其必然可以有多种应用领域：同样一张图，道士可以据之炼丹，儒士可以依之说理，居士也可以用之谈禅。所以胡渭坚持认为这张"古太极图"或者"先天图"不是伏羲时代的《河图》，这只是他基于对道教的盲目排斥而做出的主观臆断，不合逻辑，也没有根据。

饶有趣味的是，从胡渭开始一直到当代，对易图的这种全盘否定的态度一直延续下来。以当代学者李申的易图研究为例，其对易图全盘否定的意见在其数部易图研究著作中可谓是贯彻始终。比如，他认为：

> 如果要将《周易》与易图的关系概括为一句话，那就是：易图是根据《周易》而作的，是对《周易》、更准确地说是对《易传》的注解、图解。然而易图的作者往往假托古人，甚至假托神灵，说易图是由龙马从黄河里背负（或口衔）而出的，是古代圣人伏羲所画的，等等。而《周易》倒是根据易图而作的。②

如果我们接受李申先生"易图是根据《周易》而作的"的这种见解，那么就意味着：

第一，先是有了《周易》和《易传》，然后后代学者们集体假造或组团伪作了河图、洛书、太极图等易图，并且为此不惜"假托古人，甚至假托神灵"来蒙骗世人。那么这些集体作假的后代学者究竟为什么要这样做呢？他们这样做会得到什么好处呢？或者说他们这样做会得到的东西比忠实转述历史得到的东西更多吗？

第二，从战国时期一直到清代的诸多易学学者都沉浸在对圣人圣迹的甚深迷信之中而甘自堕落、无力自拔，并且毫无历史意识、学术态度和理性

---

① 李申：《话说太极图——〈易图明辨〉补》，北京：知识出版社1992年版，第61页。
② 李申：《周易与易图》，沈阳：沈阳出版社1997年版，第1页。

反思。这一点是无法得到证明的,这也就提出了一个疑问:李申先生所秉持的这种研究方法和研究态度是不是太过于主观和武断了呢?

我们甚至还可以发问:上古史史料诚然是踪迹难寻,难道仅仅是因为这一段历史具有某种传说的性质就可以一概否定吗?在这种彻底否定古史的态度之下,或者说以彻底否定易学源头为前提,随后展开的会是一个正常的合乎理性的学术研究吗?

在宋代图书之学大兴之后,确实有很多学者紧跟潮流按照个人意愿或心得体会造图画图,其中牵强附会之处不胜枚举,张冠李戴之谬也在所难免,所以才有了洋洋四千余幅易图而蔚为大观。① 但是请不要把洗澡水和孩子一起倒掉,在缺乏确切证据的情况下不应该把所有易图都当作假学术。李申引述了刘牧的例子来证明"《易》图的作者在谈及《易》图本身时,往往夸大其词。或说《河图》就是龙马从黄河水中背负而出之图,或说《先天图》就是伏羲所画云云。然而,在一般论及《易》与图的关系时,他们也很清楚,这些图,是根据《易传》而作。"②这实际上是首先认定刘牧伪作河图和洛书,然后把刘牧为河图和洛书寻找易学根据的过程认定为刘牧伪作河图和洛书的逻辑过程。这种循环论证根本就没有说服力。

萧汉明无疑在"第一时间"就察觉了李申易图研究之中的这种谬误,所以他对李申的各种观点提出了全面系统的批评,在一系列具有商榷性质的文章中,萧汉明认为李申的易图研究虽然对于理清事实、扫除迷信等方面有很大建树,但是就河图、洛书本身而言,李申所坚持的彻底否定的态度还是过于武断了,③而太极图很可能就是广义的河图中的一种图形。

综上所述,阴阳鱼太极图在汉代之时恐怕就已经在官方典籍之中散失掉了,先秦时期的实物证据既没有被保存下来也没有被考古发现。由于证据链条的彻底断裂,就文献考据来说,这当然是所谓"文献不足证"。但是,既然古人已有明言,河图之类的图形与八卦有关,那么就可以从思想内涵的角度对其进行串联考察:只要这些图形真的与阴阳(思想)完全符合,那么古人的这些论断就应该得到承认。据此我们可以认定:

阴阳鱼太极图以及河图洛书这些图形图画就是官方典籍上已经长期失传但是经过民间一代一代的辗转相授而最终得以保存下来的重要上古资料。

---

① 参见李申、郭彧:《周易图说总汇》,上海:华东师范大学出版社 1998 年版。
② 李申:《周易与易图》,沈阳:沈阳出版社 1997 年版,第 32 页。
③ 参见萧汉明:《医易会通之我见》,《周易研究》1994 年第 4 期;《关于河图、洛书问题——答李申兄》,《周易研究》1995 年第 4 期;《医〈易〉会通与文化进化论——与李申兄再商榷》,《周易研究》1997 年第 1 期。

孔子所谓"礼失而求诸野"（《汉书·艺文志》），正适用于这种情况。

（二）重新界定与研究思路整理

经过以上回顾和梳理，不难发现，关于河图、洛书、太极图有很多淆乱和误解，所以有必要对河图、洛书、太极图进行一番重新界定，以之作为第二节阐发河图、洛书、太极图中阴阳思想的立论基础。

第一，从上面的讨论可以看出，历史上的"河图"概念比较模糊，至少有广义和狭义的两种内涵，广义的"河图"泛指河图洛书，甚至太极图等图形图像，而狭义的河图或指四十五点图，或指五十五点图。

那么河图究竟是四十五点图还是五十五点图呢？南宋期间的易学学者对此问题进行了一番争论。在《易数钩隐图》中刘牧将九宫图称为河图，五行生成图称为洛书，即认为四十五点图是河图而五十五点图是洛书。朱震于《周易卦图》中接受了刘牧的这种看法。但是蔡元定认为刘牧将河图与洛书恰好颠倒了，他将九宫图称为洛书，而将五行生成图称为河图，即认为四十五点图是洛书而五十五点图是河图。有可能是因为大学者朱熹支持蔡元定的看法，所以后代学者基本上都同意四十五点图是洛书而五十五点图是河图——从总体来看，这段历史还是有一种特别的意蕴颇为耐人寻味：由河图、洛书的命名之争可以发现，观点对立的双方并没有按照惯例引经据典地进行长时间的争论，相反却"很快地"对孰是孰非作出了最终判定，所以在参与讨论的各个学者的背后似乎还有一个民间的学术传统在时常产生影响，它在发现当时的学界存在某些出乎其意料的错误的时候可以及时发出纠正的力量并且很快获得普遍认可，而这个民间的学术传统应该也就是当时可以不断把业已"失传"的河图、洛书、太极图揭翻出来的那个学术"潜流"。

为了便于下文讨论的展开，这里排除掉"河图"的广义内涵，接受和延续由蔡元定到朱熹所代表的这种"河图"概念使用习惯，定义河图为五十五点图。

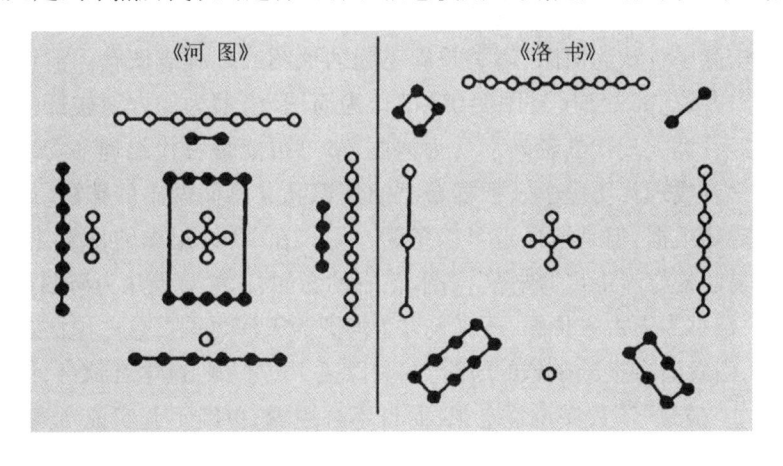

第二，承接河图的定义，兹定义洛书为四十五点图。

第三，因为经过上一节的讨论我们已经把八卦(盘)作为单独的一种阴阳图形表达而加以讨论，而且古今很多学者也不把太极图和八卦盘放在一起进行讨论，所以太极图完全可以独立出来，它是以阴阳双鱼相互涵容交感为内容的圆形图案，其周围所附加的八卦(或六十四卦)的环形图案仅仅是人为添加的说明，是可有可无的部分。如果一定要保留这种八卦(或六十四卦)的环形图案，那么就必须说明八卦(或六十四卦)与太极图之间的确切关联，显然这是一个很复杂的问题，需要专门的章节来进行讨论，而且这个问题也不是本节所要讨论的内容。所以在这里重新定义太极图为阴阳鱼图，不包括周边的八卦(或六十四卦)方位和配比解说。实际上经过长期的积累，关于太极图的图形已经越来越精细、越来越标准。比如，一个常见的标准太极图为：

做出以上三个定义的最大理由就是尽量尊重既有的学术传承和命名习惯。既然经过数百年的积淀，学界对这些问题基本上已经达成共识，那么无论如何这些成果已经成为我们展开后续研究的重要基础。

河图、洛书、太极图的内涵为何？对此古今学者有很多说法，下面对这些说法进行整理，以便梳理出研究思路。

南宋薛季宣认为河图、洛书是周王朝的地图或地理志图籍。清代黄宗羲《易学象数论》、胡渭《易图明辨》都认为河图、洛书为四方诸侯部落所进贡的图经一类。现代学者高亨认为河图、洛书可能是古代地理书。以上都是古代学者或现代历史学家根据自己的学识和灵感而做出的猜测，虽然没有什么确切根据，但是勉强也可以备为一说。在20世纪末的易学热潮中，多次有易学爱好者爆出"破译"河图、洛书的新闻，比如有人认为河图为上古气候图，洛书为上古方位图，还有人以为河图为天河之图。这些说法虽然烜赫一时，引发诸多报纸杂志的纷纷刊载，以至于路人侧目、学者惊奇，但是实际上这些"破译"不仅完全是空想，而且不合逻辑，更经不起实证考察，现在看来已经完全近乎一段笑料了。

河图、洛书两者又有什么关系呢？这个问题更加复杂，对此古今学者也有很多说法，下面试举其要。

汉代刘歆认为"河图洛书相为经纬"（《汉书·五行志》注）。就是说河图和洛书分别展示了阴阳大化的一方面内容，两者各有侧重；南宋朱熹、蔡元定认为"河图主全，故极于十；洛书主变，故极于九"。这里涉及了对"数"的理解，数字十有完备的意蕴，即通俗所谓十全十美，而数字九则有穷极生变的意蕴，即通俗所谓九九归一。以《周易》筮法来看，九是老阳，必须要转变为八。具体来说，所谓的"河图主全""洛书主变"都体现在哪里呢？朱熹认为"河图以五生数统五成数而同处于方，盖揭其全以示人而道其常，数之体也。洛书以五奇数统四偶数而各居其所，盖主于阳以统阴而肇其变，数之用也。"（《易学启蒙》）这里是以"五生数"复合"五成数"为十是"数之体"，而"五奇数"统御"四偶数"为九是"数之用"。体为全，用为变，变中有阴阳互化，这是朱熹对河图洛书的总体解释思路，称得上是非常精当。

朱熹还认为"河图象天圆，其数为三，为奇；洛书象地方，其数为二，为偶。"（《易学启蒙》）"天圆地方"是自古流传的一种说法，古今很多人都是从天体学或者天文学的角度来理解它，现今更有很多人根据地球的球体形状来彻底否定这种说法。河图和洛书无疑给我们提供了一条重新理解"天圆地方"之说的重要途径。根据朱熹的解说可以看出，"天圆地方"实际上是指河图和洛书而言，即以河图象天，为圆；以洛书象地，为方。具体来说，河图之象展示的是"天"之阴阳消息的运化规律，而洛书之象展示的是"地"之阴阳消息的运化规律。这里的"圆"和"方"分别是对"天"与"地"阴阳消息总体运化规律的一种形象描述，其与我们肉眼所观察到的天空和地球完全不是一个概念。

当然，在古今对河图洛书关系的诸多说法中，有一些内容很可能只是个人猜测和主观臆断，还有一些内容可以说是对古今易学思想的梳理和发展。比如，在朱熹之后，南宋学者蔡沉就提出了"河图体圆而用方，圣人以之而画卦；洛书体方而用圆，圣人以之而叙畴"这种看法，确实比较新颖。他还认为河图主象、洛书主数；河图主偶、洛书主奇；河图主静、洛书主动（《洪范皇极·内篇》）。其中的"河图体圆""洛书体方"这两种说法无疑是对朱熹相关见解的接受和支持，而所谓的"河图主象、洛书主数"等说法就很可疑，应该不是准确的解说。

朱熹"河图象天圆""洛书象地方"的说法无疑对后来的图书研究有很大的影响，但是过犹不及，对朱熹这种解说进行过多地发挥就很可能偏离了河图、洛书的基本含义。比如,清代万年淳以图之方圆论河图洛书,他认为,"河图外方而内圆","中十点作圆布","外四圈分布四方,为方形,十包五在内,仍然圆中藏方,方中藏圆,阴中有阳,阳中有阴之妙也。而十五居中,即洛书纵横皆十五之数,是又河图包裹洛书之象。河图点皆平铺,无两折,洛书亦然",而"洛书外圆而内方,圆者黑白共四十数,圆布精其外,包裹河图之象",所以"河图已具洛书之体,洛书实有运用河图之妙,因将图书奇偶方圆交互表之以图"(《易拇》)。这一方面是非常勉强地以方与圆分别解释河图、洛书,另一方面又比较牵强地把河图和洛书混同起来,很有过度解释的嫌疑。

受到时代风气影响,近代学者还从体用关系的角度对河图、洛书的关系进行论述,比如近代学者杭辛斋就认为:"河图为体而中有用,洛书为用而中有体","其实河图为体、洛书为用"。除了从体用关系的角度对河图、洛书的关系进行论述,杭辛斋还用传统易学的先天、后天概念来分析河图和洛书,他认为"河图即先天,洛书即后天。"在此基础上,杭辛斋认为"故图与书,相互表里,不能分割。"(《易楔》)显然,在这些论述中杭辛斋主要是提出观点,他并没有对河图、洛书的具体"体""用"内涵和功用做出具体论说。所谓的"河图即先天,洛书即后天"究竟是在什么意义上加以区分的呢? 如果说河图与洛书是互为表里的,那么在什么情况下河图是"表"而洛书是"里",又在什么情况下洛书是"表"而河图是"里"呢? 如果说河图与洛书是"不能分割"的,那么河图与洛书之间"由此及彼"和"由彼及此"的逻辑通道又在哪里呢? 即便如此,杭辛斋所提出的这些观点都给后人加深对河图与洛书的认识指明了研究方向,提供了可以参考的研究思路。

还有学者认为河图重"合",具有奇偶相配、阴阳互抱、生成相依的特点;洛书重"分",具有奇偶分离,生成异位的特点,两者一分一合,共同体现了对立统一、盛衰动静的辩证关系。以"合"与"分"作为对河图与洛书的辨析框架,虽然就细节而言这不失为一种可以借鉴的解说,但是"合"与"分"应该并不能够完全体现出河图与洛书的主旨。

经过以上梳理,虽然比较草率,但是我们可以大致得出这样一个结论:

以阴阳来辨析河图、洛书、太极图的基本内涵,这是最为合乎逻辑也最为合乎历史的一种研究思路。

再根据上节对八卦中的阴阳(思想)的讨论,不难得出这样一个推论:

河图以及洛书应该是对阴阳的两种图形表述。

下节将对此展开详细讨论。

二、河图、洛书、太极图中的阴阳

除了萧汉明之外,在古今学者之中还有江永等人坚持以合乎文献的推理作为考察河图洛书的基本方法。现代学者田合禄、田峰的研究则更进一步,非常明确地指出了河图、洛书与八卦之间的生成关系:"古人曰圣人则《河图》《洛书》画八卦的说法是正确的……圣人首先依《河图》生数成数分阴阳画出后天八卦次序图,然后依《河图》之纵横画出先天八卦次序图,最后以《洛书》列出先天八卦方位图。而与后天八卦方位图无关"。[①] 就是说,从河图可以推导出后天八卦次序图以及先天八卦次序图,而从洛书则可以推导出先天八卦方位图。以上是否就是古代圣人依据河图和洛书画制八卦的具体过程呢? 田合禄、田峰两位先生的研究无疑是向着这个问题的解答迈出了重要一步,非常值得重视,而只有在这种细密周翔的研究之后我们才能够找到最终答案。

在这里我们所关注的内容是,就道术思想而言,伏羲所创制的八卦与河图、洛书、太极图究竟有什么关系。下面将要着重说明太极图和河图、洛书都是对阴阳(思想)的某种图形表达方式,也就是要着重说明河图、洛书和太极图中的阴阳思想。

(一) 河图中的阴阳

首先,河图是由一系列的单独或连缀在一起的黑点和白点组成,其中的黑点和白点明显区分出了两种不同的构成成分,而按照一般的理解,黑点表示"阴",白点表示"阳",这也就是说作为一个图形,河图首先说明的是"阴阳相辅相成而构成一个整体"这样一个意义。

其次,经过观察可以发现,在组成河图的十组单独或连缀在一起的黑点和白点之中,奇数位必然使用白点表示,偶数位必然使用黑点表示,所以1、2、3、4、5、6、7、8、9、10 的数字顺序排列实际上被分为两组,一组是白点表示的奇数1、3、5、7、9,另一组是黑点表示的偶数2、4、6、8、10。这样看来,1、2、3、4、5、6、7、8、9、10 的数字顺序排列表达出"阴生阳,阳生阴"这样一个循环往复的过程。

再次,河图是由按照1、2、3、4、5、6、7、8、9、10 的数字顺序排列的十组单独或连缀在一起的黑点和白点组成,而按照1、2、3、4、5、6、7、8、9、10 这种数字顺序排列所展示的上、下、左、右与中间的逻辑关系就是河图的核心内容。

---

① 田合禄、田峰:《中国古代历法解谜》,太原:山西科学技术出版社1999年版,第535—545页。

当然，这里的上、下、左、右与中间只是就图形而言，后人一般以下北、上南、左东、右西与中宫称之。

与河图紧密相关的是《易经·系辞上传》的这一段话：

> 天一地二，天三地四，天五地六，天七地八，天九地十。天数五，地数五，五位相得而各有合。天数二十有五，地数三十，凡天地之数，五十有五，此所以成变化而行鬼神也。

两相对比之后再仔细揣摩就可以发现，河图的核心内容，或者说按照1、2、3、4、5、6、7、8、9、10这种数字顺序排列所展示的上、下、左、右与中间的逻辑关系，其实在《易经·系辞上传》的这一段话之中并没有被触及。或者说，仅仅根据《易经·系辞上传》中的这一段话并不能够推导出河图的具体内容。反过来看，只要知道了河图的具体内涵，再来推导《易经·系辞上传》中的这一段话，这反而是轻而易举的事情。所以，胡渭等清代学者根据《易经·系辞上传》中的这一段话来怀疑河图是宋代学者所伪造，这恐怕是缺乏证据的臆测了。

根据《易经·系辞上传》中的这一段话，白点表示的奇数1、3、5、7、9为阳，所以可以称之为天数，而黑点表示的偶数2、4、6、8、10为阴，所以可以称之为地数。值得注意的是，1、3、5、7、9五个奇数或天数与2、4、6、8、10五个偶数或地数是阴阳配对的，即1与6相配而同位，2与7相配而同位，3与8相配而同位，4与9相配而同位，5与10相配而同位，这可以说是对"阴生阳，阳生阴"的一种深层次表达，其中有阴阳共存互化的意蕴在。如果按照传统把1、2、3、4、5命名为生数，并将其视作阴阳在五个位置的第一次循环的话，那么6、7、8、9、10这五个成数就是阴阳在五个位置的第二次循环。这两次阴阳循环又互为阴阳，即在每一个位置上都发生了阴阳转化和阴阳共存，进而把阴阳思想全面彻底地、同时又是简明而直接地展现在这十组黑点和白点之中。

经过以上讨论可以知道，河图得到古今很多学者的推重，称其展示了阴阳妙理，这显然有非常充分的理由。

（二）洛书中的阴阳

首先，洛书是由一系列的单独或连缀在一起的黑点和白点组成，其中的黑点和白点明显区分出了两种不同的构成成分，而按照一般的理解，黑点表示"阴"，白点表示"阳"，这也就是说作为一个图形，洛书首先说明的是"阴阳相辅相成而构成一个整体"这样一个意义。

其次，经过观察可以发现，在组成洛书的九组单独或连缀在一起的黑点和白点之中，奇数位必然使用白点表示，偶数位必然使用黑点表示，所以1、2、3、4、5、6、7、8、9的数字顺序排列实际上被分为两组，一组是白点表示的奇数1、3、5、7、9，另一组是黑点表示的偶数2、4、6、8。这样看来，1、2、3、4、5、6、7、8、9的数字顺序排列实际上很明显地表达出"阴生阳，阳生阴"这样一个循环往复的过程。

再次，洛书是由按照1、2、3、4、5、6、7、8、9的数字顺序排列的九组单独或连缀在一起的黑点和白点组成，而按照1、2、3、4、5、6、7、8、9这种数字顺序排列所展示的八方方位与中宫的逻辑关系就是洛书的核心内容。

八方方位再加上中宫一共是九个位置，后代学者一般称之为"九宫"。由于凡是说到"九宫"就往往会涉及八方方位与中宫的逻辑关系，所以在传统学术之中一般也把洛书所揭示的八方方位与中宫的逻辑关系称之为九宫。

如果按照数学的角度来看，由1到9排列而成的九格正方形，无论是横、是竖、还是斜，但凡所涉及的三个数相加之和必定都是15。所以有学者认为洛书没有什么特别的内涵，仅仅就是数学上一个最简单的幻方而已：三阶幻方是最简单的幻方，又叫九宫格。而现代数学上的幻方有很多种，可以分为完全幻方、乘幻方、高次幻方、反幻方等，相关研究已经取得了很多研究成果。

但是这种"九宫格"实际上是对洛书的简化处理，洛书的内涵有超出"九宫格"的内容。一方面，"九宫格"保留了洛书的重要数理特征，即横、竖、斜的三个数相加之和为15，这体现了洛书的整体均衡特征，可以看作洛书对阴阳整体均衡思想的独特表达；另一方面，"九宫格"意味着把洛书之中隐含着阴阳转化思想的黑白点简单理解为数字，这实际上偏离了洛书的主题。所以把洛书简单理解为"九宫格"是不恰当的，洛书有大大超出数字游戏的意蕴在。

简单地讲，洛书同河图一样，都是上古时期的重要道术成就，也是用途广泛的"时空模型"。这里所谓的"时空模型"是中国传统思想文化中非常独特的一种理论模型，它把时间与空间结合在一起进行整体考量，这种时空观与西方近现代科学之中把时间与空间当作两个彼此隔离的物理量来处理的方法截然不同，却与当代场论颇有相通之处。

（三）太极图中的阴阳

首先，太极图是由一黑一白两个呈逆时针方向旋转（或呈顺时针方向旋转）的圆头尖尾、头尾相连的鱼状图形组成的一个圆图，其中的"黑鱼"和

"白鱼"明显区分出了两种不同的构成成分。按照一般的理解,在太极图中"黑鱼"表示"阴","白鱼"表示"阳"。这也就是说作为一个图形,太极图首先说明的是"阴阳相辅相成而构成一个整体"这样一个意义。比如,阴阳同体、阴阳相对与相交、阴阳对待与统一等很多理念都可以从太极图中解读出来。

其次,互相追尾而呈现螺旋运动的"黑鱼"和"白鱼"鲜明地表达出"阴生阳,阳生阴"这样一个循环往复的过程,其把阴阳交互作用、阴阳相互转化、阴阳互根互动表现得非常生动。

再次,"黑鱼"有"鱼眼"为白色,"白鱼"有"鱼眼"为黑色,这生动地表达出"阴中有阳,阳中有阴""阴极生阳,阳极生阴"的阴阳变化奥秘。

较之于河图和洛书,阴阳在太极图中表达得更加直观,更加生动。但是河图和洛书着力于用数字表达阴阳,具有丰富的"数"的内涵,而太极图则是纯粹的图形,是对阴阳之"象"的总体描摹。

关于河图、洛书、太极图三者之间的关系问题,这无疑是一个很大也很复杂的研究课题,现在所掌握的历史材料很可能是不足以为这个研究课题提供支持的。当然,这并不妨碍通过纯粹的理论研究或逻辑推理来讨论这个问题。比如,束景南就认为,之所以当年只有河图和洛书流传而没有让太极图也一并流传于世,是因为八分的"河图"与九宫的"洛书"本已包含了这张图,三图本为一图。① 这种说法很有见地,但是也有一些问题。因为从直观来看,阴阳鱼太极图和河图、洛书三者之间的差异是很明显的,那么在什么意义上才可以说"三图本为一图"呢?严格来说,必须通过详细地证明和推理过程才能够说明在阴阳鱼太极图和河图、洛书三者之中可以从某一个推导出另外两个,或者是从某两个推导出另外一个,也只有在这样繁复的证明过程之后才可以说"三图本为一图"。只有在此之后,束景南的观点才能够被完全证实。比较棘手的是,在这个过程中我们必须对太极图和河图、洛书三者进行充分解读,而所解读出来的内容究竟有多少是贴切于上古先人的理解呢?必须避免现代思想对这些图形的过度解读,其中的尺度松紧委实不是一个容易把握的界限。当然如果仅就阴阳而言,河图、洛书、太极图都是对阴阳所进行的图形表达,三种表达各有侧重,在具体应用中呈现出不同的内涵特征。

---

① 参见束景南:《中华太极图与太极文化》,苏州:苏州大学出版社1994年版,第20页。

第三章　人体之阴阳：五帝时代的道术思想

五帝时代《史记》确有所载，而且得到考古发现的不断证实，其两相对照之态势，正如苏秉琦所言："当我们提出，从华山脚下延伸到大凌河流域和河套地区，再南下到晋南，这一古文化活动交流的路线时，我们并没有引《五帝本纪》，但却与《史记》记载相同，我们是从考古学角度提出自己的观点，再去对照历史传说，就可以相互印证，这不是生搬硬套的比附，而是有机的结合。多少年来梦寐以求的历史与考古的结合终于找到了一条理想的通路。"[①]

古有仓颉造字之说，所以五帝时代已经是文字时代，道术因而得到了广泛的传播，给后人留下了很多历史资料，而这些历史资料常常被现代学者视作传说，进而彻底否定其意义与价值。但是"传说之中，亦往往有史实为之素地，二者不易区别，此世界各国之所同也。"[②]比如，《国语·鲁语》有"有虞氏禘（禘，一种重大祭祀）黄帝而祖颛顼，郊（郊祭祭天，这里指重大祭祀）尧而宗舜。夏后禘黄帝而祖颛顼，郊鲧而宗禹。商人禘舜（此处应为'喾'，误作'舜'）而祖契，郊冥而宗汤。周人禘喾而郊稷，祖文王而宗武王"。与之对照的，《礼记·祭法篇》有"有虞氏禘黄帝而郊喾，祖颛顼而宗尧。夏后氏亦禘黄帝而郊鲧，祖颛顼而宗禹。殷人禘喾而郊冥，祖契而宗汤。周人禘喾而郊稷，祖文王而宗武王。"因为古人祭祀有"神不歆非类，民不祀非族"（《左传》僖公十年）或"鬼神非其族类，不歆其祀"（僖公三十一年）的祭祀传统，所以其所祭祀的"主神"必然是列祖列宗而不可能是没有任何血缘关系的其他人或者虚拟人物。因此在中国古人这些沿袭数百年乃至数千年的祭祀祖先的活动中，不难发现历史演化中的宝贵线索，进而推断出汉以前人们普遍相信的黄帝、颛顼、帝喾三人为华族祖先，这应当是事实。

[①]　郭大顺：《苏秉琦：告别一烛独照，看见满天星斗》，《光明日报》2020年11月2日。
[②]　王国维：《古史新证》，北京：清华大学出版社1996年版，第1页。

五帝时代是"天下为公"的时代，称之为原始共产主义也未为不可。在"公天下"的时代，大公无私成为一种普遍价值和广泛自觉，人们推举德行厚重、道术精深之人为官为君，而道术思想也就是官学或君主之学。

黄帝是五帝时代的中心人物，在诸多师友的帮助下，他的道术研究取得了很大成就，进而成为五帝时代最具有代表性的道术研究者。在此一时期，五行产生并流传开来，这是继阴阳之后又一个伟大的道术成就。阴阳和五行在中医中的系统应用，不仅使得中医学具有浓厚的道术内涵，而且使得中医成为道术实践的一个突出领域。

第一节 黄帝的道术思想

《黄帝内经》《庄子》《列子》等古代典籍之中保存了很多关于黄帝道术思想的研究资料，但是由于疑古思潮等原因，这些关于黄帝思想的历史资料迟迟没有被恰当地梳理，更没有被给予足够的尊重，需要我们以实事求是的科学精神来进行认真考察。

一、黄帝与《黄帝内经》

作为一个历史人物，黄帝的生平事迹主要记载在《史记·五帝本纪》，而若要论述其思想，则必须首先对《黄帝内经》进行考辨。

（一）黄帝其人及其时代

根据《史记·五帝本纪》可以知道，黄帝姓公孙，名曰轩辕，所以他也被后人称为"轩辕黄帝"。首先值得注意的是，《五帝本纪》中关于黄帝生平的具体记载是"生而神灵，弱而能言，幼而徇齐，长而敦敏，成而聪明。"其中的"成而聪明"应该稍有错讹，因为《黄帝内经·素问·上古天真论》把黄帝的生平行状描述为"昔在黄帝，生而神灵，弱而能言，幼而为齐，长而敦敏，成而登天。"两者之所以旨趣迥异，其中的关键就是：黄帝是"成而聪明"还是"成而登天"。如果说是"成而聪明"，那么幼年虽然奇异不凡的黄帝的一生归根结底与常人并没有太大的差别，耳聪目明而已，但如果是"成而登天"，那么就需要以道术为中心对黄帝的一生进行重新解读。具体来说，"成而聪明"是说黄帝成人之后耳聪目明乃至于"闻见明辨"，[1]这也就是一般的聪慧之人或者是一般帝王的生命状态。但是如果黄帝的一生终结为"成而登

---

[1] ［汉］司马迁：《史记》，北京：中华书局2011年版，第3页。

天",那么就是说黄帝成年之后道术大成,已经达到了一个常人难以想象的生命境界,姑妄可以称之为"登天"。按照《庄子·大宗师》中的话语来看,《黄帝内经·素问·上古天真论》所谓的黄帝"登天"也就是"以登云天",实际上等同于"得道":

> 夫道有情有信,无为无形;可传而不可受,可得而不可见;自本自根,未有天地,自古以固存;神鬼神帝,生天生地;在太极之先而不为高,在六极之下而不为深,先天地生而不为久,长于上古而不为老。……伏戏氏得之,以袭气母;……黄帝得之,以登云天……

进一步对比《史记》与《黄帝内经》之中这两段关于黄帝生平的记载可以发现,"徇齐"与"为齐"可以互见,而从文句的整体态势来看,从"生而神灵,弱而能言"到"幼而为齐,长而敦敏",说的都是黄帝卓越超拔之事,赞颂黄帝奇异不凡的能力和状态,而"成而聪明"显然悖逆了这一大势,浩荡文气为之全消,所以这里还是以黄帝"成而登天"最为合适,名之为不可或缺的点睛之笔可矣。就这一点来看,《黄帝内经》胜过《史记》。

轩辕黄帝之时,神农氏已经衰落,原有的各个部落之间的秩序大乱,"于是轩辕乃习用干戈,以征不享,诸侯咸来宾从。"黄帝先后打败了炎帝和蚩尤,其"修德振兵"的具体措施是"治五气,蓺五种,抚万民,度四方,教熊、罴、貔、貅、䝙、虎"。至于其中"治五气"的"五气"为何,有学者认为是"五行之气"。① 这种看法很值得重视。如果认定这里的"五气"就是指五行或者"五行之气",那么司马迁为什么不直接使用"五行"这一称谓呢?如果说黄帝时期五行思想已经产生,那么"五气"就应该是五行的一种早期称谓。这里所谓的"治"是整治、治理,比如下文就有黄帝"举风后、力牧、常先、大鸿以治民",而治理意义上的"治"与"五行"搭配起来就有了参赞万物化育的意蕴。黄帝时期已经有了"五行"思想,这是本研究的一个基本判断,对此下文将会进一步展开讨论。

黄帝先征服炎帝,再荡平蚩尤,被诸侯推举"为天子"。这里的"天子"是尊称,并从此使得"天子"一词具有了政治意义,而"天子"的另一个解释是保存天真之人,即"知万物者,谓之天子"(《素问·宝命全形论篇第二十五》),而这种含义具有浓厚的道术思想背景,应该是一种更加原始的含义。

在以最高统治者的身份巡游天下之外,黄帝还做了很多文化制度方面

---

① [汉]司马迁:《史记》,北京:中华书局2011年版,第4页。

的建设,即"顺天地之纪,幽明之占,死生之说,存亡之难。时播百谷草木,淳化鸟兽虫蛾,旁罗日月星辰水波土石金玉,劳勤心力耳目,节用水火材物。"黄帝的这些功业事迹被代代传颂,以至于其是人还是神在孔子之时就已经有人弄不清楚了,比如《大戴礼记·五帝德》就记载着关于黄帝的一段问答,其中孔子对黄帝"是人还是神"的疑问做出了澄清:

> 宰我问于孔子曰:"予闻荣伊曰黄帝三百年。请问黄帝者人耶?何以至三百年?"孔子曰:"劳勤心力耳目,节用木火财物,生而民得其利百年,死而民畏其神百年,亡而民用其教百年,故曰三百年也。"

根据孔子的解释,所谓的"黄帝三百年"是指黄帝对世人直接发生了"生"一百年、"死"一百年、"亡"一百年共计三百年的影响,即"生而民得其利百年,死而民畏其神百年,亡而民用其教百年,故曰三百年也。"足以与之对照的史料是关于颛顼和帝喾的记载。

颛顼是黄帝孙子,在帝位长达七十八年,其执政理念是"至道不可过也。至义不可易也。是故以后者复迹也。故上缘黄帝之道而行之,学黄帝之道而赏之,加而弗损,天下亦平也。"(贾谊《新书·修正语》上)其推举黄帝之道为至道,完全遵守而奉行,其执政的七十八年就对应着黄帝之"死"一百年。而帝喾是黄帝的曾孙,在位七十年,其执政理念是"缘道者之辞,而与为道已。缘巧者之事,而学当作与为巧已。行仁者之操,而与为仁已。故节仁之器以修其躬,而身专其美矣。故上缘黄帝之道而明之,学颛顼之道而行之,而天下亦平也。"(贾谊《新书·修政语》上)他"上缘黄帝之道",再跟从学习实践颛顼之道,概况来说是"为道",实际上也是以黄帝之道为旨圭,其执政的七十年就对应着黄帝之"亡"一百年。

可见孔子所谓的黄帝对世人直接发生了"生"一百年、"死"一百年、"亡"一百年共计三百年的影响并非虚言。

所谓的"劳勤心力耳目,节用木火财物"是孔子对黄帝功业的概括,其与上文所引《史记》中的记载相同,只不过是截取最后一段而已,可以推断其为"民用其教"的主要内容。至于所谓的"劳勤心力耳目,节用木火财物"是否就足以概括黄帝的思想,下节将对此进行专门讨论。此外,对比之后可以看出《史记》对黄帝功业的叙述虽然更加全面,但是重点并不突出,其对黄帝本人的道术思想也没有加以重点阐述,而所谓的"顺天地之纪,幽明之占,死生之说,存亡之难"的关键是一个"顺"字,其对于我们理解黄帝的道术思想并没有太大帮助,所以下节对黄帝思想的讨论都是以《黄帝内经》为主要依据。

现在看来,黄帝之所以能够开辟出三百年的社会文化蓬勃发展之大势,这与其诸多师友的共同努力是分不开的,而黄帝时期的很多发明创制,有些是黄帝亲力亲为,比如水井、舟车、弓矢、房屋、衣裳等,但是更有很多创制发明都是他身边的贤臣能士所完成的:比如,隶首作数,定度量衡之制(这一点很重要,下文还会提及);风后衍握奇图,始制阵法;伶伦取谷之竹以作箫管,定五音十二律;元妃嫘祖始养蚕制丝;仓颉创制文字,具六书之法,等等。

基于这些上古时期的发明创制,《易传·系辞》提出了著名的"观象制器"(或曰"制器尚象")之说,即

> (包羲氏)作结绳而为网罟,以佃以渔,盖取诸《离》。包牺氏没,神农氏作,斫木为耜,揉木为耒,耒耨之利,以教天下,盖取诸《益》。日中为市,致天下之民,聚天下之货,交易而退,各得其所,盖取诸《噬嗑卦》。神农氏没,……黄帝、尧、舜垂衣裳而天下治,盖取诸《乾》《坤》。刳木为舟,剡木为楫,舟楫之利,以济不通,致远以利天下,盖取诸《涣》。服牛乘马,引重致远,以利天下,盖取诸《随》。重门击柝,以待暴客,盖取诸《豫》。断木为杵,掘地为臼,臼杵之利,万民以济,盖取诸《小过》。弦木为弧,剡木为矢,弧矢之利,以威天下,盖取诸《睽》。上古穴居而野处,后世圣人易之以宫室,上栋下宇,以待风雨,盖取诸《大壮》。古之葬者,厚衣之以薪,葬之中野,不封不树,丧期无数,后世圣人易之以棺椁,盖取诸《大过》。上古结绳而治,后世圣人易之以书契,百以治,万民以察,盖取诸《夬》。

在包羲氏和神农氏之后,"观象制器"的主要人物已经转换为黄帝、尧、舜,这也只能使得"观象制器"之说的说服力显得更加勉强。实际上"观象制器"之说虽然把衣裳、舟楫、服牛乘马、臼杵、弧矢、房屋、棺椁、书契这些创制发明都追溯到了黄帝、尧、舜时代,但是这只是对《史记》以及其他史籍相关记载的引述或确认,就"观象制器"本身而言其仍然是一个没有任何根据的猜测和附会。文中多次出现的"盖"字就是在反复强调作者的这种臆测语气,其中依次列举的十一个"观象制器"的例子也经不起逻辑或实证的任何考察。就根本而言,这个"观象制器"的说法是承接上文关于伏羲画卦的系列想象而来,即在"古者包羲氏之王天下也,仰则观象于天,俯则观法于地,观鸟兽之文,与地之宜,近取诸身,远取诸物,于是始作八卦,以通神明之德,以类万物之情"这一番推测之后,《系辞》此段文字的作者进一步展开想象的翅膀,在器物发明的历史上对八卦和六十四卦的伟大意义进行联想和发

挥。可以看出，此段文字的作者虽然可能是一位饱学之士，但是他并不能够把握八卦和六十四卦的真正意义，也不能够准确理解伏羲画八卦的道术内涵。

有趣的是，顾颉刚早年曾经对此说痛加贬斥，认为所谓"盖取诸某卦"（创造某种事物取象于某一卦形）是"穿凿附会之说"，是"万万不可能的事"。顾颉刚指出："创造一件东西，固然是要观象，但这个象乃是自然界之象而非八卦之象。例如，看了一块木头浮在水面，从此想下去，自然可以想出造船；至于卦象，则仅木在水上耳，并没有表示其不沉的德性，如何可以想出造船来呢？如系辞传所言，看了'巽（木）上坎（水）下'的'涣（卦）'会造出木头船，为什么看了'乾（金）上坎（水）下'的'讼（卦）'想不出造铁甲船？为什么看了'离（火）上坎（水）下'的'未济（卦）'想不出造汽船？又为什么看了'离（电）上坤（地）下'的'晋（卦）'想不出造无线电……"①顾颉刚对"观象制器"之说的批驳可谓深刻，堪称入木三分，然而胡适"出乎意料"的反对意见却使他大感不解。胡适的批评很尖锐，语气严厉非常：

> 观象制器是一种文化起源的学说。所谓观象，只是象而已，并不专指卦象。卦象只是物象的符号，见物而起意象，触类而长之。顾的驳斥太不依据历史上器物发明的程序，乃责数千年前人见了火上水下的卦象何以不发明汽船，似非史学家应取的态度。瓦特见水壶盖冲动，乃想到蒸汽之力，此是观象制器。牛顿见苹果坠地，乃想到万有引力，同是有象而后有制作。虽然观象制器不能完全解释历史的文化，但也不应当完全否定。②

今日看来，当时同顾颉刚一样大力主张疑古的胡适也有过于保守之时，其所说的"象"泛指自然现象，所论已经远远偏离了《系辞》中所谓的具体六十四卦卦象，因而其对顾颉刚的批评是没有道理的，也不合逻辑。

总之，"观象制器"之说对于追溯黄帝思想或黄帝时代的思想而言是没有意义的，顾颉刚认为其是"穿凿附会之说"，正是恰如其分——此一论断虽然当时曾经遭受到胡适的否定，顾颉刚对此表示大感不解，但是现在看来胡适当时的"信古"终究还是"又"过头了一点，"观象制器"之说既缺乏史籍的证明，也经不起逻辑验证，当然可以彻底否定掉。

---

① 蔡尚思主编：《十家论易》，《〈周易卦爻辞〉中的故事》，长沙：岳麓书社1993年版，第95页。
② 胡适：《论观象制器的学说书》，《古史辨》第三册，上海：上海古籍出版社1982年版，第85页。

就上古道术思想史而言，黄帝是一位承前启后、开创新篇的重要人物，而他的道术思想则散见于先秦典籍之中。作为传世的一部以"黄帝"为名的重要典籍，《黄帝内经》长期被低估，以至于完全被当作汉代文献来看待，这非常不合理。所以如果要考辨黄帝道术思想，《黄帝内经》就最为重要，其考辨自然是首当其冲。

（二）《黄帝内经》考

本节讨论《黄帝内经》两个方面的问题，第一是《黄帝内经》的历史渊源，即要说明《黄帝内经》是源于黄帝时代的医学文献；第二是《黄帝内经》的主要内容，即要说明《黄帝内经》的主要内容是道术思想统摄下的医学研究著作。

第一，《黄帝内经》是源于黄帝时代的医学文献。

根据医学文献学专家张灿玾的研究，"关于《黄帝内经》的成书年代，无疑是一个比较复杂的问题"，"有关该书之成书年代大致有以下几种说法"：

第一种说法，《黄帝内经》"为黄帝与岐伯等君臣问答之作"，以晋代皇甫谧、杨玄操，宋代林亿、郑樵等学者的观点为代表。

第二种说法，《黄帝内经》"成书于先秦说"，以宋代邵雍、程颢、司马光、朱熹等著名学者的观点为代表。

第三种说法，《黄帝内经》"成书于汉代说"，以明代顾从德、郎瑛等学者的观点为代表。

第四种说法，《黄帝内经》"非成于一时一人之手"。元明间人戴良《九灵山房集·沧州翁传》引吕复曰："《内经素问》，世称黄帝、岐伯问答之书，乃观其旨意，殆非一时之言；其所撰述，亦非一人之手。刘向指为韩诸公子所著，程子谓出于战国之末。而其大略，正如《礼记》之萃于汉儒，而与孔子、子思之言并传也。"

张灿玾对"非成于一时一人之手"的这种观点最为赞同，即《黄帝内经》一书的取材虽然远达先秦，但是其并非出于一时一人之手，而最终成书于汉代。

第五种说法，"近代研究情况"表明，《黄帝内经》的成书年代"约为三种，即成书于先秦时期、成书于西汉时期、成书于东汉时期。"[1]

因为经过长时间的流传、整理和修改，先秦古籍的成书年代可以比较晚，但是其中所收录的历史材料却可以追溯久远。而且先秦典籍往往是一家一派的资料总集，虽然经过后人长时间的整理和补充，但是其核心内容却

---

[1] 张灿玾：《黄帝内经文献研究》，上海：上海中医药大学出版社2005年版，第9—12页。

可以视作核心人物的思想材料，足以信据。这都是关于先秦古书的通例和常识。上文中吕复以《礼记》为证，其实这样的例子还有很多，比如《易传》《庄子》《列子》等，都有论文集或资料汇编的性质。①《黄帝内经》也是这样，它是从黄帝时期开始一直到汉代的医学文献和医学思想的汇编和总结，其中有从黄帝时期传承下来的思想资料——这应该是其主要内容——其中也有春秋战国时期医家的论述，最后经过汉代学者的全面整理和大面积改写才最终成书。所以先秦古籍的创作、整理、流传情况往往非常复杂，不能够根据其最晚的成书年代或最晚出现的文字内容、文句特征来判断其全部思想内容的年代。仅就两千年前《黄帝内经》的流传情况而言，汉代的《黄帝内经》是否就如今本《黄帝内经》那样分为《素问》《灵枢》两个部分呢？时至今日这仍然是一个纷繁复杂的问题。如果因为《黄帝内经》是黄帝与岐伯等君臣的问答就将全书都信以为是黄帝时期的真实言语，这诚然是轻信盲从，那么相反的，如果据此认为全书一丝一毫也没有黄帝时期的思想资料，这也是轻（不）信盲（不）从，一样是不可取的。所以就《黄帝内经》中的黄帝言语而言，只要本着谨慎的态度，在相关历史材料的支持下，还是可以解析出一些关于黄帝思想的历史材料的。这是本研究对于《黄帝内经》文献处理的基本方法。

进一步来看，"成书于先秦说"将《黄帝内经》认定为先秦典籍，这只是一种比较保守和宽泛的说法。实际上就思想内容而言，《黄帝内经》的价值和意义已经远远超出了医学专著的范围：《黄帝内经》是上古道术思想的巨著，非通晓上古道术的圣贤大智不能为之，将其作者追溯为黄帝倒也未尝不可。

古籍的思想渊源和成书年代是两个概念，需要认真加以区分。思想渊源是古书材料的思想来源，是穷究其历史源头，而成书年代则是根据现今所存文本推测其最后写定的历史时期。因为中国历史的源远流长，所以一本古籍的思想渊源和成书年代可以相差几百年甚至上千年，《黄帝内经》与《周易》经传就是两个非常典型的例子。

具体来说，比如，认为《黄帝内经》成书时代是战国时期的古代学者主要有宋代的邵雍、程颢、司马光、朱熹，明代的桑悦、方以智、方孝孺，清代魏荔彤等，其主要理由并不足以令人信服：

第一条理由，将《黄帝内经·素问》与同样是战国时代的《周礼》相比较，有许多相同之处，足以充分证明两书是同一时代、同一思想体系的作品。

---

① 关于《庄子》和《易传》以及《列子》成书情况的详细讨论，可参阅上文相关章节。

现在看来这种看法应该是不成立的,因为近些年来的文献学研究已经证明《周礼》大部分内容都是对西周制度的可靠记载,而且《周礼》与《黄帝内经》具有不同的思想指向和文本主题。

第二条理由,《史记·扁鹊传》中有关医理的内容与《黄帝内经·素问》的内容相类似,但却朴素、原始得多,而《史记·仓公列传》中有关医理的内容却比《黄帝内经·素问》有所进步,由此推断,《黄帝内经》应当是扁鹊时代以后、仓公时代之前的作品,也就是战国时代的作品。这种看法是根据思想演进由简单到复杂的逻辑链条推导而来,似乎很有道理,其实则大谬不然。司马迁不是医史专家,《史记》是简要记载人物生平的史书,其不可能对当时的医理病理等学说做专门阐述和详细说明,仅仅根据《史记》与《黄帝内经》一小部分内容乃至于几句话的对比分析就对《黄帝内经》全书的思想归属做判断,这是典型的一叶障目。

再比如,认为《黄帝内经》成书时代是西汉时期的古今学者主要有明代郎瑛、现代中医学专家刘长林、吴文鼎等人,其主要理由也不足以令人信从:

其一,依据夏禹时仪狄造酒的传说,判断《黄帝内经》内容晚出。关于酒的发明,古籍有多种记载。但是就考古发现而言,"我国新石器时代早期人类日常生活中使用的各种器皿,其中就包括饮酒的器皿","古代人类进入原始农业时期,即有条件进行谷物酿酒,并且已掌握了酿酒的简单技能。"①浙江桥头距今9 000年的装酒器皿的出土为此提供了强有力的证据。考古研究人员认为,浙江义乌桥头遗址之中的陶罐里面装的很可能就是酒,所以在神农时期中国古人很可能就会酿酒了,黄帝时期更是不在话下。

其二,《黄帝内经》全书约计20万字,这在2 000多年前可以说是一部巨著,而编著这样的医籍需要有一个安定的社会环境,需要花费巨大的人力、物力,这在战事连年、七雄割据的战国时代是不可能办到的,所以只有在西汉时期,随着政治的稳定和经济的发展,才为医学家编著典籍提供了现实的条件。首先这是把古今的思想渊源和成书年代混为一谈了,最早的《黄帝内经》当然不必有20万字;其次,黄帝时期是很多古代学者所认定的盛世,黄帝是这个繁荣盛世的创立者和统治者,如果是这样的话,其就完全能够提供一个安定繁荣的社会环境和各个方面的优秀人才,以及撰作这部伟大作品所需要的巨大人力、物力。

其三,一些学者根据西汉初期淮南王刘安组织门客编撰的《淮南子·修务训》中的"世俗人多尊古而贱今,故为道者必记之神农、黄帝而后能入说"

---

① 李仰松:《我国谷物酿造起源新论》,《考古》1993年第6期,第6页。

来否定《黄帝内经》的先秦典籍地位，即认为其中的黄帝和岐伯等人都是汉代学者所作的伪托或虚设。此外，还有一些学者认为《黄帝内经》在书名和思想内容上与"黄老学派"有密切联系，这也为《黄帝内经》只有在西汉"黄老学派"鼎盛时期才能成书提供了佐证。这里实际上涉及了两个问题，一是如何理解《淮南子·修务训》中的这句话，二是如何理解西汉时期的"黄老学派"。

《淮南子》是淮南王刘安组织众多门客一起编写而成，针对当时"尊古而贱今"的社会风尚，《修务训》批评当时的一些"为道者"假托神农、黄帝之言而发表议论。但是，并没有证据证明《修务训》的批评是针对《黄帝内经》而发，而且《修务训》的批评对于《黄帝内经》来说似乎也不适用。首先，在西汉时期"为道者"和医者已经被区分开来，严格来讲，作为医书，《黄帝内经》应该不在《修务训》"为道者"所论之列。其次，尽管有《修务训》的批评，《淮南子》还是多次"引述"了神农、黄帝的治理措施和具体言论，而《淮南子》恰恰是"为道"之书。再次，汉代伪书多有，而《黄帝内经》在先秦已经存在，其应该不是《修务训》所批评的对象。最后，《黄帝内经》根本就没有提及神农，也没有引述神农之言。

西汉时期的"黄老学派"是先秦道家在西汉时期的自然延伸，而《黄帝内经》之中的道术思想是先秦时期老子和庄子思想的重要源头，所以虽然《黄帝内经》在书名和思想内容上与"黄老学派"具有密切联系，但是如果认为《黄帝内经》只有在西汉"黄老学派"鼎盛时期才能够出现并成书，这实际上就是本末倒置了。笔者希望能够在后续著作之中对此问题进行讨论，具体细节在这里就不做展开了。

总体而言，《黄帝内经》虽然起源于黄帝时期，但是它并不是完成于短时间内，而是经过后人不断补充和编纂并跨越了一个很长的时间段才最终集结而成。

此外，1973年长沙马王堆的帛书《足臂十一脉灸经》只记载了十一条经脉，比《黄帝内经》之中的十二经脉少了一条。有学者据此认为，先有《足臂十一脉灸经》，后有《黄帝内经》，或者说《黄帝内经》之中的十二经脉之说是由《足臂十一脉灸经》之中的十一经脉之说衍化而来的。这种说法很可能也是本末倒置，因为《足臂十一脉灸经》应该是从关于十二经脉的论著之中摘抄而来的一个缩略本，部分摘抄原书在古书流传之中是很常见的一种情况，比如，郭店出土《老子》的几个版本之中就有摘抄本。

当然，不能否认《灵枢》中的个别篇章或语句很可能是晚出的，比如《阴阳系日月篇》有"寅者，正月之生阳也"句，有学者由此推断这个文句很可能形成于汉武帝太初元年(前100年)颁布太初历之后。此外,还有一些问题值得追问,比如,《素问》中的一些篇章用干支纪年,而一般认为广泛采用干支纪年是东汉之事。那么在黄帝时期是否已经采用干支纪年了呢?虽然没有实物证据,但是因为黄帝时期很可能已经出现了甲子,即史书所记载的大桡作甲子,所以采用干支纪年当时应该已经出现。再比如,在历史上《素问》第七卷亡佚已久,唐代王冰据其先师张公秘本补入《天元纪大论》《五运行大论》《六微旨大论》《气交变大论》《五常政大论》《六元正纪大论》和《至真要大论》,这引起后人的许多纷争。有人认为,这七卷实际上不是《素问》而是另一部医书《阴阳大论》,不知根据何在;还有学者仅仅因为其中使用甲子纪年,就断定其必在东汉汉章帝元和二年(公元85年)颁布四分历之后,这似乎过于武断;而这七卷之中的部分内容曾经被张仲景撰写《伤寒杂病论》时所引用,因此推断其产生一定在张仲景之先,那么张仲景所见到的究竟是《阴阳大论》还是《黄帝内经》呢?比较中允的看法是,唐代王冰补入《素问》散佚篇章应该是有所依据,不能轻易否定其合理性。

赵恩语(1938—2016)对《黄帝内经·灵枢》中所保留的尺度资料有一番考证,十分精彩。笔者在2004年即有幸从张朝松同学处(当时其在《社会科学报》报社实习)得睹其论文《〈黄帝内经〉成书时代的探索》原文文稿,可惜如此大作居然遇到了发表的困难,当年赵恩语以之投稿被拒不知多少次。因为本章的写作需要,本人近几年一直在多方反复地寻找这篇几近散失的文稿,侥幸在家里书架的一个角落的故纸堆里找到了这篇弥足珍贵的复印文稿。但是,经查有网上材料说赵恩语《〈黄帝内经〉成书时代的探索》这篇文章似乎已经全文发表过了,具体发表在哪里却语焉不详,迫不得已笔者在2019年底到2020年初花费了许多时间继续多方查找,却一直没有查到。当时做两手准备,如果证实赵恩语的这篇文章确实没有发表,或者说是实在找不到,那么就考虑在本书附录之中全文引述之,虽然这样可能会显得不伦不类。经过反复查找和搜检,2020年夏无意之间终于在赵恩语的一本著作之中找到了此文,原来此文不是独立发表而是作为《华夏文化产生的年代下限》一篇长文的一部分而出现的。

因为学术价值极为突出,对于本章的论证展开又极为重要,所以下面对赵恩语《〈黄帝内经〉成书时代的探索》①这篇文章进行总体转述。

赵恩语认为,定《黄帝内经》为"约成书于春秋战国时期",这是一个错

---

① 参见赵恩语:《我们早已忘却了的童年——华夏文明溯源要论》,北京:中国广播电视出版社2009年版,第81—93页。

误的判定:"你想,如此巨著,如为三代以下人所作,作者岂不署名?这只说明它是自古传来,人不得贪天之功。"赵恩语在花费数年心血精心研撰的论文《〈黄帝内经〉成书时代的探索》中写道:"《内经》必为上古经验之累积,决非一人一时之作,也非一人一时所能做得出来的。之所以语言文字较平易,必是经过古时历代名医之手,译为当时语言甚或有所增益,但骨架则必为上古之遗,不能因其中有后世用语而疑之。"那么,产生《黄帝内经》基本"骨架"的这个"上古"是何时代呢?赵恩语认为《黄帝内经·灵枢》的《骨度》和《肠胃》两篇中各有一组人体测量数据,只要弄清这两组数据的测量衡器的时代特征,自然就可以判断出其成书的年代了。赵恩语的论证前提是:度量衡古小今大,而且越古老,尺度变化越小而慢,越往后,尺度的变化相对大而快。近代中国的尺,一尺约相当于 35 厘米,现在用的"市尺"为便于与公尺换算,改为 33.33 厘米。以市尺去量《灵枢》上的数据,无一适合;以汉尺量《骨度》篇中尺寸尚接近,但偏高。根据体质人类学,知道黄种人平均高度为 165 厘米,食道长度在 22—28 厘米这个范围内。即以汉代诏书和律令用尺寸(一尺为 22.5 厘米)来量,体表尺寸仍然偏大;而以之测量食道、胃、肠等体内器官,更加显得太大。如果以所记食道数据"一尺六寸"为例,22.5 厘米的尺合 36 厘米,超过今人的上限甚多。可见《内经》绝不会是汉代的产物。中国人男性的平均高度万年来基本上在 168 厘米左右,这从现代人的平均高度和半坡遗址发掘出的男性成年人的身高在 168—169 厘米可知。因而我们可设中国古代成年男性平均身高为 168 厘米,则"平人"(即今人所说的平均身高的人)身高七尺五寸当是用 22.4 厘米的尺测量得到的。这种尺不仅比汉代最小的尺还小,甚至周尺也没有这么小。但是,身高以外的其他体表尺寸,包括无须解剖即可测定的唇、口、舌长等,若用 22.4 厘米尺去量,则又稍嫌大了一些。只有用 20—21 厘米的尺去量,其测得的数值才能与今人所测的人体数值密近。而若用这个尺去测量内脏,也还太大。用 20 厘米尺去测量食道,则一尺六寸合 32 厘米,超过今人上限 2—4 厘米。如果以今人食道的长度的上下限去反求原尺,可得出原尺在 15.6—17.5 厘米之间的结果。再以今人食道的长度的中值 26.5—27.5 厘米这组数值去推算,则可知当时用来测量人体的尺应该在 16.5—17 厘米之间。所以,华夏最早的尺"原尺",必在 16.5—17 厘米这个范围内。从食道到直肠的长度绝不是古人臆想出来的,因为它们的比例与现代解剖学完全符合。可以肯定,《灵枢》上体表尺寸和肠胃尺寸应该是同时测量的。至于现在出现的两组数据用两种不相同的尺来量,这是后世人"改动"过的证明。医学是个实用的科学,随着后世的尺度越来越大,大到用当时的数据已经使人不能相信它的正确性甚至去怀疑其背后的理论,是以后世不得不用当时的尺对"平人"(即今人所说的平均身高的人)重新量过,而体内数据因其相对关系,即比例正确,既不会使人怀疑传统的医理,也不影响医疗的作用,所以依旧。正好是这样,才使今人有可能推算出它最初成书的时代,即使年代未必十分确切,但数量是绝不会错的。

以上内容都是从赵恩语的文章之中转引过来,其中的文理与逻辑并不完美,结合其他一些史料,有必要对其中的论证逻辑进行进一步的梳理和解说。

因为考古资料已经证明中国人的平均高度万年来基本上是在165—170厘米之间波动,所以经过检验可以发现,《灵枢》所记载的人体体表统计数字用20—21厘米尺测量就比较符合,用大于22.4厘米的尺量就不符合,这说明《灵枢》在其流传过程中,最后改定的数据必定是采用20—22.4厘米之间尺度的时代。显然,《灵枢》成书时代也必在此以前。古人云"可托六尺之孤",假如此言产生于22.5厘米尺的时代,则"六尺之孤"便有135厘米,是大孩子了,所谓"六尺之孤",必言其幼童,其身高不能超过120厘米。因此,这句话虽见诸春秋人之口,却来源于用20厘米尺的时代。即使周初的尺为20厘米,也比那用来测量内脏的尺大多了。所以,周代也绝不会是《黄帝内经》的成书时代。《路史》上说"尧倬十尺",又说"舜长九尺"。从情理上来推测,尧舜时代所用的尺当为20厘米,这样,尧高九尺六寸合192厘米,舜九尺合180厘米;而如以16.5—17厘米尺来量,则尧舜都成了矮子,显然不符那个"倬"了。所以尧时绝不可能用"原尺",也不能用长于20厘米的尺。所以《内经》第一次对人体体表改测是在尧舜时代,而成书必然更早于尧舜。

古人称成年男子为"丈夫",该词必来源于用15.6—17.5厘米尺的时代。我们取中值16.5厘米尺为说,168厘米高的人就是一丈零二寸,即成年男子正常的都在一丈上下。以16.5厘米尺核算168厘米身高的人,从体表到内脏,都与今之解剖学相符。因此将16.5厘米尺称作"原尺",理由充分。原尺的尺,必有一个客观的标准,而这个标准最可能是以人体某一部分为单位,如以掌长作为一尺。一般人这个长度相当于自己食、拇二指张开的距离。如以两臂平伸,两中指间距离为一丈,其十分之一为一尺,则一尺就在16.5厘米左右。"尺"字之形直如张开拇指与食指而拳曲起其余三指这个形状的轮廓。

由此,赵恩语得出结论:《黄帝内经》的成书时代,必是使用16.5厘米左右尺的时代,而使用17厘米的时代,是它成书时代的下限。故而,其成书在周代以前的商代就是必然的了。至于再往上推,就是在尧舜之前了。《黄帝内经》虽托名于黄帝,其实可能大大早于实际的黄帝时代。所以赵恩语的观点用最简要的一句话来概括就是:《黄帝内经》成书的下限是使用16.5厘米尺的时代。

关于自己的研究结论,赵恩语充满自信,他说:"这至少将现在公认的《内经》成书时间的上限即战国时代,要早六百多年","将《内经》成书的年代上限上推六百年以上还不是重要的,重要的是找到一种研究问题的方法。"赵恩语还再三强调,《黄帝内经》不只是中医领域的宝典,也是华夏文化的重要见证载体,探索其成书时代,对于华夏文明探源乃至黄帝存在时代的信息均具重大意义。①

上面就是赵恩语这篇大作的主要内容。

下面将赵恩语这篇文章考证的两个要点进行提炼,并补充一些材料,根据这些材料展开详细讨论,具体如下:

第一点,从黄帝时代到夏商周三代,"尺"的长度是越来越长,这是一个基本判断。

这里需要补充说明一下,此一要点的前提是:黄帝时代到夏商周三代均有大致统一的度量衡,特别是尺度。下文还会涉及这一点。

第二点,《黄帝内经·灵枢》中关于人体的测量数据为了实际应用的需要经过改写,而且这种大面积的数据改换在漫长的流传过程中很可能反复发生,因为只要是标准尺度发生改换,书中的各个测量数据严格来讲就都需要进行改换。

赵恩语告诉我们《黄帝内经·灵枢》中对于人体各个器官之间距离的测量数据有两种,一种是以汉代尺度为标准的,即大约是每尺22—23厘米;但是《黄帝内经·灵枢》中还有部分内容是以16.5—17厘米为尺度标准的。所以《黄帝内经·灵枢》至少有部分章节直接传袭于使用16.5厘米尺度的殷商时代。所以赵恩语把《黄帝内经》的成书年代推定为商代——赵恩语的研究方法可谓独辟蹊径,虽然其论断现在看来很可能不甚精确,但是相对于传统说法而言,这个断代研究无疑已经是一个非常了不起的成就了。

在赵恩语研究成果的基础上如果我们再进一步,或者所说用更加宏阔的历史观点来看,《黄帝内经》的很多内容都是先秦材料。可以肯定的是,在《黄帝内经》大为流行的西汉时期,其中关于人体的很多测量数据都被整理

---

① 赵恩语:《我们早已忘却了的童年——华夏文明溯源要论》,北京:中国广播电视出版社2009年版,第81—82页。

者按照当时的尺度标准大面积改写了。因为医书要适应使用者的需要,所以根据实践要求对医学文献之中的尺度进行大面积改写也是汉代古籍整理的一个必要步骤。

不愧是上古史研究大家,一生清静、隐居深山的赵恩语的考证和观点都堪称独步,只是其遗稿中的论证因为篇幅所限而稍显粗疏。赵恩语既已仙逝,而请益无门,只好多方查找,现补充以下三个方面的史料以加强论证:

第一个方面的史料是根据《史记·五帝本纪》所载。

五帝时代至少曾经有两次大规模开展统一度量衡的工作。一次是黄帝时代,黄帝命令隶首作数,定度量衡之制;另一次是"舜摄行天子之政"时"同律度量衡"。可见,中国统一完整的度量衡体制早在黄帝时期就已经设定,其在尧舜之时曾经进行过二次整合统一,这使得赵恩语所使用的"以尺度长短的演变为根据考察上古历史"这一方法具有了坚实的史料支持,即统一的尺度标准在上古历史中曾经长期存在。

第二个方面的史料是关于商代和周代尺度的考古资料。

有考古实物证明商代的尺度是每尺 15.8 厘米至 17 厘米。准确地讲,至今能够见到的商代骨尺有三把,其中两把的尺度都是每尺 15.8 厘米左右,第三把尺度稍长,是每尺 17 厘米。①

因为没有考古实物证明周代的尺度到底是多少,所以学者们往往都是把考古实物特别是玉璧拿过来再结合古籍中关于玉璧尺度的记载去推断周代尺度的长短。这样一来所推断的数据就会差异比较大,但是就整体而言,各家所推测周代的尺度都是在 18.8—32 厘米这一范围之内,②其明显比商代尺度为长。

所以从关于商代和周代尺度标准的考古资料来看,赵恩语对上古尺度演变规律的判断是正确的。即从黄帝时期到汉代尺度规格的大势或规律是由短变长,这一点可以得到考古资料的证明。

此外,考虑到商代长达四百年,而且屡屡迁都,所以暂时可以认为商代尺度实物中的第三把 17 厘米的尺度出现时间晚于较短的第一把和第二把,可以大致认为其属于盘庚迁殷之后。

第三方面的史料是关于黄帝时期的尺度规格的实物证据。

根据存世实物可以大致推断在黄帝时期或者说是在五帝早期尺度规格

---

① 丘光明、邱隆、杨平著:《中国科学技术史·度量衡卷》,北京:科学出版社 2001 年版,第 65—66 页。

② 丘光明、邱隆、杨平著:《中国科学技术史·度量衡卷》,北京:科学出版社 2001 年版,第 70 页。

应该是 13 厘米左右。杨宽举证了叶遐菴所收藏的两把玉尺,第一把的尺度是 12.8 厘米,第二把的尺度是 13.5 厘米。虽然杨宽认为"此二尺较殷墟出土骨尺尤短,其年代不可考",①但是参照赵恩语对于上古尺度的研判,即尺度规格的大势是由短变长,那么这两把玉尺应该是玉器大兴的五帝时代之孑遗,可以将其视作黄帝时期的尺度标准,并可以大致认为第一把尺子是黄帝时期的一尺标准,第二把尺子是尧舜时期的一尺标准。

在补充以上材料之后我们可以推断,《黄帝内经》的很多内容应该都是源于黄帝时代的宝贵材料,而且从《黄帝内经》诞生开始,其中关于生理统计的很多数据都曾经被多次改写。

此外,笔者通过查询意外获知,在 2007 年孙非博士曾经采用多学科综合论证的方法,即使用文献学、哲学、天文学、历法学、考古学、音韵学、文字学以及避讳学等方法,多层次、多角度、多学科地对《黄帝内经》的成书年代进行了系统的研究。② 此篇论文的目的是通过对《内经》成书的问题进行全面系统的研究,梳理出其成篇以及汇编的大致时代,重点在于讨论《内经》核心篇章的创作时代。孙非博士的此一论文针对当今主流的《内经》西汉中晚期成书说,从哲学思想、医学发展、天文历法、文字音韵、称谓、避讳等方面提出全面系统的反证,并从《黄帝内经》之中阴阳五行思想的时代特征、子正学派、古朴的置闰法、古老的物候指时、节气名称、避讳,以及字体的演变等方面讨论《内经》先秦成书的可能性。此篇论文的创新之处主要有以下几点:

1. 首次发现《内经》中有三篇核心篇章属于"子正学派",并提出"子正学派"的相关篇章应该成于先秦。

2. 首次发现《内经》中不同篇章对于春秋、肝肺的阴阳属性的分歧源于子正历法与寅正历法四季划分的差异。

3. 首次发现《内经》的古置闰法,并独创了从置闰法的角度推论《内经》相关篇章的成文时代。

4. 首次提出从节气推论《内经》相关篇章成于先秦。

5. 首次发现《内经》有古老的物候指时的论述,并独创了从时节观念演进的角度探讨《内经》相关篇章成于先秦的方法。

6. 首次全面阐述了寅正的问题对于《内经》的成书没有断代价值。

7. 首次全面阐述了干支纪年不能作为《内经》七篇大论的成书于东汉的断代依据。

---

① 杨宽:《中国历代尺度考》,北京:商务印书馆 1955 年版,第 17 页。
② 孙非:《〈黄帝内经〉年代学研究》,北京中医药大学博士毕业论文,2007 年。

8. 首次发现了《内经》中有"启"字的避讳回改不尽和回改不一的痕迹。

9. 首次对从"风""明""行"的入韵推论《内经》成于汉代的观点和方法提出了大量系统的反证。

10. 首次论证了《内经》的阴阳思想没有受《黄帝四经》的影响。

11. 首次探讨并反思了医学史研究的方法论，如：类同举例法、默证法、史料运用的推前原则和推后原则。

12. 首次从字体演变的角度探讨《内经》相关篇章成于先秦的可能性。

此篇论文最后的研究结论是：《黄帝内经》非一人、一时、一地、一派之作，它是春秋秦汉时期优秀医学著作的汇编。其中的某些资料、思想、章句可能产生于黄帝时期（孙非博士称之为"岐黄时期"），并经三代口传至春秋战国时代；《黄帝内经》主要篇章或完成或初创于春秋战国时期。①

虽然笔者至今还没有看到此篇论文的全文，但是孙非博士的研究无疑具有重大意义，其为本章的论证内容提供了辅助证明。

综上所述，《黄帝内经》渊源久远，它保存着黄帝时期的思想材料，而且记载着黄帝的很多话语，这些内容都是探究黄帝思想、梳理上古道术思想的可靠资料。

因为古籍流传情况复杂，所以《黄帝内经》虽然保存着黄帝时期的思想材料，但是其中也必然混入了一些战国与秦汉时期的思想材料，这与《易传》的成书状况非常类似。《黄帝内经》之中究竟哪些内容是战国与秦汉时期的思想材料，这个问题虽然不是本研究的主要内容，但是我们仍然需要加强对战国与秦汉时期思想流转变化的理解，进而才有可能对战国与秦汉时期的思想材料加以区分。

第二，《黄帝内经》是道术思想统摄下的医学典籍。

《黄帝内经》是一部医学典籍，这一点毋庸置疑。但是，《黄帝内经》中的医学理论具有宏阔辽远的思想文化背景和超越具体医术的思想内涵。具体来说，以"人天本一"为思想核心，以阴阳、五行以及五运六气为思想方法，《黄帝内经》以道观医，以道术统摄医术，对人体的生之理、病之理、医之理进行全面详尽的阐述和说明。最为引人入胜的是，《黄帝内经》着重阐述了"道"对"医"统摄，即"道上知天文，下知地理，中知人事，可以长久，以教众庶，亦不疑殆，医道论篇，可传后世，可以为宝。"而《黄帝内经·素问·著至

---

① 孙非博士认为，《内经》似乎经历过两次主要编订，第一次在公元前1世纪，这次编辑的《黄帝内经》可能只有十八篇左右；第二次是在东汉时期，这次编辑把原来的《黄帝内经》《黄帝外经》《白氏内经》《白氏外经》《扁鹊内经》《扁鹊外经》的部分篇章改编成《素问》和《九卷》两部书。

教论篇第七十五》之所以以"古之圣人"对比"今时之人",就是为了说明有道之人和无道之人的区别。所以以"道术"统摄"医术"的《黄帝内经》不仅仅是一部医书,更是一部道书,堪称上古道术思想由理论到实践全面系统地展开的一部经典。

  《黄帝内经》虽然有很大一部分内容是讨论具体的病理和针刺这一具体的医疗方法,但是它更提倡"不治已病治未病",即更加注重以"道术"来"养生"。"道"是生命的根本,所以"道"或者说是"知道"是养生长寿的关键。比如,在《黄帝内经》开篇,黄帝就提出了这样一个疑问:"余闻上古之人,春秋皆度百岁而动作不衰;今时之人,年半百而动作皆衰者。时世异耶,人将失之耶?"黄帝很确切地知道上古之人很多都是健康长寿,所以对比于当时之人五十岁就衰老不堪的普遍情况,他提出了这样一个问题:这是时代的不同呢,还是人们都失去了养生的根本呢?岐伯的回答是:"上古之人其知道者,法于阴阳,和于术数,食饮有节,起居有常,不妄作劳,故能形与神俱,而尽终其天年,度百岁乃去。"(《上古天真论篇第一》)岐伯首先对黄帝的观念进行了一番纠正,即并非只要是上古之人就一定长寿,长寿的关键在于"知道"。也就是说,部分上古之人同大多数的"今时之人"一样"年半百而动作皆衰",健康长寿的只是上古之人中的"知道者":这些人知悉道术法要所以能够形神俱养,一直保持健康长寿,而这些善于养生的人活到一百多岁很正常。这里的"知道"虽然可以简单地理解为"知悉养生之道",比如"食饮有节,起居有常,不妄作劳"等养生方法,但是从"是以嗜欲不能劳其目,淫邪不能惑其心"来看,与其说这些人是善于养生的人还不如说这些人是善于修道的人,即"愚智贤不肖,不惧于物,故合于道"。当然,"德"与"道"是紧密相关的两个概念,修道也就是修德,也可以称之为"修道德",其在世人眼中的最明显的功用就是养生,即"所以能年皆度百岁而动作不衰者,以其德全不危也。"

  "知道者"也就是"修道者"或"道者"。因为"道者"善于养生,能够"却老而全角",①所以"身年虽寿,能生子也。"但是百岁而能够生子这并不是养生之尤,黄帝说他听说"上古有真人者,提挈天地,把握阴阳,呼吸精气,独立守神,肌肉若一,故能寿敝天地,无有终时,此其道生。中古之时,有至人者,淳德全道,和于阴阳,调于四时,去世离俗,积精全神,游行天地间,视听八达之外,此盖益其寿命而强者也,亦归于真人。"这是养生的极致,当然这也是

---

① 全角,即五行和合,可以称之为五角不畸形,或者说是五脏不衰。详见《黄帝内经·素问·宝命全角论篇第二十五》。

修道或修德的极致，即"淳德全道"。因为这是最高目标或最高标准，所以这些真人和至人可以看作《黄帝内经》之中"道者"的理想人格，或者说是最高境界。

当然，黄帝所说的上古和中古距离现今之世就更加悠远而难以测度，所以他所说的上古之时的真人和中古之时的至人实际上代表着渊源久远的道术传统。就五帝时代而言，《黄帝内经》所树立的典型是圣人以及贤人，即"其次有圣人者，处天地之和，从八风之理，适嗜欲于世俗之间，无恚嗔之心，行不欲离于世，被服章，举不欲观于俗，外不劳形于事，内无思想之患，以恬愉为务，以自得为功，形体不敝，精神不散，亦可以百数。其次有贤人者，法则天地，象似日月，辨列星辰，逆从阴阳，分别四时，将从上古合同于道，亦可使益寿而有极时。"在黄帝时期，全形养寿而达到百年或接近于百年，这应该并不是夸张之辞。

《四气调神大论篇第二》对圣人的具体行为有更加详细的阐释："圣人春夏养阳，秋冬养阴，以从其根，故与万物沉浮于生长之门。逆其根则伐其本，坏其真矣。"这个所谓的圣人也就是"道者"，即修道者或得道者。需要特别注意的是，"道者，圣人行之，愚者佩之"中的"道者"是对"道"做陈述，"者"应该当作语气词解，不是"某人"的意思。从修道这个角度来看，道或修道是防病治病的根本，只有修道养生才是消除疾病的根本方法，而各种医理病理和治病方法都是不得已而为之的补救措施和权宜之计："是故圣人不治已病治未病，不治已乱治未乱，此之谓也。夫病已成而后药之，乱已成而后治之，譬犹渴而穿井，斗而铸锥，不亦晚乎？"就是说，因为不遵循道，不修道，或者说是违背了养生的基本原则，人就会生病，而人如果已经生病了，那么这实际上就意味着道或德"行之"不足，是为"愚者"，这时候就不得不进行医理研究和医疗活动了。

所以医术是道术的合理延伸和内容补充，以道术统摄医术也就是《黄帝内经》的根本思路。

二、黄帝的道术思想

根据炎帝留下的形容大道的只言片语，即如"听之不闻其声，视之不见其形。充满天地，苞裹六极"（《庄子·天运》引之作"有焱氏为之颂"，《释文》有"焱亦作炎"，可见其为炎帝遗文），可以知道在炎帝时期道术思想已经有所流传授受，而炎帝即是一名修道者。

再根据《庄子》《列子》等古籍中的史料，可以对黄帝的道术传习进行一番考索。虽然由于时代久远，这些史料有可能经过后人的改写和润色，但是总体上其价值不可低估，就梳理先秦道术而言这些史料自然具有极其重要的意义。在理清黄帝的道术传习之后，就可以更加合理、更加清晰地对黄帝本人的道术思想进行考察。

（一）黄帝的道术传承

关于黄帝道术传习的历史资料主要有以下两个方面。第一方面，黄帝梦游华胥氏之国。《列子·黄帝》有

> 黄帝即位十有五年，喜天下戴己，养正命，娱耳目，供鼻口，焦然肌色皯黣，昏然五情爽惑。又十有五年，忧天下之不治，竭聪明，进智力，营百姓，焦然肌色皯黣，昏然五情爽惑。黄帝乃喟然赞曰："朕之过淫矣。养一己其患如此，治万物其患如此。"于是放万机，舍宫寝，去直待，彻钟县，减厨膳，退而间居大庭之馆，斋心服形，三月不亲政事。昼寝而梦，游于华胥氏之国。华胥氏之国在弇州之西，台州之北，不知斯齐国几千万里；盖非舟车足力之所及，神游而已。其国无帅长，自然而已。其民无嗜欲，自然而已。不知乐生，不知恶死，故无夭殇；不知亲己，不知疏物，故无爱憎；不知背逆，不知向顺，故无利害；都无所爱惜，都无所畏忌。入水不溺，入火不热。斫挞无伤痛，指擿无痟痒。乘空如履实，寝虚若处床。云雾不硋其视，雷霆不乱其听，美恶不滑其心，山谷不踬其步，神行而已。黄帝既悟，怡然自得，召天老、力牧、太山稽，告之曰："朕闲居三月，斋心服形，思有以养身治物之道，弗获其术。疲而睡，所梦若此。今知至道不可以情求矣。朕知之矣！朕得之矣！而不能以告若矣。"又二十有八年，天下大治，几若华胥氏之国，而帝登假，百姓号之，二百余年不辍。

在笔者的阅读范围内这段资料堪称绝无仅有，所以难以勘考。其中有很多细节都值得注意：

其一，"黄帝即位十有五年"，其后"又十有五年"，"又二十有八年，天下大治"，"而帝登假"，这样看来黄帝在位一共58年，而这些年代数字为《史记》所无。

其二，聆听黄帝话语的"天老、力牧、太山稽"三名大臣在《史记·五帝本纪》中仅出现了"力牧"一人。

其三，黄帝曾经走过这样一条弯路而后来得到纠正："竭聪明，进智力，营百姓"，这也近乎《史记》所记载的"劳勤心力耳目，节用水火财物"。但是《大戴礼记·五帝德》中孔子偏偏使用此句来概括黄帝功业。那么，我们该

何去何从呢？或者说，"劳勤心力耳目，节用木火财物"是否只是黄帝功业的一方面，他的思想和才智还有孔子所不尽熟知的内容呢？

其四，黄帝"登假"之后"百姓号之，二百余年不辍"，这可以与《大戴礼记·五帝德》中宰我、孔子关于"黄帝三百年"之问答互相参照，互为根据。

按照黄帝梦游华胥氏之国的这种说法，黄帝对于道术的认同可以说是一种"自觉自悟"。这次觉悟始于"放万机，舍宫寝，去直待，彻钟县，减厨膳，退而间居大庭之馆，斋心服形，三月不亲政事"的一番主观探求，然后偶然"昼寝而梦"，忽忽然梦游于华胥氏之国，见到其民纯粹"自然"的生存状态，于是大觉大悟，"怡然自得""养身治物之道"，并"获其术"。黄帝思"道"而获"术"的这一番经历，可以给"道术"一词的含义以及恢宏深广的道术传统以很好的说明。

总体来看，这应该是一段经过某些加工和后人整理的关于黄帝得道的历史记载，其思想旨趣在于赞颂华胥氏国之民纯粹"自然"、合于道术的生存状态。就黄帝的道术传习来看，这段材料可以说明在很大程度上黄帝的道术所成源于自觉自悟。

第二方面，黄帝求教于广成子。《庄子·大宗师》有

> 黄帝立为天子十九年，令行天下，闻广成子在于空同之上，故往见之，曰："我闻吾子达于至道，敢问至道之精。吾欲取天地之精，以佐五谷，以养民人。吾又欲官阴阳以遂群生，为之奈何？"广成子曰："而所欲问者，物之质也；而所欲官者，物之残也。自而治天下，云气不待族而雨，草木不待黄而落，日月之光益以荒矣，而佞人之心翦翦者，又奚足以语至道！"黄帝退，捐天下，筑特室，席白茅，闲居三月，复往邀之。广成子南首而卧，黄帝顺下风膝行而进，再拜稽首而问曰："闻吾子达于至道，敢问：治身奈何而可以长久？"广成子蹶然而起，曰："善哉问乎！来，吾语女至道：至道之精，窈窈冥冥；至道之极，昏昏默默。无视无听，抱神以静，形将自正。必静必清，无劳女形，无摇女精，乃可以长生。目无所见，耳无所闻，心无所知，女神将守形，形乃长生。慎女内，闭女外，多知为败。我为女遂于大明之上矣，至彼至阳之原也；为女入于窈冥之门矣，至彼至阴之原也。天地有官，阴阳有藏。慎守女身，物将自壮。我守其一以处其和。故我修身千二百岁矣，吾形未常衰。"黄帝再拜稽首曰："广成子之谓天矣！"广成子曰："来！余语女：彼其物无穷，而人皆以为有终；彼其物无测，而人皆以为有极。得吾道者，上为皇而下为王；失吾道者，上见光而下为土。今夫百昌皆生于土而反于土。故

余将去女,入无穷之门,以游无极之野。吾与日月参光,吾与天地为常。当我缗乎,远我昏乎!人其尽死,而我独存乎!"

这一段记载内容非常丰富,可以展开多向解读。仅就黄帝而言,如果说"黄帝立为天子十九年"去崆峒山拜见广成子,那么参照上文《列子·黄帝》中"黄帝即位十有五年",其后"又十有五年"而梦觉的记载,可以知道在黄帝自觉自悟之前曾得到过广成子的指教。在第一次请教广成子被拒绝之后,黄帝"捐天下,筑特室,席白茅,闲居三月"以检束身心,这也就是《列子·黄帝》所说的"放万机,舍宫寝,去直待,彻钟县,减厨膳,退而间居大庭之馆,斋心服形,三月不亲政事"这些主观探求或精神准备的预演。《列子·黄帝》所说的这些整肃身心的措施明显繁复胜多于《庄子·大宗师》所言,但是其共通之处也非常明显,比如"闲居三月"和"三月不亲政事"就非常符合。

所以综合这两段记载可以认为黄帝按照这种方法施行之后即刻得到广成子青睐,最终得以倾听其讲述"至道",而在此之后,黄帝才能够百尺竿头更进一步,进一步整肃身心,梦游华胥氏之国,最终得以彻悟"至道"。

由上述材料反观《列子·黄帝》可知,黄帝即位十有五年时因受到普天下爱戴而沾沾自喜,就一心调养身体,娱乐耳目,满足口鼻欲望,结果弄得面色焦黄,憔悴不堪,头昏眼花,情志迷乱。又过了十五年,他因社会的动乱而忧心忡忡,就竭尽聪明才智,管理百姓,结果还是弄得面色焦黄,憔悴不堪,头昏眼花,情志迷乱(这里的"黄帝即位十有五年","又十有五年",即三十年,三十年与"十九年"相差十一年,或可理解为在第二个十五年里,黄帝先是拜见广成子,然后梦游华胥氏之国)。黄帝自感偏离"至道"越来越远,特别是"忧天下之不治,竭聪明,进智力,营百姓",最后仍然是"焦然肌色皯黣,昏然五情爽惑",于是发出喟叹:"朕之过淫矣。养一己其患如此,治万物其患如此。"从这句感叹中不难发现黄帝对于"劳勤心力耳目,节用木火财物"这一治理原则的彻底否定。于是形神俱疲的黄帝再次整饬身心,将"捐天下,筑特室,席白茅,闲居三月"(《庄子·大宗师》)的方法变本加厉为《列子·黄帝》所说的"放万机,舍宫寝,去直待,彻钟县,减厨膳,退而间居大庭之馆,斋心服形,三月不亲政事"(《列子·黄帝》)。通过这种方式,黄帝意图进入广成子所说的"至道"境界,获得"有以养身治物之道",但是"弗获其术",因为"至道不可以情求"。黄帝"疲而睡",却以梦游华胥氏之国而"知之","得之",可谓奇遇。

广成子的话语中有"千二百岁"的说法,古今很多学者都认为是荒诞之言。"千二百岁"之说诚然是匪夷所思,但是也并非没有化解之道:一方面

"千二百岁"尽可以以虚指视之,不必深究,因为广成子此人完全无从稽考,也可能是后人窃取其名号而已。另一方面,"千"字或许为"干"字或"几"字之讹,或者是衍文当删。无论如何,黄帝确有师从,并且受到其师的道术传授,这一点可以确定下来。

在广成子的话语中可以知道,"阴阳"是至道或道术的重要内容。"大明之上"是"至阳之原也","窈冥之门"是"至阴之原也。"这是把阴阳分作二途,以至阴和至阳分别加以论说。"天地有官,阴阳有藏",发挥阴阳或者说是天地的自然调节力量就是道术的中心内容。

此外还有一点值得注意,黄帝听到广成子的讲解"至道"后赞叹说"广成子之谓天矣!"其中所说的"天"也就是得道或修成"至道"的意思,可以很好地解释《黄帝内经·素问·上古天真论》中所谓的黄帝"成而登天。"

此外,《黄帝内经》有黄帝求教于岐伯、伯高、少俞、少师、雷公的很多记载,黄帝所问大都是医学知识,而岐伯、伯高、少俞、少师、雷公所答虽然以医学为主,但是其中涉及道术的内容也间有所见。对于黄帝来说,岐伯、伯高、少俞、少师、雷公等人亦师亦友,众人一起完成了《黄帝内经》的创作,可惜岐伯、伯高、少俞、少师、雷公等人史籍无载,无从稽考。

(二)黄帝的道术思想

黄帝进行过长期的道术研究和道术实践。对此,除了上文讨论的那些内容之外,先秦道家典籍里还有其他一些记载,比如《列子·汤问》之中就收录了黄帝与容成子一起进行道术修炼的记载:

> 唯黄帝与容成子居空峒之上,同斋三月,心死形废;徐以神视,块然见之,若嵩山之阿;徐以气听,砰然闻之若雷霆之声。

从这段记载来看,黄帝与容成子应该是道友的关系,而根据饶宗颐的看法,容成子一脉直接传承至老子。①

正是以长期的道术研究和道术实践为基础,黄帝与岐伯等人一起开创了中医学。关于中医起源问题,下一节将进行重点论述。本节讨论的主要内容是黄帝本人的道术思想。

1. 道论的初步展开

如果说《老子》是道论的全面展开,那么黄帝对道的相关言论就是道论

---

① 饶宗颐:《(传老子师)容成遗说钩沉——先老学初探》,《北京大学学报(哲学社会科学版)》1998年第3期。

的初步展开。就内容或格式而言,黄帝的道论至少有以下几点值得注意:一是譬喻的使用,二是格言体例,三是引用先贤话语。这三点在《老子》道论之中被进一步发扬光大。

通过撰作或论说,黄帝对道术思想进行了很多总结,这些话语零散地被收录在各种典籍之中,犹如散乱的珍珠,散发出温润的光芒。比如,《列子·天瑞第一》以及《绝越书》等典籍之中就收录了佚书《黄帝书》的若干语句以及黄帝的若干言论:

《黄帝书》曰:"谷神不死,是谓玄牝。玄牝之门,是谓天地之根。绵绵若存,用之不勤。"

《黄帝书》曰:"形动不生形而生影,声动不生声而生响,无动不生无而生有。"

黄帝曰:"精神入其门,骨骸反其根,我尚何存?"①

《黄帝之书》云:"至人居若死,动若械。"②

黄帝曰:"一者,阶于道,几于神。"③

黄帝曰:"芒芒昧昧,因天之威,与元同气。"④

其中的第一句"谷神不死,是谓玄牝。玄牝之门,是谓天地之根。绵绵若存,用之不勤"被《老子》直接引述,而没有标注出处。就《老子》全篇而言,这是唯一一句以"谷神"来譬喻解说"道"的,乍看起来还是有些突兀。"道"犹如不死之大神,又有如"玄牝";这个"玄牝"的门,好比"天地之根"。那么如何体会"天地之根"呢?就必须"绵绵若存,用之不勤",这也就是养生之道,是长生久视之法。

第二句讲述了无中生有的过程。前面两句"形动不生形而生影,声动不生声而生响"都是铺垫,用以说明"无"动而生"有"这一微妙的过程。可见无中生有并不是概念的游戏或逻辑的推导,它是入静之后的直觉与体悟,是道生生化化的过程。

此上两例可以说明上古《黄帝书》的流传确有其事,而《黄帝书》可以看作中华道术史上的第一部道术专著,而《道德经》则不仅在主题上继承之,而且在体例上也继承了《黄帝书》的格言体,在言说方式上也是广泛采取了引

---

① 《列子·天瑞》。
② 《列子·力命》。
③ 《六韬·文韬·兵道》。
④ 《吕氏春秋·应同篇》,亦见于《文子·符言》《淮南子·泰族》等。

用和譬喻；后世所谓的"黄老"在很大程度上并非虚指，黄帝与老子在修道思想上确乎有着一致性。

第三句是通过精神与骨骸不同归宿的对比而对"我"的观念进行破除，进而对人生无常或所谓"空无自性"进行说明，其意蕴当然与佛教破我执的类似话语有异曲同工之妙。比如，《圆觉经》有"我今此身，四大和合，所谓发毛爪齿，皮肉筋骨，髓脑垢色，皆归于地；唾涕脓血，津液涎沫，痰泪精气，大小便利，皆归于水；暖气归火；动转当风；四大各离。今者妄身，当在何处？即知此身，毕竟无体，和合为相，实同幻化。四缘假合，妄有六根。六根四大，中外合成。妄有缘气，于中积聚。似有缘相，假名为心。"须知《圆觉经》在唐代初年才被翻译为汉语，由此可以推断，所谓的《列子》抄袭佛经之说难以成立。退一步来讲，仅就道术思想而言，先秦时期的中国古代先贤为什么就不能够独立地产生这种身我幻有思想呢？为什么古印度佛陀可以觉悟，而中国古代先贤就不可以觉悟呢？所以无论是把这句话归结为东汉时期佛教传入之后根据佛教思想而伪作，还是推而广之地把《庄子》《列子》之中的类似话语全都归结为好事之徒根据佛教思想而系统作伪，恐怕都是先入为主的主观臆断，实际上都没有什么依据。

第四句对得道之人的行为举止进行了一番饶有趣味的刻画：安居之时寂静无声有如死人，举止行为僵硬缓慢有如机械。《列子·力命》接下来的评论是"亦不知所以居，亦不知所以不居。亦不知所以动，亦不知所以不动。亦不以众人之观，易其情貌，亦不谓众人之不观，不易其情貌。独往独来，独出独入，孰能碍之。"当然，与此一番描述相呼应，得道之人的行为举止在其他道术文献之中也多有描述，比如《老子·第十五章》之中的"豫兮若冬涉川；犹兮若畏四邻；俨兮其若客；涣兮其若凌释；敦兮其若朴；旷兮其若谷；混兮其若浊；澹兮其若海"，就更加形象而生动。得道之人居止无碍，心通大道，看起来呆若木鸡，实际上与天地精神相往来。

在第五句之中，"一""道""神"是道术思想之中的三个重要概念，三者的差别比较细微："一"根源于"道"，接近于"神"；"得一"接近于"得道"，但是不等于"得道"；"得道之人"基本等价于"神人"。

第六句之中黄帝对"道"的描述是"芒芒昧昧"，罗焌认为"芒昧，即《老子》所谓'道之为物，惟恍惟惚'，《庄子》所谓'至道之精，窈窈冥冥；至道之极，昏昏默默'也"，而所谓的"因天之威，与元同气"，也就是"圣人与天地合其德"，[1]可谓博淹众说而有所发明。

---

[1] 罗焌：《诸子学述》，上海：华东师范大学出版社2008年版，第259页。

此外，黄帝还有《金人铭》"三缄其口"以劝人"慎言"，①有对声、色、衣、香、味、室六个方面"禁重"的行为要求，②这些也应该与道术实践直接相关，与《老子》的相关论说可以相互发明。

贾谊《新书·修政语上》所引述的黄帝话语是：

> 黄帝曰："道若川谷之水，其出无已，其行无止。"

黄帝把"道"比喻为大江大河之水，其出漫无际涯，其行无休无止。这种对"道"的譬喻性论说，堪称开《老子》五千言论"道"之先河。特别是《老子·第三十二章》之中的"譬道之在天下，犹川谷之于江海"，可以说是对黄帝"道"之譬喻的进一步引申。当然，这种对"道"进行多方譬喻解说的方法在《老子》之中被使用了多次，比如《第五章》的"天地之间，其犹橐籥乎？虚而不屈，动而愈出"，这是以风箱的工作状态来比喻"道"的运行连绵不息。只有在这种多方譬喻的基础上，《老子·第一章》才在"道可道，非常道。名可名，非常名"的无可奈何之下，提出了"无名天地之始；有名万物之母"这两个概念来对道的内涵进行分析。

在引述黄帝此句话语之后，贾谊还对黄帝的道术成就进行了概括和总结：

> 故服人而不为仇，分人而不谇者，其惟道矣。故播之于天下，而不忘者，其惟道矣。是以道高比于天，道明比于日，道安比于山。故言之者见谓智，学之者见谓贤，守之者见谓信，乐之者见谓仁，行之者见谓圣人。故惟道不可窃也，不可以虚为也。故黄帝职道义，经天地，纪人伦，序万物，以信与仁为天下先。然后济东海，入江内，取绿图，西济积石，涉流沙，登于昆仑，于是还归中国，以平天下，天下太平，唯躬道而已。

黄帝有德有位，即所谓"职道义，经天地，纪人伦，序万物，以信与仁为天下先"，道术思想得以大成，进而能够"平天下，天下太平"就是黄帝实行道术的进一步成就。德位相及，道术深湛，这是对黄帝道术思想的基本设定，而从这个角度我们才能够更好地理解《老子》所论说的治理措施和政治主张。

---

① 《说苑·敬慎篇》。
② 参见《吕氏春秋·去私篇》。

2. 道术实践的三分层次

由上述几千年前黄帝所留存下来的若干语句可以知道,黄帝对道术思想应该有很多言论,甚至有《黄帝书》之类的话语集录,可惜大都散佚了,仅仅有很小的一部分被后人辑录并保存下来。这样一来,就愈加显得《黄帝内经》之中关于黄帝思想记载的珍贵。

《黄帝内经·上古天真论》开篇在记叙黄帝生平之后,即有黄帝泛论道术研究之层次:

> 黄帝曰:"余闻上古有真人者,提挈天地,把握阴阳,呼吸精气,独立守神,肌肉若一,故能寿敝天地,无有终时,此其道生。中古之时,有至人者,淳德全道,和于阴阳,调于四时,去世离俗,积精全神,游行天地之间,视听八达之外,此盖益其寿命而强者也,亦归于真人。其次有圣人者,处天地之和,从八风之理,适嗜欲于世俗之间,无恚嗔之心,行不欲离于世,被服章,举不欲观于俗,外不劳形于事,内无思想之患,以恬愉为务,以自得为功,形体不敝,精神不散,亦可以百数。其次有贤人者,法则天地,象似日月,辩列星辰,逆从阴阳,分别四时,将从上古合同于道,亦可使益寿而有极时。"

在这段话中,黄帝根据其所听闻将道术有成之人分为三个层次:

第一个层次是上古时期的真人,他们"提挈天地,把握阴阳,呼吸精气,独立守神,肌肉若一",其中的要点在于"把握阴阳"。

比真人稍逊的是中古时期的至人,他们"淳德全道,和于阴阳,调于四时,去世离俗,积精全神,游行天地之间,视听八达之外",也可以归为真人一类,其要点在于"和于阴阳"。

第二个层次是圣人,他们的主要特征是"处天地之和,从八风之理,适嗜欲于世俗之间","行不欲离于世","举不欲观于俗","外不劳形于事,内无思想之患,以恬愉为务,以自得为功,形体不敝,精神不散",其要点依据"处天地之和"或可归纳为"处阴阳之和"。

对圣人的这种尊崇为后世学术所继承,诸子百家之中为圣人代言者不知凡几。比较而言,比圣人更加高妙的真人和至人就要冷清得多,大概只有道家学者津津乐道之。特别是在孔子之后的儒家学派之中,圣人崇拜尤其鲜明,以至于自诩为好学君子的孔子也被后人尊奉为圣人,而孟子则被尊奉为亚圣。

第三个层次是贤人,他们"法则天地,象似日月,辩列星辰,逆从阴阳,分别四时,将从上古合同于道",处于追慕上古并努力实行"道术"的状态,其中的要点在于"逆从阴阳"。

进一步辨析以上三个层次的道术有成之人的不同年代,可以发现,第一层次的真人和至人是追溯上古与中古之前人,黄帝之时似乎已经罕有此类人物,而第二层次和第三层次则是古今皆有,似乎比较常见。

在后来的传统文化解读中,贤人与圣人往往被归结在一起而组成"圣贤传统",但是根据上述对道术传统的解析,所谓的圣贤传统实际上不仅仅包含现今之世的贤人与圣人,而且还要包含上古时期的真人和中古时期的至人。真人和至人代表着圣贤传统久远而宏大的历史渊源,是圣贤传统的圣贤传统,足以称之为"伟大传统"(great tradition①)。

就"道术"而言,从阴阳的角度,可以进一步对这种分类进行辨析。

第一层次的真人"把握阴阳",同属第一层次而参差次之的至人则是"和于阴阳"。两相对比可以看出,"把握"强调的是操纵掌控、圆顺如意,"和"强调的则是和谐统一、保持一致,两者对阴阳的研究都近乎于登峰造极,达到了与之融通的境界。

第二个层次的圣人显然对阴阳的理解还不是完全到位,他们只能够"处阴阳之和",也就是使自己处于阴阳之和的境界,这种状态远逊于与阴阳和同甚至操控阴阳的境界。因为"处阴阳之和"隐含的意义是阴阳居于主导地位而自己居于被动地位,也没有与阴阳和同为一,显然比"把握阴阳"和"和于阴阳"颇有不如,所以黄帝把圣人定义为第二个层次。

第三个层次的贤人是"逆从阴阳",逆是迎接之意,所以贤人对阴阳还在演算推测,还在体会辨别,还在迎来送往,并不能够自觉地把自己同化于阴阳之和,这比圣人的"处阴阳之和"明显又低了一个层次。

综上所述,阴阳是道术思想的主要内容,对阴阳的把握程度是划分道术实践层级的主要依据。按照对阴阳的理解和把握的深浅程度的不同,道术研究或道术修行可以分为多个层次,即真人、至人、圣人、贤人。至于后世之人所常说的君子,似乎勉强可以归入贤人一类,或者置于贤人之下也未为不可。

与之对比,《庄子·内篇·逍遥游第一》中的"至人无己,神人无功,圣人无名"在修行层次上的含义就非常模糊,此句中的三者不是三个层次,而是强调三者皆以"无"为核心内涵,或者说其只是在强调至人、神人、圣人的一体性,即至人、神人、圣人都是无己,无功,无名。所以比较而言,黄帝所转

---

① 牟复礼著,王重阳译:《中国思想之渊源》,北京:北京大学出版社2016年版,序第48页。

述的这一套关于道术有成之人的三分层次论定义逻辑性很强,分类非常精细,其对于每一个层次而言都有堪称详细的描述。

足以与黄帝所言之关于道术有成之人的三分层次论相互对照的是《庄子·杂篇·天下第三十三》在对"古之所谓道术"进行追思之后所做的五分层次之论:

> 不离于宗,谓之天人;不离于精,谓之神人;不离于真,谓之至人。
> 以天为宗,以德为本,以道为门,兆于变化,谓之圣人;
> 以仁为恩,以义为理,以礼为行,以乐为和,熏然慈仁,谓之君子;
> 以法为分,以名为表,以参为验,以稽为决,其数一二三四是也,百官以此相齿;
> 以事为常,以衣食为主,蕃息畜藏,老弱孤寡为意,皆有以养,民之理也。

其中第一层次是须臾不离根本的天人、神人、至人;第二层次是"以天为宗,以德为本,以道为门"的圣人;第三层次是践行仁义礼乐的君子;第四层次是践行法、名、参、稽的百官;第五层次是"以衣食为主"的百姓。如果把第一、第二和第三层次抽取出来,可以发现《天下》中的分类与黄帝所言的三分层次论还是非常接近的:

真人、至人——天人、神人、至人

圣人　　——圣人

贤人　　——君子

在两种分层方法的第一层次之中,至人是完全对等的,只是各自的描述稍有不同,而黄帝所说的真人也可以等价替换为《庄子·天下》的天人和神人。具体就"天人"来说,参考上文曾经引述的《庄子·大宗师》一段,因为黄帝曾经称广成子为"天",得道也可以称之为"登天",所以所谓的天人也就是真人。《庄子》以及《易传》对"神"也多有阐发,这里的"神"不是神仙鬼怪,而是人的精神极端强大(或者说是精神极度自由)之后的某种表现,所以就这个角度来看神人也就是真人。

两种分层方法的第二层次是完全对等的,而在第三层次之中贤人与君子的差别与联系上文已经谈到了。"君子"是春秋战国时期以及此后对道德高尚之人的标准称呼,为各家各派所兼用,内涵已经非常宽泛,而"贤人"则颇显古风,具有明确的道术内涵:"惟贤人上配天以养头,下象地以养足,中傍人事以养五脏。"(《素问·阴阳应象大论篇第五》)。

所以我们可以推断,上古经由黄帝所传承下来的道术思想在战国时期仍然得到了比较有效的继承和保存,《庄子·杂篇·天下第三十三》就是明证。

(三) 黄帝与中医起源

中医中药的起源问题,特别是中医理论的来源问题,在医史学界存在着长期而且巨大的争议。"由于世界观的根本分歧和研究资料的严重不足,致使各国学者各执己见,众说纷纭,至今未能取得较为一致的看法。"①但是,中医药起源问题又是一个极为重要的问题,几乎每一个接触到它的学者都不得不反复思索并做出自己的回答。在 21 世纪的今天,我们之所以对中医药的认知不准确、掌握不全面、认识不彻底、文化不自信、制度有欠缺、教育不成功等问题,或多或少似乎皆可根源于此。如果中医药起源问题得不到根本的解决,那么中医药也就不可能得到长足的发展,民族复兴也就欠缺一个根本性的支持力量。在新冠病毒肆虐全球的时代背景之下,对中医药起源进行准确的认识进而正确的指导医疗实践,这已经成为复兴中华进而拯救世界人民的一个关键问题。

总体来讲,关于中医药起源,至今主要有以下几种看法:

第一种看法:中医起源于人类的社会实践和与疾病斗争的实践。

第二种看法:医源于巫。

第三种看法:医源于动物本能。

第四种看法:医源于圣人。

先让我们来看一看第一种看法,或者称之为"经验医学说",这也是目前学术界对中医起源问题最为流行的一种解释。比如,甄志亚、傅维康等先生就采用了这种观点。②

理论产生于实践,或者说真理来源于实践,这一点本没有问题。但是中医产生于医学实践的说法则很有一些问题。比如,按照一般的推理模式来分析的话,"经验医学说"之中推理的一个大前提是:劳动创造了文明,人类文明是几千年来生产实践经验的积累;小前提是:中国有五千年的文明史,中华民族有丰富的生产生活经验和医疗实践活动;这样得出的结论必然是:中医起源于中国人民医疗经验的长期积累。但是,中医理论体系却产生于上古时期,在已知的长期而丰富的医疗活动之前它就早早地发育得充分而且完整,其内容更是深邃浩渺、渊深博大:经络学、运气学、藏象学、阴阳五

---

① 甄志亚:《中国医学史(修订版)》,上海:上海科学技术出版社 1997 年版,第 11 页。
② 参见甄志亚:《中国医学史(修订版)》,上海:上海科学技术出版社 1997 年版,第 3—11 页。

行学、人体精气神之说……仅就中医四大经典中的《黄帝内经》而言,其理论内容就绝对不是一点一点地按照阶梯升高的,或者说不是逐步积累而成的,而是让人感觉到直接就是面对着一座壁立千仞而无法逾越的大山,甚至还很可能是人类医学文明创造之中最高的山峰。而且在经过两千多年的医学实践之后的今天,特别是在全面引入西方医疗诊断技术之后,为什么这么多的医疗经验、这么多的从业人员、这么多的研究方法、这么多的实验手段、这么多的科研经费,怎么就是无法发展或纠错中医理论呢?按照"经验医学说"的这种思路,这些经验和技术加起来,再造一部乃至于数部《黄帝内经》都足够了,可是偏偏为什么当今世界有了这么多的经验和技术却仍然止步于几千年前的中医理论呢?

推理与事实的这种巨大反差反过来可以证明,中医源于经验的观点具有重大缺欠,基本上不符合实际情况,虽然这种说法合乎于常识,虽然这种说在理论著作中可以很方便地用于医学历史的叙述。

"医源于巫"的这种看法也有很大的接受范围。按照人类学家的看法,哲学源于宗教,宗教源于巫,那么"医源于巫"以及宗教也就是一个通行见解,并且有着看似充分的理论依据和可见的文本线索。① 当然,"医源于巫"以及宗教的说法也遭到了一些学者的反对:"巫源说的荒谬,不仅在于把医学发展中的某个片段当作历史过程的全部,而且还表现在闭眼不见巫医之间的对立和斗争,因而最终把两个截然不同的体系混为一谈,既颠倒了历史,也抹煞了医药的实践性和科学性。"② 就民间文化或者早期文明而言,巫与医确实是有混为一谈的情况,但是,迷信和愚昧显然不能够被当作是科学或者科学的起源。所以总体上来说,"医源于巫"这种说法是以偏概全,对于我们理解和研究中医学没有太大帮助。

需要注意的是,仅就中国而言,并将宗教因素排除在外,在上古乃至于中古时期,以《国语》以及《论语》之中的相关论说为依据可以看出,"巫"曾经是对最高级知识分子的总称,而巫可以是医,医也可以称为巫。这样一来,"医源于巫"这种说法在很大程度上就转化为对"巫"的理解和定义的问题。依照上古和中古的文化语境,如果把"巫"理解为圣贤的话,那么接下来的追问就转化为对中医起源的第四种看法;依照近现代和西方的文化语境,如果把"巫"理解为巫婆神汉的话,那么接下来的追问就转化为对中医起源

---

① 参见廖育群、傅芳、郑金生:《中国科学技术史(医学卷)》,上海:上海科学技术出版社1997年版,第6—18页。
② 甄志亚:《中国医学史(修订版)》,上海:上海科学技术出版社1997年版,第12页。

的第二种看法,就可以直接参阅上一段的相关讨论。

对于第三种看法"医源于动物本能",我们可以仿照上例加以反驳。动物确实有某种医药本能,人类确实有可能借鉴这些现象来摸索医疗方法,但是,医学理论不可能按照动物本能来建立,即使充分考虑到古猿的劳动以及随之产生的"本能救护",[①]这也是远远不够的,否则这个世界上就会频繁地、大量地产生动物医学或动物医生,这实在是过于荒谬了。

第四种说法,医源于圣人。应该说,在上个世纪初疑古思潮兴起之前,黄帝、岐伯以及尝百草的神农是创造中医药的上古先贤之代表人物,这是几千年一直流传下来的"定论",中医因此也被称为"岐黄之术"。这种"定论"现在看来当然有很多问题,但是,没有根据地将其完全摒弃,这不仅不合逻辑、缺乏证据,也很容易倒向历史虚无主义。毋庸讳言,在中华文明史上曾经出现过很多杰出人物,当他们把个人的卓越能力和综合创造汇入时代的洪流之后,确乎可以做出远远超过常人的贡献和成就。承认这一事实,并不意味着把历史上的某个人夸大到足以创造和决定历史的地步。相反,岐伯、黄帝以及神农等人仅仅是创造中医药的多位上古先贤之中留下名字的寥寥数位代表人物,他们代表了上古时代推动历史进步的富于创造力的圣贤群体——在这个意义上理解"医源于圣人"就可以避免盲目地信古,进而更加切近真实的历史。所谓的"圣贤"或者"圣人"首先是对祖先或者更加准确地说是对远古时代最优秀的知识分子的尊称,其次是对他们对子孙后代的生息繁衍所做功绩的赞颂、感恩和追忆,最后也意味着对他们所流传下来的知识和文献的敬重。在现代学术的领域内使用"圣贤"或者"圣人"等概念,这绝不是对某种超出人类之上的神灵的膜拜,也不是对其能力的无限夸大,更不是神化古代人物,而是正视历史,是尊重知识,是尊敬先辈,是传承文化。

平心而论,中医中药当然不是由某个人凭借其聪明才智在其短暂一生中就能够完全创造出来的,其得自神农、岐伯、黄帝所代表的上古先贤们艰苦漫长的研究探索和持之以恒的长期积累。在这个意义上,关于中医起源的第一种说法,即"中医起源于人类的社会实践和与疾病斗争的实践",可以说也是成立的。

经过以上讨论,可以大致得出这样的推论:

中医在伏羲和神农所处的三皇时代就已经孕育萌芽,经过长期的无数人的积累和实践,一直到了黄帝时代,才由黄帝、岐伯等人进行系统的总结

---

① 甄志亚:《中国医学史(修订版)》,上海:上海科学技术出版社1997年版,第13页。

和全面的整理,共同编著了《黄帝内经》的主要内容,中医由此正式产生了!

《黄帝内经》是对黄帝时代以及此前医学思想和医学文献的结集和成书,特别是因为黄帝在当时具有无可比拟的中心地位,所以以"黄帝"命名此书。与以"神农"命名的药书类似,以"黄帝"命名这部医学典籍也是在表明这是一种思想渊源的追述,并没有作者署名的意思,更不意味着受到"复古思潮"或者是"向往原始社会那种大同世界的所谓圣人盛世"[1]等荒诞思想的支配。

具体来说,古医书《神农本草经》的书名之所以一定要冠以"神农"二字,显然不是因为这本书是神农亲笔所写或口述成书——这显然是现代人才具有的版权意识和作者署名,而且当时还没有文字,写无可写——而是因为在远古时代神农亲口品尝百草以鉴定其药用价值,再通过一代一代的口授把他的宝贵经验一直流传下来并发扬光大,即如《神农本草经》的序中所引用《淮南子》轶文云:"神农尝遍百草之滋味,一日而七十毒,由是医方兴焉。盖上世未注文字,师学相传,为之本草。"神农是中药学的开山鼻祖,他亲身检验药性的宝贵经验为子孙后代的健康长寿建立了不朽功业并恩泽广布。退一万步来讲,如果说神农亲口品尝百草以鉴定其药用价值这种具有现代科学实验性质的行为不值得称颂的话,那么神农"一日七十毒而不惧"这一点也不值得子孙后代们景仰吗?只有大仁大爱大智大勇精神极端高尚的人才会有这样一种舍身济世的情怀和胸襟。为了纪念他,难道不应该把他的名字写在相关书籍的书名之上吗?即使是《神农本草经》在流传过程中被后代学者不断修改增益,其中已经有了一些并非神农亲口传授的内容,这实际上也无关紧要。

所以,纠缠于《黄帝内经》以及《神农本草经》书名或作者的讨论是没有太大意义的,"黄帝内经"与"神农本草"一样,两者实际上都是标志着一个久远的渊源,一个流传的纪念。宋代药物学家寇宗奭认为"《汉书》虽言本草,却不能断自何代而作。《世本》《淮南子》虽言神农尝遍百草以和药,亦无本草之名。惟《帝王世纪》云:'黄帝使岐伯尝味草木,定《本草经》造医方以疗众疾。'乃知本草之名,自黄帝始。盖上古圣贤,具生知之智,故能遍天下品物之性味,合世人疾病之所益,从而和之,又增其品焉。"[2]可见前人的知识和创造通过书籍流传后世,后人往往以人名标志以辨识其渊源,所谓"本草"亦是如此。《神农本草经》是几千年药性知识的汇总,从中不难窥见

---

[1] 甄志亚:《中国医学史(修订版)》,上海:上海科学技术出版社1997年版,第11页。

[2] 《本草衍义》第一卷。

古人在寻求和探索中所付出的艰辛和努力，它也是历代医者千百年来智慧和经验的结晶：他们在无数次的尝试中总结出以草药为主的各种药物的药性和功用，确定其疗效后誊写汇总以传于后人。在这个过程中有很多研究者都没有留下名字，他们所有的努力和付出只有一个目的：为芸芸众生解除病痛的折磨——《黄帝内经》之宗旨无疑与之类同。

三、《黄帝内经》中的阴阳

一般来说，阴阳观念（或阴阳学说）认为宇宙是阴阳二气共同组成的一个整体，宇宙中一切事物的发生、发展和变化都是阴阳二气运动变化和互相作用的结果。需要强调的是，这不仅是文字的总结，也是图形的直观。就图形的直观而言，从前一章所讨论的河图、洛书、太极图和八卦盘式之中直接就可以推出阴阳（阴阳观念或阴阳学说），而本章讨论的是《黄帝内经》对阴阳的描述、界定和总结。

承接于图形时代的阴阳观念，岐伯、黄帝等道术研究者继承先师先贤们的研究成果，把"阴阳"细化，将其系统全面地应用于医学领域，进而形成了《黄帝内经》中的阴阳学说。《黄帝内经》中的阴阳学说首先是道术传承在黄帝时期的所发生的伟大创造和系统整合，也是岐伯、黄帝等人对此前医学理论发生发展的全面总结，至今其仍然是中华医学体系的重要理论基础和主要组成部分。从其重要性来说，阴阳是理解和掌握中医学的一把钥匙，正所谓"明于阴阳，如惑之解，如醉之醒"（《灵枢·病传》），"设能明彻阴阳，则医理虽玄，思过半矣"（《景岳全书·传忠录·阴阳篇》）。

岐伯、黄帝等道术研究者根据先师先贤们的研究成果和自己的身体力行，用阴阳学说成功地阐明了生命的本原，进而对人体的生理功能、病理变化、疾病的诊断和防治等医学根本原理做出了全面有力的说明。《黄帝内经》的成书对于中医的产生和流传以及中华民族的繁衍生息不断壮大无疑具有极为重要的意义，堪称恩泽广布而功德无量。正是为了纪念岐伯和黄帝所做出的伟大贡献，中华传统医学也就因此被称为"岐黄之术"。数千年来无数次的中医医疗实践可以证明，贯穿于中医的理、法、方、药等各个方面的阴阳具有无可置疑的科学性，它已经并且会继续有效地指导中医实践。

（一）《黄帝内经》中的阴阳概念

第一，《黄帝内经》中的阴阳与伏羲时代各种图形中所蕴含着的阴阳具有一致性。对于阴阳的基本含义，前文已有涉及，此不赘述。

第二，就《黄帝内经》文本而言，由于其对阴阳进行了非常广泛的论说，所以从中可以找到很多阴阳的描述性质的定义。这些描述性定义当然不是严格意义上的概念定义,但是在中国传统思想文化中描述性定义的大量使用又是一个普遍的文本现象。实际上,这种描述性定义并不妨碍我们理解阴阳,相反,这些描述性定义都是对阴阳内涵的某一面向的阐释,都可以作为深入理解阴阳的线索和途径。在这些内涵丰富的描述性定义中,阴阳的对立、互根、消长、转化等阴阳学说的基本内容都得到了多层次多向度的展示。而在《黄帝内经》关于阴阳的诸多定义中,堪称最为宏阔舒展的一个描述性定义是:

> 阴阳者,天地之道也,万物之纲纪也,变化之父母,生杀之本始,神明之府也。(《素问·阴阳应象大论篇第五》)

这个描述性定义可以分为两个层次,第一个层次是"天地之道也,万物之纲纪也",第二个层次是"变化之父母,生杀之本始,神明之府也"。阴阳是天地的根本,也是万物的纲纪,这是对阴阳主要功用的概括。而第二个层次则是对阴阳决定性力量的细化,阐释阴阳是事物变化的依据,是产生和灭亡的根源,是人类精神主体和思想意识的府库。这个描述性的定义非常鲜明地突出了"人天本一"的思想观念,即宇宙和人体生命在根本上是紧密勾连的一体,所以阴阳具有鲜明的道术内涵,《黄帝内经》中的阴阳学说也是先秦道术思想的重要内容。

第三,阴阳具有"人天本一"的思想特征,下面从总体构成和宏观运化两个方面对《黄帝内经》中的阴阳内涵进行梳理。

就总体构成而言,阴阳是人体生命的根本,即"生之本,本于阴阳",也是治病防病的根本,即"治病必求于本"。阴阳二气充塞宇宙,组成天地,并对万物产生作用,即"积阳为天,积阴为地。阴静阳燥,阳生阴长,阳杀阴藏。阳化气,阴成形。"类似于阴极生阳,阳极生阴,"故重阴必阳,重阳必阴"。在阴阳推移转换的过程中人体阴阳不调就会产生疾病,即"寒极生热,热极生寒,寒气生浊,热气生清。清气在下,则生飧泄;浊气在上,则生䐜胀。此阴阳反作,病之逆从也"(《素问·阴阳应象大论第五》)。这是以阴阳对病理所进行的总体分析。具体来说,阴阳之病理为"阴胜则阳病,阳胜则阴病。阳胜则热,阴胜则寒。重寒则热,重热则寒",其病症则为"寒伤形,热伤气。气伤痛,形伤肿。故先痛而后肿者气伤形也,先肿而后痛者形伤气也"。

从宏观运化的角度来说,阴阳是宇宙的根本推动力量,也是人体的根本推动力量。就宇宙来说,"清阳为天,浊阴为地;地气上为云,天气下为雨;雨出地气,云出天气。"就人体来说,"和气之方,必通阴阳。五脏为阴,六腑为阳"(《灵枢·终始第九》)。与天地之阴阳运行相类似,人体也有这种阴阳升降的过程,即"故清阳出上窍,浊阴出下窍;清阳发腠理,浊阴走五脏;清阳实四肢,浊阴归六腑。"具体就气味来说,"水为阴,火为阳;阳为气,阴为味";就其走向而言"阴味出下窍;阳气出上窍";就其厚薄而言"味厚者为阴,薄为阴之阳。气厚者为阳,薄为阳之阴";就其功能而言"辛甘发散为阳,酸苦涌泄为阴"。阴阳与人体的健康息息相关,所以就养生保健而言,涵养阴阳这一点尤为关键。仅就情绪而言,因为"喜怒伤气,寒暑伤形","暴怒伤阴,暴喜伤阳",这样一来就会有"喜怒不节,寒暑过度,生乃不固"的情况,所以调养情绪以因应四季阴阳变化也是养生保健乃至于防病治病的重要内容。

  第四,阴阳是生命的根本,是宇宙与人体互相连接的实现,也是道或道术在气这一方向上的重要展现。与《道德经》中"道"含义的多重和含混相类似,阴阳这一概念也具有多义性和多向性:

  故曰:天地者,万物之上下也;阴阳者,血气之男女也;左右者,阴阳之道路也;水火者,阴阳之征兆也;阴阳者,万物之能始也。故曰:阴在内,阳之守也,阳在外,阴之使也。(《素问·阴阳应象大论篇第五》)

  这里的阴阳反复多次出现,几乎每一次阴阳所指皆有所不同。所谓的"阴阳者,血气之男女也"是在比喻的意义上说明在人体血气中阴阳两者的功能和地位之差异就如同男女。下面的"左右者,阴阳之道路也;水火者,阴阳之征兆也"是对上一句"阴阳者,血气之男女也"的具体分说,即左与右是阴阳二气巡行的道路,即通常所说的"男左女右"的理论依据,水与火是阴阳二气表现的征兆,而左与右、水与火都体现和说明了男与女之间的差异和统合,进而说明了阴与阳的差异和统合。随后的"阴阳者,万物之能始也"一句则是离开人体又回到了宇宙的高度来讨论阴阳二气的根本意义,当然,人体也在这种概括之内。最后再通过引述,把人体之中阴内、阳外的关系加以论说,而正是由于阴内、阳外的关系,所以在人体之中阴气相对于阳气就有"守"的功能,而阳气相对于阴气就有"使"的功用。

  最后需要强调的一点是,阴阳是道(或知道、得道、修道)的重要内容。比如,《素问·上古天真论篇第一》在论说上古之人中的"知道者"的时候,首先就提出"知道者"要"法于阴阳",要"和于术数",可见阴阳以及术数是道(或知道、得道、修道)的重要内容。再比如,《素问·生气通天论篇第三》

中论说善于养生的圣人之时,首先就提出"圣人陈阴阳",①随后才能够"筋脉和同,骨髓坚固,气血皆从。如是则内外调和,邪不能害,耳目聪明,气立如故。"对于这一点,《素问·四气调神大论篇第二》中论说得更加清楚:

> 夫四时阴阳者,万物之根本也。所以圣人春夏养阳,秋冬养阴,以从其根;故与万物沉浮于生长之门,逆其根则伐其本、坏其真矣。故阴阳四时者,万物之终始也,生死之本也;逆之则灾害生,从之则苛疾不起,是谓得道。道者圣人行之,愚者佩之。从阴阳则生,逆之则死;从之则治,逆之则乱。

这里把体现在四季中的阴阳界定为"万物之根本",所以养生就应该"春夏养阳,秋冬养阴",只有这样才能够做到"以从其根",最终达到"与万物沉浮于生长之门"的养生效果。反之不养阴阳就是"逆其根则伐其本,坏其真矣"。在此之后,《黄帝内经》又进行了深入一步的论述,即把体现在四季中的阴阳界定为"万物之终始也,生死之本也",并对其养生意义从正反两方面加以论述:"逆之则灾害生,从之则苛疾不起",并把顺从阴阳的养生方法称之为"得道"——可见"得道"就意味着把握阴阳之理,实践阴阳养生的方法,这也是圣人必然的行为方式,具有多重意义。就养生而言,"从阴阳则生,逆之则死",就政治而言,"从之则治,逆之则乱",这都是深入理解道术思想的重要线索。

(二) 阴阳:生命本原与人体生长的基本规律

生命的本原是什么?《黄帝内经》给出的回答是:生命的本原在于天地,或者更准确地说生命的本原在于阴阳:

> 夫人生于地,悬命于天;天地合气,命之曰人。人能应四时者,天地为之父母;知万物者,谓之天子。(《素问·宝命全角论篇第二十五》)

正所谓"人生于地,悬命于天;天地合气,命之曰人",天地是阴阳二气中有形的一部分,所以究其实人是阴阳和合而成。人除了有生身之父母之外,天地、阴阳也可以称为人之父母。这里提出了一个新的概念"天子":"知万物者,谓之天子"。知晓天地万物的人,叫作天子,也就是天之子。可见最初天子并不是封建帝王的专用名词,天子最初是指知晓天地万物的人,也就是

---

① "圣人陈阴阳"一句含义类同于"圣人法阴阳"。

通晓阴阳二气的得道之人。人是天地之子,由阴阳和合而成,所以人才能够知晓天地万物,能够把握阴阳,这也就是道术思想之所以能够成立的理论根源。

总体来说,"合人形于阴阳四时"(《素问·八正神明论篇第二十六》),即人是阴阳和合而成。如果按照阴阳这种二分的思想方法来看,那么人体之阴阳又可以有很多的具体展开方向。比如,在总体上"人之阴阳,则外为阳,内为阴",就"人身之阴阳"而言,"则背为阳,腹为阴。言人身之脏腑中阴阳,则脏者为阴,腑者为阳。肝、心、脾、肺、肾五脏皆为阴,胆、胃、大肠、小肠、膀胱、三焦六腑皆为阳。"这种展开还可以进一步深化为阳中之阳、阳中之阴、阴中之阴、阴中之阳:"故背为阳,阳中之阳心也;背为阳,阳中之阴肺也;腹为阴,阴中之阴肾也,阴中之阳肝也;腹为阴,阴中之至阴脾也。此皆阴阳表里,内外雌雄,相输应也。故以应天之阴阳也。"

除了上面所罗列的各种分析性的细节讨论之外,在总体上还可以按照人体阴阳天赋的不同,把人分为五种:太阴之人、少阴之人、太阳之人、少阳之人和阴阳和平之人。这五种人由于天赋阴阳属性的不同,所以其心理状态、行为举止、治病方法各个不同。具体就心理状态而言:

> 太阴之人,贪而不仁,下齐湛湛,好内而恶出,心和而不发,不务于时,动而后之,此太阴之人也。
>
> 少阴之人,小贪而贼心,见人有亡,常若有得,好伤好害,见人有荣,乃反愠怒,心疾而无恩,此少阴之人也。
>
> 太阳之人,居处于于,好言大事,无能而虚说,志发乎四野,举措不顾是非,为事如常自用,事虽败,而常无悔,此太阳之人也。
>
> 少阳之人,諟谛好自责,有小小官,则高自宜,好为外交,而不内附,此少阳之人也。
>
> 阴阳和平之人,居处安静,无为惧惧,无为欣欣,婉然从物,或与不争,与时变化,尊则谦谦,谭而不治,是谓至治。

具体就行为举止而言:

> 太阴之人,其状黮黮然黑色,念然下意,临临然长大,腘然未偻,此太阴之人也。
>
> 少阴之人,其状清然窃然,固以阴贼,立而躁崄,行而似伏,此少阴之人也。

太阳之人,其状轩轩储储,反身折腘,此太阳之人也。

少阳之人,其状立则好仰,行则好摇,其两臂两肘,则常出于背,此少阳之人也。

阴阳和平之人,其状委委然,随随然,颙颙然,愉愉然,暶暶然,豆豆然,众人皆曰君子,此阴阳和平之人也。(《灵枢·通天第七十二》)

根据这五种人的阴阳属性的不同,治疗疾病时应该"盛者泻之,虚者补之",采取不同的治疗手段。同理,根据这五种人的阴阳属性的不同,其防病养生也应该各有不同。

就天人本一或者天人合一的观点来看,人体之阴阳系天之阴阳所决定,人体之阴阳是天之阴阳在人体之中的具体展开,即"清阳上天,浊阴归地,是故天地之动静,神明为之纲纪,故能以生长收藏,终而复始。惟贤人上配天以养头,下象地以养足,中傍人事以养五脏"(《素问·阴阳应象大论篇第五》)。这里以贤人作为理想人格,取法天地阴阳之道以及人事来调养身心,可见其大体上对应着后世所说的君子人格。根据阴阳之道来调整身心的具体办法就是"阳者天气也,主外;阴者地气也,主内。故阳道实,阴道虚。故犯贼风虚邪者阳受之,食饮不节、起居不时者,阴受之。阳受之则入六腑,阴受之则入五脏。入六腑则身热不时卧,上为喘呼;入五脏则䐜满闭塞,下为飧泄,久为肠澼。故喉主天气,咽主地气。故阳受风气,阴受湿气"(《素问·太阴阳明论篇第二十九》)。就根本来说,阴阳调养之道是由人体之中阴阳二气不同的循行方式所决定的,即"阴气从足上行至头,而下行循臂至指端;阳气从手上行至头,而下行至足。故曰阳病者上行极而下,阴病者下行极而上。故伤于风者上先受之,伤于湿者,下先受之。"可见人体的阴阳是可以详细描述并一一列举的,但是就宇宙总体而言,阴阳是无法详尽描述并一一列举的,即"夫数之可数者,人中之阴阳也。然所合,数之可得者也。夫阴阳者,数之可十,推之可百,数之可千,推之可万。天地阴阳者,不以数推以象之谓也。"(《素问·五运行大论篇第六十七》)

综上所述,人体的本原在于阴阳,阴阳决定了人体生老病死的总体过程。正是以此为原则,针对男性和女性不同的生理生长规律,《黄帝内经》给出了一套系统的解说,即"女七男八"之说:

女子七岁肾气盛,齿更发长。
二七而天癸至,任脉通,太冲脉盛,月事以时下,故有子。
三七肾气平均,故真牙生而长极。

四七筋骨坚,发长极,身体盛壮。
五七阳明脉衰,面始焦,发始堕。
六七三阳脉衰于上,面皆焦,发始白。
七七任脉虚,太冲脉衰少,天癸竭,地道不通,故形坏而无子也。
丈夫八岁肾气实,发长齿更。
二八肾气盛,天癸至,精气溢泻,阴阳和,故能有子。
三八肾气平均,筋骨劲强,故真牙生而长极。
四八筋骨隆盛,肌肉满壮。
五八肾气衰,发堕齿槁。
六八阳气衰竭于上,面焦,发鬓颁白。
七八肝气衰,筋不能动,天癸竭,精少,肾脏衰,形体皆极。
八八则齿发去。(《素问·上古天真论篇第一》)

女子以七年为一个生理成长周期,即七岁生真牙,十四岁初潮,二十一岁形体完全长成,二十八岁身体最为成熟,三十五岁容貌开始衰枯,四十二岁生白发,四十九岁月经绝,女性生理在此之后进入另外一种状态。男子则以八年为一个周期,即八岁生真牙,十六岁开始遗精,二十四岁形体完全长成,三十二岁身体最为壮硕,四十岁开始脱发、牙齿开始焦枯,四十八岁生白发,五十六岁肝脏肾脏衰弱、老态龙钟,六十四岁齿发皆去。这个女七男八的总体规律对于绝大多数人来说都是适用的,难以抗拒,也无所逃避,即使有些人不是完全按照这个规律,也不会相差太多,最多相差三两年的样子。改革开放之前中国人在总体上食物比较匮乏,受到营养不良的巨大影响,因而少年男女的身体发育往往会稍有推迟,但是近年来由于饮食改善,特别是动物饲料中激素的大量使用,肉蛋奶等食品往往都受到不同程度的污染,很多少年男女的发育就会提前很多。

梳理之后不难发现,在这个女七男八的总体规律之中,起到决定性作用的脏器首先应该是肾脏,即"肾者主水,受五脏六腑之精而藏之,故五脏盛,乃能泻。"特别是就老年人而言,"五脏皆衰,筋骨解堕,天癸尽矣,故发鬓白,身体重,行步不正,而无子耳。"所以如果肾脏已经衰微的话,那么女子天癸绝,男子无精,就都不会有生育功能了。当然,凡事都有例外。有些人会发生老年得子的情况,"此其天寿过度,气脉常通,而肾气有余也。"(《素问·上古天真论篇第一》)

我们需要关注的问题是,在这个人体生长的生理总体规律之中为什么女子必然是以七年为一个生理成长周期(简称以"七"为数)而男子必然是以八年为一个生理成长周期(简称以"八"为数)呢?或者说为什么男子不能够以"七"为数而女子不能够以"八"为数呢,甚至为什么不能是其他数字呢?对此笔者多方求解,发现历代注家大都言之不详。现根据《黄帝内经》文本提出一种解释,敬请方家不吝指正。

在《素问·金匮真言论篇第四》中,为了应对黄帝关于"五脏应四时"的提问,岐伯系统论述了东西南北中与五脏的对应关系,其中有:

> 东方青色,入通于肝,开窍于目,藏精于肝。其病发惊骇,其味酸,其类草木,其畜鸡,其谷麦,其应四时,上为岁星,是以春气在头也。其音角,其数八,是以知病之在筋也。其臭臊。

> 南方赤色入通于心,开窍于耳,藏于心,故病在五脏。其味苦,其类火,其畜羊,其谷黍,其应四时,上为荧惑星。是以知病之在脉也。其音征,其数七,其臭焦。

值得注意的是"东方青色——其数八"与"南方赤色——其数七"这两组对应关系,此外还有"中央黄色——其数五""西方白色——其数九""北方黑色——其数六"。关于其中的五行思想,下一节将会展开讨论。首先必须明确的是,这里的五、六、七、八、九的位置关系乃是取自河图。河图是远古时代就已经存在的阴阳表达方式,这一点上一章已经多有论述。五是中宫,这里暂时不去讨论。就六、七、八、九而言,参照易学之中的阴阳变化规则,比如上文所引述的根据阴阳属性的不同而划分的五种人,即太阴之人、少阴之人、太阳之人、少阳之人和阴阳和平之人。其中的太阴、少阴、太阳、少阳一组四个概念无疑意味着在黄帝时期先贤已经把阴阳进一步细分,其中阴可以分为太阴、少阴,阳则可以分为太阳、少阳,这可以看作是阴阳学说中二分法的再一次应用。就易学而言,在大衍筮法中仍然保存着这种对"太阴、少阴、太阳、少阳"阴阳变化系统的具体规定,即六和八是偶数为阴,七和九是奇数为阳,而六和八可以进一步区分,以六为老阴,八为少阴。同样的,七和九可以进一步区分,即九为老阳,七为少阳。阳为进,所以少阳七变为老阳九;阴为退,所以少阴八变为老阴六。

那么少阳七和少阴八为什么分别决定着人体男性和女性的生理变化规则呢?进一步来看,按照《黄帝内经》中的阴阳阐释,男子内阴而外阳,女子内阳而外阴,而人体的生理变化规则是由内部的阴阳属性所决定。所以男子的生理变化规律决定于身体内部的少阴,"其数八",而女子的生理变化规律决定于身体内部的少阳,"其数七"。——这就是"女七男八"这一生理规

（三）三阴与三阳：人体阴阳的分析模型

三阴与三阳是指少阴、太阴、厥阴和少阳、阳明、太阴。三阴与三阳是《黄帝内经》针对人体的阴阳循行状况而创制的一种独特的分析模型。总体来说，人体之中的"阴阳之气，各有多少，故曰三阴三阳也。"

就理论而言，因为阴气或阳气的运行状态决定了其功用各自不同，所以可以设置"两阳合明"的"阳明"和"两阴交尽"的"厥阴"。那么就实践而言，为什么一定要设置"阳明"和"厥阴"呢？根据岐伯的阐释可以知道人体之中的阴阳循行具有很强的规律性，是严格按照三阴与三阳的规律来运行的，即按照"上见、左、右"或者是"见、左、右"的顺序来看，就是：

诸上见厥阴，左少阴，右太阳；
见少阴，左太阴，右厥阴；
见太阴，左少阳，右少阴；
见少阳，左阳明，右太阴；
见阳明，左太阳，右少阳；
见太阳，左厥阴，右阳明。

进一步来说，如果按照"上、下、左、右"的顺序来看，那么就是：

厥阴在上，则少阳在下，左阳明，右太阴；
少阴在上，则阳明在下，左太阳，右少阳；
太阴在上，则太阳在下，左厥阴，右阳明；
少阳在上，则厥阴在下，左少阴，右太阳；
阳明在上，则少阴在下，左太阴，右厥阴；
太阳在上，则太阴在下，左少阳，右少阴。

正是因为人体的阴阳运行体现出这种规律性，所以"上下相遘，寒暑相临，气相得则和，不相得则病。"

在这里为了回答黄帝的提问："气相得而病者，何也？"岐伯提出了"不当位"的概念，即"以下临上，不当位也。"这里的"不当位"是指阴阳循行中本应居于下位的却反过来居于上位，这样一来人体就会发生病患，并非特指以阴临阳位或以阳临阴位。这与后世易学中的"不当位"概念明显不同。当然，这里的"不当位"很可能就是后世易学中"不当位"之说最早的理论渊源。

对于三阴与三阳之说,黄帝也有很深的疑虑,他问道:

>余闻天为阳,地为阴,日为阳,月为阴。大小月三百六十日成一岁,人亦应之。今三阴三阳不应阴阳,其故何也?(《素问·阴阳离合篇第六》)

岐伯首先对阴阳的繁衍周密进行了一番论述:"阴阳者数之可十,推之可百,数之可千,推之可万,万之大不可胜数,然其要一也。"所以有"阴中之阴"和"阴中之阳"等诸多说法。对于人体而言,"阴阳之变,其在人者,亦数之可数。"三阴三阳的基础是对人体阴阳循行状态的仔细观察,即针对"三阴三阳之离合"的情况而提出的分析框架。

首先是"三阳之离合"的含义,即

>圣人南面而立,前曰广明,后曰太冲。太冲之地,名曰少阴,少阴之上,名曰太阳。太阳根起于至阴,结于命门,名曰阴中之阳。中身而上名曰广明。广明之下名曰太阴,太阴之前,名曰阳明。阳明根起于厉兑,名曰阴中之阳。厥阴之表,名曰少阳。少阳根起于窍阴,名曰阴中之少阳。是故三阳之离合也:太阳为开,阳明为阖,少阳为枢。三经者不得相失也,搏而勿浮,命曰一阳。

可见三阳的功用不同,即"太阳为开,阳明为阖,少阳为枢。"三阳又彼此勾连,合为一股阳气,即"三经者不得相失也,搏而勿浮,命曰一阳"。

其次是"三阴之离合"的含义,即

>外者为阳,内者为阴。然则中为阴,其冲在下,名曰太阴,太阴根起于隐白,名曰阴中之阴。太阴之后,名曰少阴,少阴根起于涌泉,名曰阴中之少阴。少阴之前,名曰厥阴,厥阴根起于大敦,阴之绝阳,名曰阴之绝阴。是故三阴之离合也,太阴为开,厥阴为阖,少阴为枢。三经者不得相失也,搏而勿沉,名曰一阴。

可见三阴的功用也是各自不同,即"太阴为开,厥阴为阖,少阴为枢。"三阴又彼此勾连,合为一股阴气,即"三经者不得相失也,搏而勿浮,命曰一阴"。

三阴三阳之说。首先,可以用于对人体气血类型的分析,进而将人的气血强弱状况分为六个类型,即夫人之常数,太阳常多血少气,少阳常少血多气,阳明常多气多血,少阴常少血多气,厥阴常多血少气,太阴常多气少血。此天之常数。

这种分判的意义在于,医者需要根据患者气血的多少关系来进一步辨证施治。

其次,虽然可以把人体的十二条经脉对应于一年的十二个月,即"十二月应十二脉",但是实际上三阴三阳之说最为显著的应用是对十二经脉的区分和研判。《灵枢·经脉》所记载的三阴三阳与手足搭配的十二经脉是:

手三阴经:手太阴肺经、手少阴心经、手厥阴心包经;
手三阳经:手阳明大肠经、手太阳小肠经、手少阳三焦经;
足三阳经:足阳明胃经、足太阳膀胱经、足少阳胆经;
足三阴经:足太阴脾经、足少阴肾经、足厥阴肝经。

其中"足太阳与少阴为表里,少阳与厥阴为表里,阳明与太阴为表里,是为足阴阳也。手太阳与少阴为表里,少阳与厥阴为表里,阳明与太阴为表里,是为手之阴阳也。"(《灵枢·经脉》)十二经脉具有运行气血、连接脏腑内外、沟通上下等功能,无论是感受外邪还是脏腑功能失调,都会引起经络的病变。因此,根据三阴三阳之说确立起的十二经脉循行规律和功能分判对于中医理论的成熟和完善具有重大意义。

需要补充说明的是,马王堆帛书《足臂十一脉灸经》和《阴阳十一脉灸经》已经具有了以三阴三阳之说确立十二经脉循行规律和功能分判的所有理论因子,考虑到在下葬之前这两部文献必然早已经长期广泛地流行,所以实际上这两部早期医学文献的出土并不影响上文的讨论。但是,有学者依据马王堆帛书《足臂十一脉灸经》和《阴阳十一脉灸经》来推断《灵枢·经脉》晚出于其后,或者认为只是到了汉代《灵枢·经脉》成书,经脉理论才由十一条增加到十二条,即"增加了手厥阴之脉,构成了三阴三阳的均衡配置,并且改变了经脉走向,形成了阴阳脉互相衔接的循环图。"①这种观点虽然是以出土文献作为强力证据,但是也有很多问题可以商榷,并不足以影响上文关于以三阴三阳之说确立十二经脉循行规律和功能分判等论述,主要理由如下:

---

① 廖育群、傅芳、郑金生:《中国科学技术史(医学卷)》,上海:上海科学技术出版社1997年版,第101页。

第一，论证从《足臂十一脉灸经》《阴阳十一脉灸经》到《灵枢·经脉》是西汉时期极短时间内完成的累进式的医学理论进步，这是一个几乎不可能完成的任务，缺乏证据，也不合逻辑。

第二，以经络学说的流传和演化为中心，《灵枢·经脉》《足臂十一脉灸经》和《阴阳十一脉灸经》的时间先后关系其实可以有多种理解，简单的单线进化的理解应该并不符合实际情况。这一点只要对照《老子》以及《周易》经传多个版本的流传和出土情况就很容易理解。古籍流传的情况往往很复杂，节选本、集佚本、重写本、通俗本、摘抄本乃至于个人编纂本等各种情况都需要考虑。所以从充分尊重历史文献记载的这种角度来看，《足臂十一脉灸经》和《阴阳十一脉灸经》应该是《灵枢·经脉》两种不完整的民间流传本或个人编纂本，而且《足臂十一脉灸经》和《阴阳十一脉灸经》两者经脉名称的巨大差异也非常鲜明，足以说明这些修改的随意性和主观性，很可能是基于编纂者的个人偏好和记忆方便而做出的个性标注。

第三，经脉主病数量的增加和各种"是动"与"所生病"的比较① 应该不足以说明《灵枢·经脉》主要内容晚出于《足臂十一脉灸经》和《阴阳十一脉灸经》之后，因为《足臂十一脉灸经》和《阴阳十一脉灸经》可能是对《灵枢·经脉》的选择性摘抄，而且《灵枢·经脉》作为一种官方版本或正式版本，拥有更多的读者人群，也就有更多的机会被历代修订者补充和完善。

四、《黄帝内经》中的五行

（一）五行的产生时间

在中国传统学术之中研究"五行"的专著传世的并不多，现存的主要是隋代萧吉的《五行大义》和明代娄元礼的《田家五行》。其他论述五行的篇章散见于各部正史的《五行志》《天文志》《律历志》等，《春秋繁露》《白虎通》《论衡》亦有若干篇章专论之。在现代学术史上，梁启超是最早对阴阳五行进行考察的学者之一。根据对先秦两汉典籍之中涉及阴阳五行的语句、语意的考察，梁任公得出的结论是：春秋战国以前，"五行"一词的语意极为平常，并无丝毫哲学或术数的意味；至于后世所谓五行终始之说，其创始者乃燕齐方士。② 梁启超的文章发表后，吕思勉与栾调甫先后撰文提出商榷。吕思勉不同意梁启超对《尚书·甘誓》中"五行"的唯物解释，他认为

---

① 参见廖育群、傅芳、郑金生：《中国科学技术史（医学卷）》，上海：上海科学技术出版社1997年版，第102—104页。
② 参见梁启超：《饮冰室合集》第36册，北京：中华书局2015年版，第56页。

"五行"可能具有源远且深刻的哲学意味;至于其起源为何,吕思勉指出"五行"之说至少早在邹衍之前就已经产生了,甚至其可以一直追溯至尧以前的上古遗制。① 与吕思勉相比,栾调甫的思路更为明晰。他所引用的史料与梁启超大体相同,但是解释互异,其对五行说起源的不同看法主要体现在两个方面:第一,"五行"指金、木、水、火、土,这一点不容有疑,且在夏商之世其是很重要的学说之一。第二,五行的生克之法,并非战国时人邹衍的创始发明,而是"最原始最古的"理论,岐周以前即已有之。② 在这次争论之后,关于阴阳和五行的讨论遂成为现代学术的热点问题之一,百年来各种观点层出不穷而始终莫衷一是。这种情况,萧汉明有非常集中的概括:

> 考察原始五行说的源头,由于史料不足征,许多在逻辑上应有的中介环节都难以从史实中得到印证。这个困难反而吸引了近现代的许多学者,使他们花费了大量精力,几乎将先秦文献中的有关资料全部翻检出来。但由于忽略了五行学说与河图在缘起阶段的互相依存关系,以及对资料本身在鉴别上的许多失误,导致所得结论的纷然不一。
>
> 近现代学者们所得出的结论尽管各不相同,但如果去掉其中某些至上性的判断,并将五行说与河图的进程作综合考察,那么便会发现河图五行图式在先秦的存在是一个生动的事实,并会注意到以往的那些不同结论都在五行学说发展的逻辑链上占据着一定的环节。③

综观而论,就"五行"起源于何时的问题,大致有以下四种看法:

第一,远古说。除了上文所述及的吕思勉之外,还有金景芳、李零等著名学者都认为五行说起于远古,其具有古老宏阔的思想背景。

第二,殷商说。主张这一说法的有陈梦家、胡厚宣、杨向鑫、栾调甫等现当代学者。

第三,西周说。此说以中国哲学史专家冯友兰为最为典型之代表。

第四,春秋战国说。持此论者主要有梁启超、顾颉刚、金谷治等各位学者。这种看法是在疑古思潮中产生出来的,所以近百年来堪称最为流行。

值得注意的是,李学勤曾经推断《尚书·洪范》的年代不晚于西周,所以

---

① 参见吕思勉:《辨梁任公阴阳五行说之来历》,《东方杂志》第二十卷第二十期。
② 参见栾调甫:《梁任公五行说之商榷》,《东方杂志》第二十卷第十九期。
③ 萧汉明:《河图·五行·图象语言》,《不尽长江滚滚来——中国文化的昨天、今天与明天》,北京:东方出版社1994年版,第232页。

他认为五行说的起源时代应该不会与西周相差太多。① 在此之前,金景芳在20世纪70年代就曾经发表过类似见解,他认为《尚书·洪范》是"西周的作品",其理由如下:

一、近人已经提到的春秋战国时期的作品,如《左传》文公五年、成公六年、襄公三年,《墨子·兼爱下》,《吕氏春秋·贵公》,《荀子·脩身》《天论》,《韩非子·有度》等都曾引用过《洪范》里的词句。

二、《诗经·小雅·小旻》有"或圣或否,……或哲或谋,或肃或艾"等词句,这里的"圣"、"哲"、"谋"、"肃"、"艾"五个词,和《洪范》五事的"恭作肃,从作艾,明作哲,聪作谋,睿作圣"等五德的下一个词完全相同。这决不是巧合,而是引用《洪范》的结果(郑玄笺已见及此)。又《尚书·吕刑》说:"谁敬五刑,以成三德",这"三德",自来都用《洪范》正直、刚克、柔克等三德来解释,无疑是对的。这就证明不但春秋战国时很多引用过《洪范》,即作于西周的《诗》《书》也引用过《洪范》。②

据此金景芳以深邃的历史眼光进一步提出了一个重要论断:"五行作为一个集合名词来应用,并不始于《洪范》,早在原始社会就出现了。"也就是说,金景芳认为五行思想的出现要大大早于西周时期,记载着殷末周初箕子言论的《洪范》只不过是对五行思想迄今所见较早的一次官方文献记载而已。这种看法可谓是难能可贵,堪称是一名真正的历史学家的真知灼见。但是金景芳又根据《左传·昭公二十九年》的记载认为"五行原出于五官,五官原出于生产斗争的需要,并没有哲学含义。"这种看法就有可能是本末倒置了。因为按照一般的逻辑推理来讲,早已有之的五行思想是本原,五官是对五行的附会或敷衍,或者说五行是一种通行的思想,五官是在五行思想广泛流行之后才被因袭设置的神祇系统或官员体制。

本研究认同金景芳的"五行早出说"这一见解,下面对这一看法进行更加充分的论述。

五行是中国传统思想文化中最具魅力的内容之一,其渊源深远,至今仍然具有强大的生命力,特别是在中医理论和实践中居于不可动摇的重要地位。关于五行的起源,金景芳等古今学者都注意到了《左传·昭公二十九

---

① 参见李学勤:《周易溯源》,成都:巴蜀书社2006年版,第28页。
② 金景芳:《西周在哲学上的两大贡献——〈周易〉阴阳说和〈洪范〉五行说》,《哲学研究》1976年第6期。

年》中这一条材料的重要价值：

> 故有五行之官，是谓五官。实列受氏姓，封为上公，祀为贵神。社稷五祀，是尊是奉。木正曰句芒，火正曰祝融，金正曰蓐收，水正曰玄冥，土正曰后土。

其中以句芒、祝融、蓐收、玄冥、后土为"五行之官"。实际上，《绝越书·计倪内经第五》之中已经明确指认"五行之官"创始于黄帝时代，只不过与《左传·昭公二十九年》的记载稍有差异，其是以太皞、祝融、少昊、玄冥、后土为"五行之官"：

> 黄帝于是上事天，下治地。故少昊治西方，蚩尤佐之，使主金。玄冥治北方，白辨佐之，使主水。太皞治东方，袁何佐之，使主木。祝融治南方，仆程佐之，使主火。后土治中央，后稷佐之，使主土。并有五方，以为纲纪。

这里的"五行之官"（五官）各个执掌金、木、水、火、土之一，分别执掌东、西、南、北、中五方。很明显"五行之官"是根据五行来设置的一种神祇系统或官员体制。也就是说，在黄帝时期，五行思想已经颇为流行，所以黄帝根据五行这种通行思想来配置五官，分别执掌东、西、南、北、中五方。

炎帝神农大约比黄帝略早，其所遗典籍有"兵阴阳家又有《神农兵法》一篇，五行家有《神农大幽五行》二十七卷"，"仓颉造字在黄帝时，前此未有文字。神农之言，皆后人追录。"（《全上古三代秦汉三国六朝文》卷一《全上古三代文》）神农除了有涉及阴阳的兵法著作，还有一本著作专论五行，可见神农时期五行已经大行其道。

此外，《黄帝内经》中有两则材料也可以对上文所提出的"黄帝时期五行已经颇为流行"这一观点做出比较有力的辅助说明。

首先，从《素问·天元纪大论篇》中鬼臾区回答黄帝关于运气学说的一些提问的内容可以看出，鬼臾区在系统论说五运六气学说之前就对五运六气学说的基础——五行——进行了论述，即：

> 神在天为风，在地为木；在天为热，在地为火；在天为湿，在地为土；在天为燥，在地为金；在天为寒，在地为水。故在天为气，在地成形，形气相感，而化生万物矣。

从总体上来看,鬼臾区所说的由"神"运化而成的这个体系是一个天地双系统,其中的五行属于地。正所谓"在天为气,在地成形",天有风、热、湿、燥、寒,地有木、火、土、金、水,因为"形气相感",所以"化生万物"。在这个天地双系统之中,五行之所以被设置为一个子系统,这只可能是在五行思想广泛流行之后才得以产生的进一步的理论创造。

足以与之相对照的是《国语·鲁语上》中的"及地之五行,所以生殖也",这也是把五行设置为"地"这一子系统。

其次,从《素问·移精变气论篇第十三》中岐伯回答黄帝提问时关于"色脉"的论说内容可以看出,金、木、水、火、土五行应该是早在黄帝之前就已存在的一种理论系统,其产生很可能与"僦贷季"这个人物有关,即:

上古使僦贷季理色脉而通神明,合之金木水火土,四时八风六合,不离其常,变化相移,以观其妙,以知其要,欲知其要,则色脉是矣。

其中的"僦贷季"是岐伯所追忆的先师先贤,身处上古时代的他受上古之帝的委派对"色脉"进行了精深的研究,并且以"色脉"来通达"金、木、水、火、土"五行以及四时八风,所以在僦贷季所处的时代而言,五行必然已经产生。

此外,《素问·五运行大论篇》中有"黄帝坐明堂,始正天纲,临观八极,考建五常",这里的五常就是五行,但是所谓的"考建"二字却是大有讲究。有学者认为"考建"就是建立的意思,所以是黄帝创立了五行。窃以为不妥。所谓的"考建"首先是"考",然后是"建"。就是说黄帝首先对自古相传的五行进行了考察,简单地讲就是做实验看看你这套说法对不对,然后是"建",即对一些细节进行了修正和校对,进而建立了新的规范,而这种五行规范首先应该是历法的规范。所以说黄帝并不是发明和创制了五行,他应该是重新创制了五行的一套规范。与之可以对照的有《史记·五帝本纪》中的"轩辕乃修德振兵,治五气,蓺五种,抚万民,度四方,教熊罴貔貅貙虎,以与炎帝战于阪泉之野",《史记·历书》中的"盖黄帝考订星历,建立五行,起消息,正闰余,于是有天地神祇物类之官,是谓五官"。此外,《孔子家语·五帝德》中的"黄帝者,少昊之子,曰轩辕,生而神灵,弱而能言,幼齐叡,庄敦敏诚信,长聪明,治五气,设五量",其中所谓的"五气"一般都解释为五行。

再次,《管子·五行》中有"昔黄帝以其缓急作五声,以政五钟。令其五钟,一曰青钟大音,二曰赤钟重心,三曰黄钟洒光,四曰景钟昧其明,五曰黑钟隐其常。五声既调,然后作立五行以正天时,五官以正人位。"很显然,这里的五声、五钟、五行、五官是互相对应的,这一套系统应该都是在五行思想的指导之下而完成的。所以这里所说的"五行"应该是在五行思想指导下的天文历法,而不应该认为五行系统是以"五声"和"五钟"为基础而设定的。换句话说,黄帝只是对五行进行了广泛使用,比如进行音律设定和进行官职设定,而不是发明或创制了五行系统。

总之,五行在黄帝时代就已经存在并流行,这是本研究的一个基本判断。

(二)五行的产生依据

经过以上论说,可以确定黄帝时期比较成熟的五行思想业已存在并且广泛流行,由此我们就可以把《黄帝内经》中的五行归结为黄帝时期的道术思想。《黄帝内经》中关于五行的内容比较丰富,承接上文对五行产生时间的讨论,下面首先就《黄帝内经》所揭示的五行的产生依据进行追索。

关于五行的产生依据的讨论目前已有很多,而且对五行产生的讨论也往往和阴阳的追溯牵连在一起。就逻辑而言,阴阳和五行两者也是难以截然分开的。就最为简近的理解而言,五行可以溯源于阴阳,具体来说就是五行可以直接以河图中所反映的阴阳在四方与中央的序列排布为根据。① 河图足以作为五行的产生根据,对于这一点,后代易学特别是宋代之后的易图研究已经多有阐发,兹不赘述。按照这种理解,在阴阳产生之后,那么五行也就自然而然地产生了,两者的产生时间不会相差得过于久远。但是,历史资料的丰富性可以给我们理解五行的产生以多个角度和不同层面,而且按照一般的渐进思路来理解,五行也有一个不断充实、不断完备和不断应用的足以被多次"发明"的历史过程。

此外,《史记·历书》有"黄帝考定星历,建立五行"。这首先是对"黄帝时期比较成熟的五行思想已经存在"这一论断的再次确认,其次它把五行的根据设定为"星历",即星象历法,或者说,五行与星象历法有着非常密切的关联。

就《黄帝内经》而言,其所给出的五行的一个直接根据是"五气经天",即

> 臣览《太始天元册》文,"丹天之气,经于牛女戊分;黅天之气,经于心尾己分;苍天之气,经于危室柳鬼;素天之气,经于亢氐昴毕;玄天之

---

① 参见萧汉明:《河图·五行·图象语言》,《不尽长江滚滚来——中国文化的昨天、今天与明天》,北京:东方出版社1994年版。

气,经于张翼娄胃。"所谓戊己分者,奎壁角轸,则天地之门户也。夫候之所始,道之所生,不可不通也。①

这里的"臣"是岐伯自称,这段话是岐伯回答黄帝的提问,也是关于"天地阴阳者,不以数推以象之谓也"的进一步展开。从这一段话之中可以推断,以上古佚书《太始天元册》为根据,岐伯认为五行之"象"就在于"五气经天"。

因为这段文字出自《素问·五运行大论》,所以有必要就文献考察的角度进一步加以讨论。《五运行大论》是《素问》第六十七篇,也是一般所说的"运气七篇大论"(《天元纪大论》《五运行大论》《六微旨大论》《气交变大论》《五常政大论》《六元正纪大论》《至真要大论》七篇)之一。篇名"五运行大论"的含义是:论述五气运行的总体规律,具体到这一篇的内容来说就是论述五气的运行规律及其与人体和宇宙万物的关系。因为《黄帝内经》在历史上多有散佚,唐代王冰于是根据"旧藏之卷"将"七篇大论"补入《素问》。由此,后代学者对王冰的自序以及运气诸篇的若干内容产生了一些疑问。比如,将运气七篇大论纳入《素问》,这是否是王冰首创;又比如,运气诸篇内容的形成年代是否晚在魏晋南北朝时期;最为关键的是,运气七篇是否是《素问》原有的内容。本书在这里的处理办法是:

第一,既然王冰根据"旧藏之卷"将"七篇大论"补入《素问》,那么其必然有所根据,而这些根据有可能是我们现在所见不到的,我们现在首先应该尊重并接受王冰的这种处理。

第二,对"五运六气"进行全面研究不是本章节的任务,在这里我们关注的是五行的产生根据,所以即使"七篇大论"可能羼入一些后代的思想内容,这也不影响我们对五行起源的讨论。

第三,这里已经出现了干支,即在黄帝时期已经出现了天干与地支以及干支配合。这与《吕氏春秋》与《世本》中所记载的黄帝时期史官"大桡作甲子"的记载相吻合。天干有十,即甲、乙、丙、丁、戊、己、庚、辛、壬、癸。地支十二,即子、丑、寅、卯、辰、巳、午、未、申、酉、戌、亥。十天干与十二地支逐次搭配,或者说是互相配合生成六十甲子。

第四,这里已经出现了二十八宿,即在黄帝时期已经出现了二十八宿的星域分野。二十八宿是把星域周天分为四方,即东方青龙七宿:角、亢、氐(dī)、房、心、尾、箕,北方玄武七宿:斗(dǒu)、牛、女、虚、危、室、壁,西方白

---

① 《黄帝内经·素问·五运行大论》。

虎七宿：奎、娄、胃、昴(mǎo)、毕、觜(zī)、参(shēn)，南方朱雀七宿：井、鬼、柳、星、张、翼、轸(zhěn)。虽然就实物而言是随县出土的战国时期曾侯乙墓漆箱上面首次记录了完整的二十八宿的名称，就文献而言《周礼·春官·冯相氏》《礼记·月令》《吕氏春秋》《逸周书》等先秦典籍中都有相关记载，但是从上文所引《黄帝内经》的相关记载来看，"二十八宿"应该至少可以追溯至黄帝时期。

岐伯所引述的《太始天元册》应该是一本书，甚至是迄今为止在中华文明传统之中所知道的最早的一本书。王冰注之曰："天元册，所以记天真元气运行之纪也。……太古灵文，故命曰《太始天元册》也。"张介宾说："盖太古之文，所以记天元者也。"(《类经二十三卷·运气类三》)显然，他们都是在根据书名来推测其内容。就常理而言，黄帝时期的典籍文策应该不止《太始天元册》这一本。

根据岐伯所言可以画出下面这张图，或可以称之为五气经天图或者五天之气图：

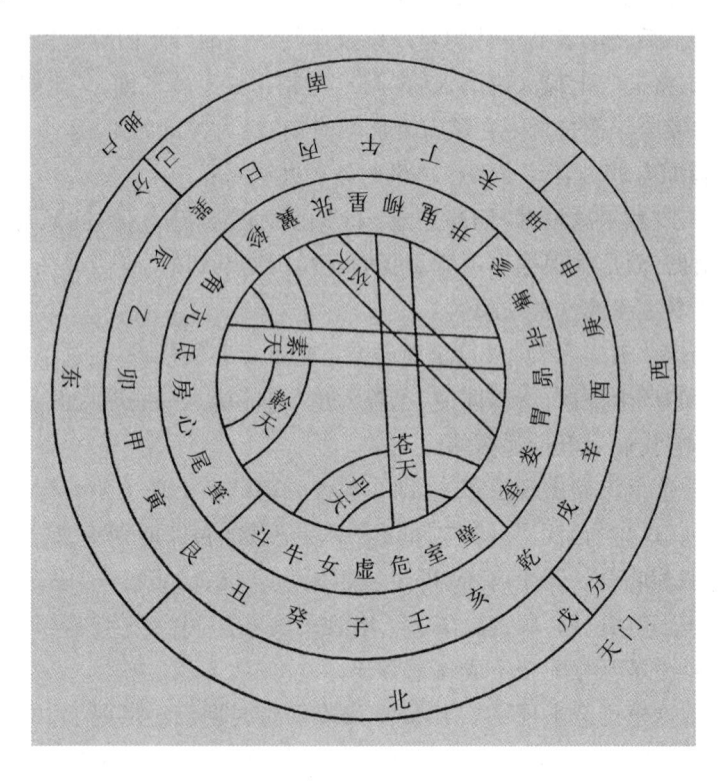

在上图中最内圆之中的或直或曲或交叉的五个条带表示五天之气，即丹天之气、黅天之气、素天之气、玄天之气、苍天之气，这五气与第二内圆之中所排列的天体二十八星宿结合在一起展示出了五气经天的总体态势。当

然,图中二十八宿与外圆的十天干、十二地支再分位相临,再夹杂以后天八卦盘式中的乾、坤、艮、巽四卦表示四隅方位,最外圆还设有东、南、西、北四正方位以及西北方位的戌分(天门)与东南方位的己分(地户)。

这张图的总体方位虽然还是面南、背北、左东、右西的传统"地图"布置,或者说是左青龙、右白虎、朱雀在前、玄武在后,但是这张图实际上是"天图"而不是"地图"。五天之气显然不是(或者说是不仅仅是)地球大气层中的现象,它应该属于"仰观天文",或者说是指从"象"的角度来描述宇宙中"气"的某种特殊运行状态。考虑到《内经》最根本的观念就是宇宙中充满着"气",而"气"的各种运行状态决定了宇宙中万事万物的变化,我们就可以认定《黄帝内经》之所以引证《太始天元册》中的这些记录,就是要赋予五天之气以直观的根据,其目的在于说明五天之气或者五行是以某种非常宏大的宇宙观察作为现实基础。至于说这个宇宙观察究竟现在还能不能成立,其所依靠的观测手段或者基本方法是什么,《黄帝内经》对这些问题都没有说明,只有留待未来的科学发展来进行深入考察和实际检验。

(三)五行的基本内涵

按照岐伯所说"天地阴阳者,不以数推以象之谓也"的思路来理解,五行是"象",就这一点来说其与八卦之"象"是非常近似的。换句话来说,五行之"象"是超越于具体事物的一套"气"的分类方法。虽然五行的具体名称得之于五个具体事物,即金、木、水、火、土,但是这里的金、木、水、火、土是"气",其已经超越了"物"而具有"象"的意义。"象"不仅仅具有性质和功能方面的独特内涵,也具有时间和空间的重要意义。只要把五行和八卦这两套系统互相对照,那么这种"象"的内涵和意义就非常明显,而且这样一来就很容易理解"五行"含义的丰富性,比如五材、五行、五味、五色、五星等。

以黄帝提问而"岐伯对曰"的问答形式,《素问·阴阳应象大论篇第五》对五行之象做出了非常全面的表述,即:

> 东方生风,风生木,木生酸,酸生肝,肝生筋,筋生心,肝主目。其〔在天为玄,在人为道,在地为化。化生五味,道生智,玄生神。神〕在天为风,在地为木,在体为筋,在脏为肝,在色为苍,在音为角,在声为呼,在变动为握,在窍为目,在味为酸,在志为怒。怒伤肝,悲胜怒,风伤筋,燥胜风,酸伤筋,辛胜酸。

> 南方生热,热生火,火生苦,苦生心,心生血,血生脾,心主舌。其在天为热,在地为火,在体为脉,在脏为心,在色为赤,在音为徵,在声为笑,在变动为忧,在窍为舌,在味为苦,在志为喜。喜伤心,恐胜喜,热伤

气,寒胜热,苦伤气,咸胜苦。

中央生湿,湿生土,土生甘,甘生脾,脾生肉,肉生肺,脾主口。其在天为湿,在地为土,在体为肉,在脏为脾,在色为黄,在音为宫,在声为歌,在变动为哕,在窍为口,在味为甘,在志为思。思伤脾,怒胜思,湿伤肉,风胜湿,甘伤肉,酸胜甘。

西方生燥,燥生金,金生辛,辛生肺,肺生皮毛,皮毛生肾,肺主鼻。其在天为燥,在地为金,在体为皮毛,在脏为肺,在色为白,在音为商,在声为哭,在变动为咳,在窍为鼻,在味为辛,在志为忧。忧伤肺,喜胜忧,热伤皮毛,寒胜热,辛伤皮毛,苦胜辛。

北方生寒,寒生水,水生咸,咸生肾,肾生骨髓,髓生肝,肾主耳。其在天为寒,在地为水,在体为骨,在脏为肾,在色为黑,在音为羽,在声为呻,在变动为慄,在窍为耳,在味为咸,在志为恐。恐伤肾,思胜恐,寒伤血,燥胜寒,咸伤血,甘胜咸。

从总体上看,岐伯在这里所说的内容也就是上文所引述的《素问·天元纪大论篇》中鬼臾区所说的天地双系统,其中的五气属于天,五行属于地。正所谓"在天为气,在地成形",天有风、热、湿、燥、寒,地有木、火、土、金、水,天地两套系统发生一系列的感应,"形气相感"所以"化生万物"。

当然就文献考察的角度来看,这些文字也并非没有问题。比如,第一段中的"在天为玄,在人为道,在地为化。化生五味,道生智,玄生神。神"就很可能是后人所加,或者就是错简及衍文。从下面几段关于五行的论述中可以看出其固有的行文格式,即所谓的"在天为"就是每一段开端"五方生五气"的重复,但是所谓的"其在天为玄"却明显打破了这个规则,而且所谓的"玄"究竟是什么文中也没有说清楚,此后所出现的"道""化""智""神"也都有这些问题。五行应该各主一味,但是这里偏偏有木"化生五味",这就非常不妥当了。所以很多注释家都认为第一段中的这部分文字作为错简或衍文应该被删除。

如上所述,将这段内容与《易传·说卦》中关于八卦取象的内容相对照,可以进一步凸显五行"象"的意义,如此一来就很容易理解"五行"内涵的丰富性。当然,《易传·说卦》对八卦系统之中八卦各自的属性进行了特殊说明,比如"乾,健也;坤,顺也;震,动也;巽,入也;坎,陷也;离,丽也;艮,止也;兑,说也",而《黄帝内经》则是按照五行的顺序分别一一列举其取象,所以《尚书·洪范》中的"水曰润下,火曰炎上、木曰曲直,金曰从革,土爰稼穑"应当看作是对五行之象的一种非常精当的概括和说明,其与上文所引述的

《易传·说卦》对八卦所作的特殊说明有异曲同工之妙。比如，"木曰曲直"，即木之"象"是收缩伸长之意。在人体之中，筋具有伸展和收缩的功能，"在变动为握"，眼睛依靠眼球转动和睫状肌的收缩和舒张来视物，所以它们都属于木。木代表了生发的力量，标示着生生不已的功能，所以其对应的脏器是肝。比较而言，《黄帝内经》对五行之象的说明更加全面和系统，也具有更加明确的应用指向——"人天本一"思想指导下的人体五行的具体分类，进而直接为中医理论奠定了基础。

（四）五行系统的自我调节机理

按照现代人的观点，金、木、水、火、土五行组成了一个动态的稳定系统，其自我调节机制非常有价值，具有典范意义。《黄帝内经》对五行自我调节的说明并不集中，也不是特别突出，需要进行全面的梳理并作出一定程度上的补充说明。

第一，五行相生。

五行相生即五行递相滋生和促进。五行相生的次序是：木生火，火生土，土生金，金生水，水生木。《黄帝内经》之中虽然没有明确陈述"木生火，火生土，土生金，金生水，水生木"，但是从一些文句之中却可以解读出五行之间的这种滋生和促进关系。比如，在上文所引述的《素问·阴阳应象大论篇第五》中关于五行的论述中有：

一、"木生酸，酸生肝，肝生筋，筋生心"，其中的"筋生心"可以解读为"木生火"。

二、"火生苦，苦生心，心生血，血生脾"，其中的"血生脾"可以解读为"火生土"。

三、"土生甘，甘生脾，脾生肉，肉生肺"，其中的"肉生肺"可以解读为"土生金"。

四、"金生辛，辛生肺，肺生皮毛，皮毛生肾"，其中的"皮毛生肾"可以解读为"金生水"。

五、"水生咸，咸生肾，肾生骨髓，髓生肝"，其中的"髓生肝"可以解读为"水生木"。

五行之间递相滋生和促进保证了五行之间的支持和互动，维持系统的总体稳定与各项功能的正常发挥。

第二，五行相克。

五行相克即五行递相制约和克制。五行相克的次序是：木克土，土克水，水克火，火克金，金克木。《黄帝内经》之中虽然没有明确陈述"木克土，土克水，水克火，火克金，金克木"，但是从一些文句之中却可以解读出五行之间的制约和克制关系。比如,"春胜长夏,长夏胜冬,冬胜夏,夏胜秋,秋胜春,所谓得五行时之胜"(《素问·六节藏象论篇第九》)就不是简单地讨论季节或季节转换,而是依据春、夏、长夏、秋、冬与木、火、土、金、冬之间的对应关系来论述木克土、土克水、水克火、火克金、金胜木。

再比如,在上文所引述的《素问·宝命全形论第二十五》中岐伯关于针法"虚实呿吟"的论述中有:"木得金而伐,火得水而灭,土得木而达,金得火而缺,水得土而绝,万物尽然,不可胜竭"。其中的"木得金而伐"可以解读为金克木,而"火得水而灭"可以解读为水克火。所谓的"土得木而达"当然不是说土遇到木就会通达。《说文》有:"达,行不相遇也",所以这里的"达"字不应该当作"通达"来解释而应该解释为"行不相遇"。因此,所谓的"土得木而达"应该解读为木克土,①"金得火而缺"可以解读为火克金,"水得土而绝"可以解读为土克水。显然,《黄帝内经》已经隐含有五行相克的意蕴。

五行之间的克制关系是往复无穷的,即"五运之始,如环无端"(《素问·六节藏象论篇第九》),其对于五行系统的平衡和稳定具有重要意义。木得金敛,则木不过散;水得火伏,则火不过炎;土得木疏,则土不过湿;金得火温,则金不过收;水得土渗,则水不过润,然后五行系统才会发挥出整体上的各种奇妙功用。

在相克的关系中,任何一行都有"克我""我克"两个方面的关系,而《黄帝内经》称之为"所胜"与"所不胜"。"克我"者为"所不胜","我克"者为"所胜"。所以五行相克的关系又可以称之为"所胜"与"所不胜"的关系。以土为例:"克我"者木,则木为土之"所不胜";"我克"者水,则水为土之"所胜"。其余可以类推。

第三,五行制化。

以五行相生和相克为基础,可以推导出五行中的制化关系。相生与相克是五行自我调节最基础的两个方面。没有五行相生,就没有五行的发生和成长;没有五行相克,就不能维持五行在正常协调关系下的运化与平衡。五行之间这种生中有制、制中有生、相互生化、相互制约的生克关系,可以称之为制化。具体来说,五行中的制化关系是:木克土,土生金,金克木;火克金,金生水,水克火;土克水,水生木,木克土;金克木,木生火,火克金;水克火,火生土,土克水。

以五行生克制化为基础,可以推导出五行的非正常状态,而这种状态就人体而言则是病态。比如,"气有余,则制己所胜而侮所不胜,其不及,则己

---

① 参见孔国富:《"土得木而达"训》,《江苏中医》1989年第3期。

所不胜侮而乘之,己所胜轻而侮之"(《素问·五运行大论》)。当然,五行的这种非正常状态往往是由岁气太过或不及引起的,其中对"己所胜"的过度克制称之为"胜气",而这种胜气在五行这种动态平衡的系统之内必然导致一种相反的力量(反向作用之气),即"有胜之气,其必来复也"(《素问·至真要大论》)——非常类似于牛顿力学之中的作用力与反作用力。这种能反向作用"胜气"之气被称为"复气",而"胜气"和"复气"总称为"胜复之气"。"胜复之气"是五行系统本身作为一个有机整体对于某种气太过或不及所作出的自行调节,旨在使动态系统逐渐恢复正常状态。比如,木气太过,作为胜气则过度克土,而使土气偏衰,土衰不能制水,则水气偏胜而加剧克火,火气受制而减弱克金之力,于是金气旺盛起来,把太过的木气克伐下去,使其恢复正常。反之,若木气不足,则将受到金的过度克制,同时又因木衰不能制土而引起土气偏亢,土气偏亢则加强抑水而水气偏衰,水衰无以制火而火偏亢,火偏亢则导致金偏衰而不能制木,从而使不及的木气复归于平。这也就是"形有胜衰,谓五行之治,各有太过不及也。故其始也,有余而往,不足随之,不足而往,有余从之"(《素问·天元纪大论》)。就整体而言,"胜复之气"的调节规律是:先有胜,后必有复,即"有重则复,无胜则否"(《素问·至真要大论》);"胜气"重,"复气"也重,"胜气"轻,"复气"也轻。在五行系统中有多少的太过,便会招致多少的不及;有多少的不及,又会招致多少的太过,即"微者复微,甚则复甚"(《素问·五常政大论》)。这就是五行系统动态平衡的法则。这种胜复调节机制使得五行结构系统整体在局部出现较大不平衡的情况下迅速及时地进行自身调节,使其继续维持整体平衡而保证人体正常功用的发挥。

总之,五行结构系统具有两种调节机制,一为正常情况下的生克制化调节机制,一为异常情况下的胜复调节机制,而通过这两种调节机制,形成并保障了五行结构系统的动态平衡和循环运动。

五行的相生、相克和制化的关系是五行系统的自我调节机理。五行系统的自我调节机理不仅仅是一个推理或理论的存在,更是一个经验或实践的存在。五行系统和五行系统的自我调节机理在中医之中最突出的一个应用就是"藏象理论",即:

> 东方青色,入通于肝,开窍于目,藏精于肝。其病发惊骇,其味酸,其类草木,其畜鸡,其谷麦,其应四时,上为岁星,[是以春气在头也。]其音角,其数八,是以知病之在筋也。其臭臊。
> 南方赤色,入通于心,开窍于耳,藏于心,故病在五脏。其味苦,其

类火，其畜羊，其谷黍，其应四时，上为荧惑星。是以知病之在脉也。其音征，其数七，其臭焦。

中央黄色，入通于脾，开窍于口，藏精于脾，故病在舌本。其味甘，其类土，其畜牛，其谷稷，其应四时，上为镇星。是以知病之在肉也。其音宫，其数五，其臭香。

西方白色，入通于肺，开窍于鼻，藏精于肺，故病背。其味辛，其类金，其畜马，其谷稻，其应四时，上为太白星。是以知病之在皮毛也。其音商，其数九，其臭腥。

北方黑色，入通于肾，开窍于二阴，藏精于肾，故病在溪。其味咸，其类水，其畜彘，其谷豆，其应四时，上为辰星。是以知病之在骨也。其音羽，其数六，其臭腐。①

木、火、土、金、水五行分别对应着五脏肝、心、脾、肺、肾，而肝、心、脾、肺、肾在其他脏器的辅助下形成了人体的五行动态系统，进而能够完成一系列的复杂功用。"藏象理论"是《黄帝内经》道术思想对人体的基本认知，也是中医学的重要内容，具有多方面的应用价值。

第二节 尧、舜的道术思想

尧、舜、禹确有其人，尧、舜、禹的禅让以及大禹治水确有其事。②

在尧舜禹时代最重要的事情是治理水患，即如尧所发出的浩叹："汤汤洪水滔天，浩浩怀山襄陵，下民其忧，有能使治者？"最后是禹历经十三年的努力而终于治水成功，"唯禹之功为大"（《史记·五帝本纪》），所以禹在舜之后得传帝位。此前受到疑古思潮的影响，很多现代学者认为大禹治水是子虚乌有的故事。但是，中华文明探源工程研究结果已经表明，公元前2000年左右，在黄河中游地区曾有一个气候较为异常的时期，其主要表现为温度的变化，尤其是降雨量的不均衡。这一研究结果与古史传说中关于尧舜禹时期的气候异常而水患频发的记载完全符合。帝尧最初启用"负命毁族"的鲧来治理水患，也有记载说是此前曾派遣工师治水然后才启用了鲧，但结果都是治水失败，"九岁，功用不成"，或者说是"试之而无功，故百姓不便。"最

---

① 《素问·金匮真言论篇第四》。
② 参见李学勤：《三代文明研究》，北京：商务印书馆2011年版，第11—12页。

后,还是鲧的儿子禹"披九山,通九泽,决九河,定九州",采用疏导的办法得以治水成功。虽然大禹治水的具体过程现在已经很难稽考了,但是根据沈长云的研究,大禹治水应该发生在古九州的兖州一带,①大禹治水的主要措施是"尽力于沟洫"(《论语·泰伯》),即在平原地区进行大量人工河渠的设计与挖掘,大力进行农田水利建设——这既排出了洪水,彻底免除水患,又使得原本的洪涝地区成为旱涝保收的水浇地,为中国农耕文明的兴旺发达奠定了最为重要的基础。

就修道思想而言,尧、舜尚有一些文献可供稽考,内圣外王的道术传统可以说仍然在他们身上得到延续,但是相对而言关于禹的思想的记载却是少之又少。所以本节主要考察尧、舜的道术思想,关于禹的道术思想的讨论则付之阙如。

一、尧的道术思想

帝尧在位时也有一些创制,比如开始颁布历法:"乃命羲和,敬顺昊天,数法日月星辰,敬授民时"(《尚书·尧典》),首开历代君主登基建极的先河。尧是上古著名的贤君,这一点最为突出,具体来说就是:

> 帝尧王天下之时,金银珠玉不饰,锦绣文绮不衣,奇怪珍异不视,玩好之器不宝,淫佚之乐不听,宫垣屋室不垩,甍桷椽楹不斫,茅茨偏庭不剪。鹿裘御寒,布衣掩形,粝粱之饭,藜藿之羹,不以役作之故,害民耕绩之时。削心约志,从事乎无为。吏忠正奉法者尊其位,廉洁爱人者厚其禄,民有孝慈者爱敬之,尽力农桑者慰勉之,旌别淑慝,表其门闾,平心正节,以法度禁邪伪。所憎者,有功必赏;所爱者,有罪必罚。存养天下鳏寡孤独,振赡祸亡之家。其自奉也甚薄,其赋役也甚寡。故万民富乐而无饥寒之色,百姓戴其君如日月,亲其君如父母。②

在先秦典籍之中,"昔者帝尧之王天下,上世所谓贤君也",这几乎是一个共识。比如,荀子在《荀子·成相》之中就指出尧之治国之道有很多成功的经验后人可以效法,诸如尚贤、辞让、重义轻利、为民、兼爱、均施恩德、上下有别、贵贱有等、君臣有序、慎用武力等等。再比如,墨子曾经从"节用"的角度对尧大加赞赏:"古者尧治天下,南抚交址北降幽都,东西至日所出入,

---

① 参见沈长云:《上古史探研》,北京:中华书局2012年版,第1—14页。
② 《六韬·盈虚第二》。

莫不宾服。逮至其厚爱,黍稷不二,羹胾不重,饭于土塯,啜于土形,斗以酌。"(《墨子·节用》)更早的,在姜尚与周文王的对答之中也有类似的话语,却更加详细,也就是上文所引述的这一段文字:帝尧统治天下的时候,他不用金银珠玉作饰品,不穿锦绣华丽的衣服,不观赏珍贵奇异的物品,不珍视古玩宝器,不听淫佚的音乐,不粉饰宫廷墙垣,不雕饰薨桷椽楹,不修剪庭院中的茅草。他以鹿裘御寒,用粗布蔽体,吃粗粮饭,喝野菜汤。不因征发劳役而耽误民众耕织。尧约束自己的欲望,抑制自己的贪念,用清静无为治理国家,官吏中忠正守法的就升迁其爵位,廉洁爱民的就增加其俸禄,民众中孝敬长者、慈爱晚辈的给予敬重,尽力农桑的予以慰勉。尧区别善恶良莠,表彰善良人家,提倡心志公平,端正品德节操,用法制禁止邪恶诈伪。对自己所厌恶的人,如果建立功勋同样给予奖赏;对自己所喜爱的人,如果犯有罪行也必定进行惩罚。此外,尧还赡养鳏寡孤独,赈济遭受天灾人祸之家。至于帝尧自己的生活,则是十分俭朴,征收赋税劳役微薄。因此,天下民众富足安乐而没有饥寒之色,百姓拥戴他如同景仰日月,亲近他如同亲近父母。

正是因为尧有上述种种仁政措施,所以孔子几乎是把其力所能及的最高赞颂呈送给帝尧:"大哉尧之为君也!巍巍乎,唯天为大,唯尧则之。荡荡乎,民无能名焉。巍巍乎其有成功也。焕乎其有文章。"(《论语·泰伯》)同样地,司马迁在《史记·五帝本纪》中也不吝赞美之词,称赞帝尧"其仁如天,其知如神。就之如日,望之如云。富而不骄,贵而不舒。黄收纯衣,彤车乘白马。能明驯德,以亲九族。九族既睦,便章百姓。百姓昭明,合和万国。"从这些德行和功绩来看,《庄子·大宗师》中所记载的尧曾经以"躬服仁义而明言是非"教人,这应该并非空穴来风。

值得注意的是,《论语》不曾言及伏羲、神农、黄帝等上古先贤,却单单记载了帝尧的言论,即

> 尧曰:"咨!尔舜,天之历数在尔躬,允执其中。四海困穷,天禄永终。"

这当然可以理解为尧命舜之辞,甚至说是尧禅让给舜之时的面命之辞。其中的"允执其中"被后代很多儒家学者视为道统思想的重要依据。后世很多儒家学者,特别是一些理学家认为,道统之道就是"中",或包含了中,当然也有一些学者对"以道为中"持不同意见。但是儒家所谓的道统之道与"中"的密切联系实际上就是由此而发展出来的。此外,"天之历数在尔躬"

一句,也被后世儒家学者认为是在表达道统相继之次第,即通过尧舜之禅让,把天道也传给了舜,而在此之后"舜亦以命禹",这就形成了儒家学者所声称的一脉相传的统绪。① 实际上,至少在尧舜之时,包括之前的黄帝、伏羲,以及之后的汤、文、武、周公,儒家学者所声称的一脉相传的"道统"是不存在的;晚至唐代,所谓的一脉相传的统绪才被儒家学者构建出来,而且这种"道统"始终是非常空泛的,并没有太多的理论内容,其连续性更是无从谈起。参考其他尧与舜进行思想交流的文献资料,与其说尧命舜的是"中",是道统,还不如说尧命舜的是天下为公的政治担当。窃以为就现代学术研究而言,在意识形态上或者在学术上重新构建或寻找儒家"道统"是没有太大意义的,儒家经学一统天下的时代已经一去不复返了。与其进行"道统思想"的历史建构,还不如光明正大地突破传统儒学的研究视域,扩展传统思想文化的研究空间。相比之下,"道术思想"无疑具有更加扎实的历史依据和更加实际的时代关注,也具有更加宽广的阐释空间和更加丰富实践内容,当然也可以兼容政治层面的历史视域,在新的理论高度上对儒学的演化流变进行解释。

尧的德行和功绩并不局限于上面所列举的那些内容,他还曾经非常谦恭地主动让天子位给比自己更加贤能之人:

> 尧让天下于许由,曰:"日月出矣,而爝火不息,其于光也,不亦难乎! 时雨降矣,而犹浸灌,其于泽也,不亦劳乎! 夫子立而天下治,而我犹尸之,吾自视缺然。请致天下。"许由曰:"子治天下,天下既已治也,而我犹代子,吾将为名乎? 名者,实之宾也,吾将为宾乎? 鹪鹩巢于深林,不过一枝;偃鼠饮河,不过满腹。归休乎君,予无所用天下为! 庖人虽不治庖,尸祝不越樽俎而代之矣。"(《庄子·逍遥游》)

正是因为尧自己具有深厚德行,所以能够发现和推重德行更加高尚的许由并谦虚地把执掌天下的权利让给他。尧虽然把天下治理得很好,但是他认为许由可以做得更好,可以"立而天下治",所以极力推让天子位与许由。就历史意义而言,尧让天下与许由是一次不成功的禅让,也是尧后来禅让给舜的一次预演。虽然许由"无所用天下为",他不愿意越俎代庖,但是许由所说的"子治天下,天下既已治也"其实也可以看作对尧治理成就的一种褒扬。

从传世典籍来看,尧的德行并非一开始就是十全十美,或者说尧的德行

---

① 参见蔡方鹿:《中国道统思想发展史》,成都:四川人民出版社2003年版,第80页。

有一个逐渐增长的过程,而这个过程可以理解为从君子到圣人的跃迁。德行或者说德行所体现出来的思想方式所蕴含的从君子到圣人的跃迁,可以从下面一段记载中窥其端倪:

> 尧观乎华,华封人曰:"嘻,圣人!请祝圣人,使圣人寿。"尧曰:"辞。""使圣人富。"尧曰:"辞。""使圣人多男子。"尧曰:"辞。"封人曰:"寿,富,多男子,人之所欲也。女独不欲,何邪?"尧曰:"多男子则多惧,富则多事,寿则多辱。是三者,非所以养德也,故辞。"封人曰:"始也我以女为圣人邪,今然君子也。天生万民,必授之职。多男子而授之职,则何惧之有?富而使人分之,则何事之有?夫圣人,鹑居而鷇食,鸟行而无彰。天下有道,则与物皆昌;天下无道,则修德就闲。千岁厌世,去而上仙,乘彼白云,至于帝乡。三患莫至,身常无殃,则何辱之有?"封人去之,尧随之曰:"请问。"封人曰:"退已!"(《庄子·天地》)

就常人来讲,每个人都希望自己长寿、富裕、多生儿子,华山之封人尊称尧为圣人并以此为祝,不料却被尧拒绝。尧所给出的理由是:"多男子则多惧,富则多事,寿则多辱。是三者,非所以养德也,故辞。"对此,封人大不以为然。他认为尧还是以君子的境界来看待长寿、富裕、多生儿子这三件事,所以断定尧是君子而不是圣人:"始也我以汝为圣人邪,今然君子也。"圣人的境界当然大大高于君子,长寿、富裕、多生儿子这三件"麻烦"之事都可以被其转化为"养德"之功:"多男子而授之职,则何惧之有?富而使人分之,则何事之有?"多寿则"三患莫至,身常无殃,则何辱之有?"君子的境界与圣人的境界果然是大有不同。

进一步来看,常人、君子和圣人三者对待长寿、富裕、多生儿子这三件事情的态度恰恰是肯定、否定、否定之否定,颇具辩证法的意蕴。而这里的华山之封人无异于在为圣人代言,他将尧的思想境界定义为君子,并最终选择了"去之"的冷漠态度。对于尧的心理状态而言,勤勤恳恳而任劳任怨地为天下万民"躬服仁义而明言是非"已是经非常非常辛苦了,当然就希望多一事不如少一事,人生本就烦难多多,何苦再长寿、再富裕、再多生儿子呢?所以烦满畏劳是尧治理天下时候的一种正常心态。

从道术思想的角度来看,尧的这个君子到圣人的跃迁过程能够被解释得更加充分。就思想而言,尧应该还是受到了一生以修道为业而不追求声名的许由的很大影响,比如尧也曾经"游夫遥荡恣睢转徙之涂"(《庄子·大宗师》),当然这种逍遥远游的状态很可能发生在尧的晚年,即"尧治天下之民,平海内之政,往见四子藐姑射之山,汾水之阳,杳然丧其天下焉。"(《庄子·逍遥游》)正所谓"杳然丧其天下",在忘记治理天下之后,尧的生命状态进入了一个更加接近于本真的境界——圣耶,非耶?

二、舜的道术思想

对于舜,除了后世儒家特别推重的"孝"之外,《史记·五帝本纪》说"舜耕历山,历山之人皆让畔;渔雷泽,雷泽上人皆让居;陶河滨,河滨器皆不苦窳。一年而所居成聚,二年成邑,三年成都"。舜曾经做过农夫耕地,做过渔夫打鱼,做过工匠制陶,但凡与他接触的各色人等,大家都对舜心悦诚服,跟随舜的民众与日俱增,越来越多的人认可他的领导,以至于其所居"一年成聚,二年成邑,三年成都",这都是舜德行淳厚的表现。在把舜确立为自己的接班人之前,尧对舜进行了多次考察,比如把自己的两个女儿娥皇、女英一起嫁给他等等,舜毫无问题地全都顺利通过了。饶有意味的是,在诸般考验所体现出来的舜的品性之中,似乎舜最为尧所看重的德行是"入于大麓,烈风雷雨不迷,尧乃知舜之足授天下。"

就道术思想的传承来看,尧和舜并不是师傅与徒弟的关系,他们两个人实际上是亦师亦友的关系,或者说他们是一对互相砥砺、互相帮助的道友。因为除了尧对舜有训导之外,很多时候尧常常反过来还会得到舜的指教。比如,

> 昔者舜问于尧曰:"天王之用心何如?"尧曰:"吾不敖无告,不废穷民,苦死者,嘉孺子而哀妇人,此吾所以用心已。"舜曰:"美则美矣,而未大也。"尧曰:"然则何如?"舜曰:"天德而出宁,日月照而四时行,若昼夜之有经,云行而雨施矣!"尧曰:"胶胶扰扰乎! 子,天之合也;我,人之合也。"(《庄子·外篇·天道》)

舜很尊敬尧,以"天王"来称呼他,并诘问其"用心何如"。对于尧体恤百姓的种种做法,舜认为还有不足:"美则美矣,而未大也",认为应该效法天之德行,自然无为,如云行雨施。尧很爽快地接受了舜的批评,知错能改,认为舜的主张是"天之合",而他自己之前的做法是"人之合"。显然,这里的"天之合"也就是"合于天",与《六韬·盈虚第二》所说的"从事乎无为"类同,近乎于孔子所说的"唯天为大,唯尧则之"(《论语·泰伯》)。

再比如,

> 故昔者尧问于舜曰:"我欲伐宗脍、胥、敖,南面而不释然。其故何

也?"舜曰:"夫三子者,犹存乎蓬艾之间。若不释然何哉!昔者十日并出,万物皆照,而况德之进乎日者乎!"《庄子·内篇·齐物论第二》

尧心中对宗脍、胥、敖三个小国家的国君有了恼恨,直欲发兵征伐他们,虽然心里知道这样做不应该也不可以,但是这种念头却使得他不得安宁。这时候舜对尧的焦躁心理进行了排遣,指出这三个国家只不过是"蓬艾之间"的小人,何苦和他们过不去呢?舜还以"德之进乎日者乎"来提醒和帮助尧提升自己,进而超越自己的负面情绪。

与尧相比,舜的道术思想资料留存较多。比如,《庄子·外篇·知北游》中的这一段话就非常值得重视,即

舜问乎丞:"道可得而有乎?"曰:"汝身非汝有也,汝何得有夫道!"舜曰:"吾身非吾有也,孰有之哉?"曰:"是天地之委形也;生非汝有,是天地之委和也;性命非汝有,是天地之委顺也;子孙非汝有,是天地之委蜕也。故行不知所往,处不知所持,食不知所味。天地之强阳气也,又胡可得而有邪!"

从"道可得而有乎"的问话中不难推断,舜是一个道术思想的研究者,或者说是一个道术修行的实践者。以往人们往往按照儒家"孝"的观念来理解舜处理家庭关系的各种非常"卓越"的行为。但是,如果按照道术修行的角度来看,舜在面对父亲、母亲和弟弟的各种罪恶行为所作出的非常"妥善"的处理实际上更接近于以个人超凡能力为基础的思想境界的绝对超越,而不仅仅是局限于世俗伦理的穷于应付和百般躲避。不妨说,正是因为舜具有修行道术的理想追求和实践境界,才能够在家庭、婚姻、社会、自然、国家等所有层面上都始终做到因应裕如,超脱自在,尽善尽美。

参照上文关于黄帝道术思想的讨论,特别是关于"精神入其门,骨骸反其根,我尚何存?"的讨论,可以进一步明确这样一个事实:中国上古时代的道术修行之士,同古印度的佛陀一样,都对人生有非常彻底的觉悟:身非汝有,"是天地之委形也;生非汝有,是天地之委和也;性命非汝有,是天地之委顺也;子孙非汝有,是天地之委蜕也。"

我们可以追问,在禹之后,尧、舜所践行的禅让制为什么被废止了呢?那些无德者为什么可以据有天下?不同角度的历史研究可能会给出不同的答案,比如"未之逮""大道之行也,与三代之英"的孔子所给出的解释是"大道之行"与"大道既隐"的差别:

大道之行也，天下为公。选贤与能，讲信修睦，故人不独亲其亲，不独子其子，使老有所终，壮有所用，幼有所长，矜（同"鳏"）、寡、孤、独、废疾者，皆有所养。男有分，女有归，货，恶其弃于地也，不必藏于已；力，恶其不出于身也，不必为已。是故谋闭而不兴，盗窃乱贼而不作，故外户而不闭，是谓大同。

　　今大道既隐，天下为家。各亲其亲，各子其子，货力为已，大人世及以为礼。域郭沟池以为固，礼义以为纪，以正君臣，以笃父子，以睦兄弟，以和夫妇，以设制度，以立田里。以贤勇知，以功为已，故谋用是作，而兵由此起。禹、汤、文、武、成王、周公，由此其选也。此六君子者，未有不谨于礼者也。以着其义，以考其信，着有过，刑仁讲让，示民有常。如有不由此者，在执者去，众以为殃，是谓小康。（《礼记·礼运》）

后人往往将大同社会理解为孔子所虚构出来的空中楼阁，实际上大同社会却是孔子对道术思想治理下的和谐社会的追溯和回忆，并对其寄托了个人的无限向往。感情之浓烈，语气之坚决，"朝闻道，夕死可矣"庶几近之。

但是，亲身经历了"大道之行也，与三代之英"的伯成子高对道德衰败、大道不行的感受应该更加直接，其情感却是充满了激愤以及对当时的执政者——禹——的鄙薄：

　　尧治天下，伯成子高立为诸侯。尧授舜，舜授禹，伯成子高辞为诸侯而耕。禹往见之，则耕在野。禹趋就下风，立而问焉，曰："昔尧治天下，吾子立为诸侯。尧授舜，舜授予，而吾子辞为诸侯而耕。敢问其故何也？"子高曰："昔者尧治天下，不赏而民劝，不罚而民畏。今子赏罚而民且不仁，德自此衰，刑自此立，后世之乱自此始矣！夫子阖行邪？无落吾事！"俋俋乎耕而不顾。（《庄子·外篇·天地》）

早在"尧治天下"的时候，伯成子高就"立为诸侯"了，是一个当之无愧的"老资格"。但是，当他看到自禹当政之后"赏罚而民且不仁"，于是先知先觉地做出了判断："德自此衰，刑自此立，后世之乱自此始矣"，于是"辞为诸侯而耕"。在伯成子高眼中，禹背离了尧和舜的政治思想，妄用赏罚，其统治越来越政治化、功利化，这实际上远远地背离了道术的宗旨，为后世之乱留下了隐患。当然，伯成子高对禹的不屑也就是另一种形式的"让天下而许由不受"。果然，在禹之后禅让制终结，家天下开始形成。

大道不行，"大道既隐"，明矣。

第四章　筮法之阴阳：夏商西周时期的道术思想

在禹之后禅让制终结，"公天下"的时代结束了，"家天下"的时代开始了。"家天下"直接造成了"内圣"与"外王"的分离："内圣"不一定导致"外王"，"外王"也不必然意味着"内圣"。在"家天下"的时代，道术思想的传承方式也因应时势发生了改变，大致形成了在价值取向上互相分离的两股，即以"外王"为导向的官学与以"内圣"为导向的"私学"。这里所说的"私学"不是指私人办学，而是特指在政治体系之外的个人与个人之间的道术传承。私学意味着私下授受，属于隐士或民间的学术传承，从此与仕途官身没有必然联系，比较明确的道术传承也就从官方的历史记载之中消失了。当然，父子相承的学官制度是以"外王"为导向的官学的重要内容，其中道术思想也就由夏商西周时期广为流传的占筮方法而获得了一种非常独特的表达。

平心而论，夏商西周时期时间跨度长达一千多年，理应有很多道术思想内容值得书写，但是这一时期所遗存的思想史史料却大多比较零散，而对此一时期的道术思想展开详细讨论就更加困难。比如，据说为大禹时期伯益等人撰作的《山海经》就近乎于上古时代的博物志，其诸多山海所指究竟为何处至今仍然争议纷纷，实在难以对其进行思想内涵的考察。再比如，《列子·汤问第五》有"殷汤问于夏革"的记载，夏革似乎是夏末商初人物，只是在其记载的对话中道术内容并不甚多，全面论述更是难以展开。

最需要注意的是，《帝王世纪》有"庖羲作八卦，神农重之为六十四卦，黄帝、尧、舜引而申之，分为二易。至夏人因炎帝曰《连山》，殷人因黄帝曰《归藏》，文王广六十四卦，著九六之爻，谓之《周易》。"这就给我们提供了一个考察阴阳思想演化和流变的重要线索，即上承伏羲时代的八卦创制，阴阳思想经过了长期流传之后在夏商西周时期演化为《连山》《归藏》《周易》三本占筮之书。三《易》为筮占之书，其中阴阳思想由占筮方法的兴旺发达而演化为一种堪称繁复的推理模型。

下面以三《易》为主要内容,以其卦象推理展开为基本线索,详细讨论基于阴阳思想的八卦推理模型在这三本著作之中逐次展开的演化路径。

第一节 《连山》《归藏》《周易》中的六十四卦

《连山》《归藏》《周易》具有一体性或一贯性,这种一体性或一贯性主要体现在三者都是以六十四卦为主要内容。更加详细地来说,所谓三《易》都是以六十四卦为逻辑线索展开的占筮之书,虽然其主要篇幅都是占辞文句,但是就思想或逻辑而言,其中所隐含着的对六十四卦的理解无疑是最为引人入胜的内容。因为八卦是三皇时期道术思想的重要内容,所以由八卦重叠而产生的六十四卦当然也要归入上古道术思想而进行讨论。

一、关于《连山》《归藏》《周易》的基本文献

首先需要讨论的是《连山》《归藏》《周易》的基本文献问题。《连山》已经完全失传,而《归藏》有出土文献可供参详,《周易》的经文部分则因为是从周代一直流传下来的完整典籍,所以就文本而言其基本文献问题就转换为如何理解其文本逻辑结构的问题。由于《周易》文本解说的情况很复杂,所以必然要涉及《易传》以及《左传》和《国语》中的相关内容。现在看来《易传》以及《左传》和《国语》之中实际上隐含着关于三《易》的通用解释或者说是解说基本原则,这一点必须加以强调。

(一)《连山》《归藏》《周易》的基本文献

《连山》,后代亦称之为《连山易》,其名初见于《周礼·春官·宗伯·大卜》:

> (大卜)掌三《易》之法:一曰《连山》,二曰《归藏》,三曰《周易》。其经卦皆八,其别皆六十有四。

其《筮人》又云:

> 筮人掌三《易》,以辨九筮之名:一曰《连山》,二曰《归藏》,三曰《周易》。

《连山》与《归藏》《周易》并称为"三易",三者的共同点是以八卦为基

础,以六十四卦为主要内容,即所谓"其经卦皆八,其别皆六十有四"。由此可以得出一个推断:八卦重叠生成六十四卦,这是三《易》的通用解释或者说是解说基本原则。这也是本章对三《易》展开讨论的基础。

郑玄似乎阅读过《连山》,他在《易赞》中说:"《连山》者,象山之出云,连连不绝。其是以艮卦开始,如山之连绵,故名连山。"在《周礼注》之中,郑玄还说:"名曰连山,似山出内气也。"贾公彦疏曰:"名曰连山,似山出内气也者,此连山易,其卦以纯艮为首,艮为山,山上山下是名连山,云气出内于山,故名易为连山。"这些看法都可以帮助我们理解"连山"之书名。

《连山》与《归藏》应该是确实存在过的文化典籍,比如东汉学者桓谭在《新论正经》中就具体说明了《连山》与《归藏》的字数:"《连山》八万言,《归藏》四千三百言。《连山》藏于兰台,《归藏》藏于太卜。"但是《连山》《归藏》在东汉之后就已经失传了。当然,也有学者持不同看法,认为《汉魏丛书》中的《古三坟》中还保存着《连山》《归藏》,①但是很少有人同意这种见解。

马国翰《玉函山房辑佚书》中收有《连山》一卷,其对《连山》轶文广加搜罗,收录《连山》卦辞共计有如下四条:

1. 有崇伯鲧伏于羽山之野。(北魏郦道元《水经注·淮水》)。
2. 鲧封于崇。(唐司马贞《史记索隐·夏本纪》)
3. 禹娶鑫山之子,名曰攸女,生余。(《太平御览》卷一百三十五引《帝王世纪》引)
4. 启筮享神于大陵之上。(北魏郦道元《水经注·颍水》)

不难发现,这四条《连山》卦辞中只出现了夏代以及夏代之前的历史人物,比如鲧、禹、启等,这在一定程度上可以说明《连山》确实是在夏代编撰的占筮之书,或者说"《连山》是夏代之《易》"这一传统说法是可靠的。虽然由于年代过于久远,《连山》卦辞所追溯的历史人物的具体事迹已经变得非常模糊,但是其中的吉凶判断还是很明确的,足以作为占筮的案例。

《礼记·礼运》篇引用了一段孔子的话:"我欲观殷道,是故之宋,而不足征。吾得《坤乾》焉。《坤乾》之义,《夏时》之等,吾以是观之。"句中的"坤乾"一词绝非乾坤一词的倒置,也不能等同于"阴阳",而是特指以坤卦、乾卦为代表的某种卦书。于是郑玄等学者认为这个《坤乾》就是《归藏》。按照这种说法来看,《归藏》是以坤为首卦,坤为归为藏,故名为归藏。但是

---

① 参见王兴业:《三坟易探微》,青岛:青岛出版社1999年版。

如果按照《三坟易》中的观点来看，《归藏》也是以乾为首卦，是以乾为归，以坤为藏，所以名为"归藏"。一般认为《归藏》是商代的《易》，魏晋以后已经失传了，而《古三坟》中的《归藏》不是《周礼》中所说的《归藏》，它是后代人的依托伪造，不足以取信。

1993年3月，湖北江陵王家台15号秦墓中出土了《归藏》，共计394枚约4 000字的易占简，《初经》《六十四卦》《十二辟卦》《齐母经》《郑母经》《本蓍篇》《启筮》等七篇，被称为王家台秦简《归藏》，这掀起了研究《归藏》的热潮。对于王家台秦简《归藏》，荆州博物馆王明钦认定这就是失传的《归藏》。但是连劭名认为"江陵王家台秦简与《归藏》"不是一回事儿，因为王家台秦简"是后人利用《归藏》筮法重新编制的筮书"，其不能称作《归藏》。①

经过文本的校勘对比可以发现，王家台秦简《易占》与马国翰《玉函山房辑佚书》所录文字有多条相同，而与《三坟书》之《归藏》全不相涉。所以一般认为马国翰所辑《归藏》被认为是残存形态的传本《归藏》，而《三坟书》之《归藏》不可信，为伪《归藏》。

在绪论之中已经讨论过，《易传》特别是《说卦》之中保存着关于八卦卦象的系统解说，就思想而言这是可以上溯于伏羲时代的思想材料，其对于《连山》《归藏》和《周易》的理解仍然具有基础性的作用。《易传》特别是《说卦》以八卦为基础对六十四卦展开解说，这一点显然是由久远传统沿袭而来。但是，《易传》的《彖》《大象》和《小象》之中对于六十四卦卦名、卦辞和爻辞的解说绝大多数都有着浓厚的儒家义理色彩，明显是战国到汉代儒者所做的解说和添加，其并不属于西周春秋时期对六十四卦的解说。《易传》之中还有一些对占筮方法的记载和解说，在总体上可以认为这些是西周春秋时期对《周易》占筮的解说。

为什么说"《易传》对占筮方法的记载和解说"和"西周春秋时期对《周易》占筮的解说"在总体上可以等同起来呢？

根据出土的商周时期各种易卦占筮材料来看，各个时期的占筮方法皆是所在多有，流传情况也很复杂，其中只有一部分的占筮记录因为有六和九两个数字出现而很可能与我们目前所知的《周易》占筮方法即"大衍筮法"直接相关。一般来讲，占筮方法虽然可能同时有多种并行，但是某一种占筮方法又可以保持相对稳定，比如"大衍筮法"。在各种动乱或灾祸发生之时，虽然文化典籍可能会发生大量流失或损毁，但是占筮方法因为直接面对应

---

① 参见连邵名：《江陵王家台秦简与〈归藏〉》，《江汉考古》1996年第4期。

用，所以可以经过口耳相传得以完整保留，就如同秦火焚毁很多典籍，但是《周易》以及所附属的占筮方法却获得保留一样。根据李学勤对数字卦的研究，《系辞上》之中的"大衍筮法"与《周易》文本是密不可分的，其可以与一部分数字卦结合起来进行研究，本人关于数字卦亦有两篇学术论文发表，一篇在《周易研究》，另一篇在《中州学刊》。此外，根据笔者对春秋易学的研究，九六爻题的出现时间应该是在春秋战国之际，准确地说是在左丘明与孔子之后。因为这个时期的《周易》文本发生了一次体例转换，文本体例由"某卦之某卦"的标准格式转化为九六爻题：左丘明使用的《周易》文本是前一种体例，而在孔子"观其德义"创立儒家易学之后，《周易》文本就只能见到后一种体例了。而且，体例的改变决定了《周易》文本结构的切换，在很大程度上后代学者所研读的《周易》已经被儒家思想"格式化"了。对此，本人的学术著作和学术论文有详细的讨论说明，这里就不做引述了。

综上所述，在没有明确反证的情况下，我们可以认为"《易传》对占筮方法的记载和解说"大致等同于"西周春秋时期对《周易》占筮的解说"。

"《左传》是研究中国古代历史文化的起点和基础"，[①]"关于《左传》真伪问题的讨论应该说基本上已经结束了。"[②]《左传》和《国语》之中记载的《周易》应用二十二例是研究春秋时期以及西周时期《周易》解说情况的珍贵史料。首先需要强调的是，虽然《左传》和《国语》记载的是春秋时期的历史事件和人物活动，但是在春秋时期，西周礼仪制度以及其中所体现的思想观念总体上还保存完好，所以《左传》和《国语》之中所记载的《周易》应用二十二例可以认为是对西周春秋时期《周易》解说情况的可靠记载。

需要说明的是，所谓"《周易》应用二十二例"是从高亨沿袭下来的为了叙述简便而采取的一个称谓，有其合理性，但也有一些问题。严格来说，在《左传》《国语》中的这些关于《易》的解说可能涉及了《连山》和《归藏》，所以一概称之为"《周易》应用二十二例"就可能有些不大准确。但是，春秋时期属于东周，而在西周时期《周易》已经产生并取得官方的首要地位，而且《连山》和《归藏》的文本现今已经失传，依据现有的文献资料不足以把可能涉及《连山》和《归藏》的例子或话语挑选出来。实际上，依据现有的这些文献资料研究春秋时期《周易》解说情况倒是恰如其分。这种情况正如高亨所言："《周易》古经原来是一部筮书，写于西周初年。当时必有解说"，"《左传》《国语》中有不少春秋时人用《周易》占事或论事的记录，这是春秋时人

---

① 李学勤：《三代文明研究》，北京：商务印书馆2011年版，第19页。
② 李学勤：《三代文明研究》，北京：商务印书馆2011年版，第21页。

的《周易》说"。所以《左传》《国语》反映了古人解读《周易》卦象的基本方法,而"某卦之某卦"的引述方式正是我们理解春秋时期《周易》解说方法的一个突破口。即从这些记录之中我们可以看出春秋时期古人是如何通过八卦卦象的取象比类而进行判断和推理的——这种观念和方法无疑存在于春秋时古人的头脑之中,而且是他们对《周易》最基本的理解。春秋时期古人对《周易》的这些基本理解与后代人,特别是儒家学者对《周易》的各种解说无疑有着明显的差距,所以对我们现代学人来讲这就是一个很有意义的研究课题,即使我们已经不再使用《周易》进行占筮和解卦了。

现在看来,《左传》《国语》历史记载的真实性是无法否定的。需要强调的是,无论人们对这些筮例秉持着怎样的态度——哪怕是一概否认其所记事件的可信性,但只要不跨越全盘否定《左传》《国语》这个底线——就必须承认的事实是:《左传》《国语》反映了西周春秋时期解读《周易》卦象的基本方法。即从这些记录之中我们可以看出西周春秋时期古人是如何通过八卦卦象的取象比类而进行判断和推理的——这种观念和方法无疑存在于西周春秋时期古人的头脑之中,而且是他们对《周易》最基本的理解。西周春秋时期古人对《周易》的这些基本理解与战国时期以至于汉代人们对《周易》的各种解说无疑有着明显的差距,而在正式展开讨论之前必须提醒大家充分注意到这种差距。

(二) 数字卦的内涵与意义

从 20 世纪 70 年代末开始,张政烺、徐锡台、楼宇栋等学者陆续发表了一批数字卦的研究文章,考古发现中的数字卦正式进入易学学术研究的视域。由此,古代文献记载中的商周两代之《易》就活生生地在甲骨文、金文中展现出来了! 由于六个数字的数字卦可以按照数字的奇偶性进行归类,进而可以与六十四卦符号建立一一对应的确定关系,目前绝大多数学者都已经认可了其与易学、与六十四卦符号之间的紧密关联。这里主要讨论两个问题。

其一,考古发现中的六个数字的数字卦究竟是什么含义? 或者说,数字卦应该如何解读? 解读方法非常重要,这是我们正确理解数字卦的基础。如果这个问题不能够比较彻底地解决,那么其他相关问题将更加难以求解。

其二,有很多学者同意这样一种观点:数字卦是六十四卦符号的起源和前身,即"现在所见的《周易》卦形是由新石器时代以来的数字卦逐渐演变而来的,到战国秦汉之际才定型成符号卦"。这样的观点究竟是否可以成立呢?

关于第一个问题,六十四卦符号其本质是卦,其组成单位是卦画,代表着阴阳。比如,1987年荆门包山二号墓楚简和1993年江陵王家台十五号墓的秦简《归藏》、上海博物馆藏战国楚竹书《周易》、马王堆帛书《周易》、阜阳汉简《周易》,这些文本上出现的都是六十四卦符号,或者说都是阴阳卦画。无论其上的阴性卦画看起来像是数字"六"还是看起来像是数字"八",都已经没有含义上的任何区别,它们都是代表"阴"的卦画。李学勤早就指出,战国"简上通行观点以为是'数字卦'即筮数的,其实不是数字,而是卦画。'数字卦'说以为是'五'、'六'、'七'、'八'的,都与当时数字写法不同,实际均由两斜笔组成。这是由于竹简狭窄,又要骈书两行,因而把阴爻卦画'– –'改作两斜笔,以避免误连而同阳爻混淆。在个别情形,两斜笔略有交叉,以致被误认做数字。"① 由于书写工具和其他技术条件的限制,古人很难把卦画写得像我们现在这样精细,所以要把阴阳卦画区分开来,就必须使阴性卦画具有明显的书写特征,但是我们不能由此就把阴性卦画误读为数字。

数字卦是占筮的直接记录,或者说数字卦是数字串,它的组成单位不是卦画而是数字,其数字不仅以奇偶性代表着阴阳,而且进一步代表着四象:或老阴,或老阳,或少阴,或少阳。现在看来,数字卦大多数情况下出现在甲骨文、金文中。

数字卦与六十四卦符号的区别也体现在两者所出现的文字环境的差异。六十四卦符号的出现一般伴有说明性的文字。比如,《周易》通行本中的六十四卦符号后都带有卦名、卦辞以及爻辞,在新蔡葛陵楚墓竹简上的卦画也有与之相对应的繇辞。从传世文献来看,极少见到孤零零一个六十四卦符号出现的例子。而从出土的资料来看,数字卦作为占筮的直接记录,一般没有针对其本身的文字说明。它可以是单单一串数字,也可以是两串、数串。

从理论上讲,一个数字卦对应着一个(不发生变卦的情况)或两个(发生变卦的情况)六十四卦符号。数字卦是占筮的直接记录,所以一定要经过对变卦情况进行分析判断的过程才能够找到其对应的全部六十四卦符号。六十四卦符号是易学理论的基础,对它进行解释必然会涉及易学理论,而作为占筮的最终结果,一个六十四卦符号则可以对应着很多个数字卦。

关于第二个问题,数字卦不是《易》卦的起源和前身。

《系辞》明言包犠氏即伏羲"始作八卦",后来先贤又重之为六十四卦。对于占筮的整个过程来讲,按照常理,首先应该是先有可以用于占筮的理

---

① 李学勤:《论战国简的卦画》,中国文物研究所编:《出土文献研究》第一辑,上海:上海古籍出版社2004年版,第1页。

论,比如八卦、六十四卦的思想体系,这是对占筮方法进行设计和改进、对占筮结果进行系统阐释的必然要求。在这里需要强调的是,虽然古人长期把《易》作为"占筮之书",但是在占筮背后却隐含着深刻的哲理:八卦、六十四卦的思想体系包含着古人关于宇宙和人生的大智慧,属于上古道术思想的内容,而占筮只是《易》的应用之一,应该只是在商周时期特别流行。

在六十四卦占筮理论的指导下,随后就会出现不断改进的、灵活多变的占筮方法,比如数字卦中出现的发生不同变卦情况的古代筮法。因为考古发现的数字卦绝大多数都是六个数字,所以占筮的理论以及方法虽然有很多种,《易》无疑是占有主流地位的。在这里我们必须要考虑到传统说法的合理性:占筮至少在神农、黄帝时期就已经出现了,比如,《路史·后记三》所记载的:"神农使巫咸主筮",《太平御览》七二一卷引《归藏》曰:"昔黄帝与炎帝将战,筮于巫咸",这种最古老的筮占的理论根据很有可能就是六十四卦。再比如,《周礼·春官·大卜》中所说的"三易之法",虽然"其经卦皆八,其别卦皆六十有四",但是三者已经明显有别。现在根据出土材料来看,《归藏》所内含的占筮的推理模型是 $8 \times 8 = 64$,而《周易》所内含的占筮的推理模型是 $64 \times 64 = 4\,096$。有人会说,《周易》所内含的占筮的推理模型应该是 $64 \times 6 = 384$,《焦氏易林》的推理模型才是 $64 \times 64 = 4\,096$。这里有一个误解,《周易》一共有384或386(加上"用九""用六")个爻辞,这并不表明古人用《周易》占筮的时候只会遇到这384或386种情况。翻开《左传》和《国语》就会发现,古人用《周易》占筮的时候要考虑的是 $64 \times 64 = 4\,096$ 种变化情况。比如,《国语·周语》的《乾》之《否》,《国语·晋语》的《屯》之《豫》,《左传·襄公九年》的《随》之《艮》,都不是属于384或386个爻辞范围内的,但是古人却能够顺利解读出吉凶卦意。现在有了数字卦作为佐证,这一点更加毋庸置疑。此外,在张政烺公布的数字卦里,第31个数字卦是"一六一",第32个数字卦是"五一一",张亚初、刘雨公布的第23个数字卦是"八一六",如果这些三个数字的数字卦也是占筮记录的话,其中所使用的占筮方法很可能就是以八卦理论为内涵。

在六十四卦占筮理论的指导下,最后会产生出大量的占筮记录。这一点很清楚,大量数字卦的出土就是最为有力的证明。现已发现的数字卦,尚未发现早于商代晚期的材料,学者所说属于新石器时代的材料都有问题。这样一来,这些出土数字卦材料只能够说明,在商代晚期之前,就已经有六十四卦存在了,而不能说这些数字卦一定就是六十四卦卦体的前身。因为这些数字卦既然可以解读为占筮结果的记录,那么这些占筮就很有可能是在六十四卦基本原理的指导下进行的。所以,这些考古材料能够在一定程度上说明六十四卦早已有之,即古人很早就完成了从八卦到六十四卦的理论跨越并把它应用于占筮。

以上这三个环节在逻辑上是紧密联系在一起的,在时间上则先后继起。而笔者对数字卦的阐释与这一过程严密契合,说明我们现在对数字卦的解读更加符合传统文献中所记载的占筮产生发展的情况。有学者根据出土的数字卦资料把商周及其以前的时期划为"数字卦时代",而作出这一划分是不符合实际情况的,现在看来那一时期实际上也是三《易》时期。

所以,仅仅依靠数字卦,特别是商、周两朝的数字卦,是不能够说明《周易》卦象符号起源的,更不能够认为三个字一组或六个字一组的数字卦就是"《易经》卦体的前身"。刘大钧早有论断:"那些刻在卜骨上的数字,至多是用来记录占卜的,是演卦过程中'极其数遂定天下之象'中的一部分。"①

总之,由于解读工作的缺乏,导致了对数字卦占筮直接记录的性质认识不清,才会使得我们把数字卦当作是六十四卦符号的前身。实际上,数字卦根本无法给我们勾勒出"《易》卦也是由数变来"这"一个非常长远的历史过程"。② 虽然我们还没有发掘出春秋时期,以至于西周、商朝时的《易》文本,但是陕西长安西仁村西周陶拍上的数字卦已经在一定程度上证明了那时《周易》文本的存在。所以,认为占筮之数是《易》卦起源,这只是一种缺乏根据的推测,这种说法的论证是不充分的,它很可能已经犯下这样一个致命的错误——本末倒置!

二、《连山》《归藏》《周易》中的六十四卦

同《周易》一样,《连山》《归藏》也是以八卦和六十四卦为主要内容的"占筮之书"。从《连山》《归藏》的六十四卦内容可以知道,在夏商时代六十四卦已经被系统地应用到占筮之中,这意味着当时的阴阳思想有了进一步的演化。如果说伏羲所画的八卦是一种初阶推理模型的话,那么《连山》《归藏》中的六十四卦就是一种中阶推理模型,而《周易》中的本卦之卦系统则是一种高阶推理模型。当然,《连山》《归藏》中的六十四卦在《周易》之中也得到了直接继承,所以这里以"《连山》《归藏》《周易》中的六十四卦"为题进行展开。

下面以六十四卦的八卦卦象解说为切入点,对六十四卦所展现的阴阳

---

① 刘大钧:《关于"图""书"及今本与帛本卦序之探索》,刘大钧主编:《象数易学研究》第一辑,济南:齐鲁书社1996年版,第10页。

② 季旭升:《古文字中的易卦材料》,刘大钧主编:《象数易学研究》第三辑,成都:巴蜀书社,2003年版,第16页。

进行系统说明。当然,这一部分内容实际上也与下文所讨论的"《周易》中的本卦之卦推理模型"相承接。

《左传》《国语》中的二十二条《周易》应用记载是易学研究的重要材料,反映了春秋时期乃至于西周时期《周易》的基本面貌。这些《周易》应用记载之中有十余条涉及了如何解读《周易》卦象,它们是证明八卦卦象与六十四卦卦象之间关系的最佳依据。在这些《周易》解读的记载中,对六十四卦卦象的解读根据就是八卦取象。

第一个例子,《国语·晋语》有"得泰之八,曰:'是谓天地配'"。泰卦是下乾上坤,卦象是:

☷ 坤
☰ 乾

《说卦》中有"乾为天"和"坤为地",这里只是讲解乾、坤两个卦基本取象之间的相互关系:"天地配"。所以泰卦的卦象就是下卦乾和上卦坤这两个八卦卦象。

第二个例子,《左传·昭公三十二年》有"在《易》卦,雷乘乾曰《大壮》"。大壮卦是震在乾上:

☳ 震
☰ 乾

《说卦》有"震为雷",所以大壮卦的卦象是乾在下而震在上,所以是"雷乘乾"。

第三个例子,《左传·昭公元年》有"在《周易》,女惑男,风落山,谓之《蛊》"。蛊卦是下巽上艮,卦象是:

☶ 艮
☴ 巽

这里对蛊卦卦象的解说也完全是根据下巽上艮两个八卦卦象:巽为长女,艮为少男,下巽上艮的蛊卦是年长女子迷惑年少男子之象,即"女惑男";巽为风,艮为山,下巽上艮的蛊卦是风吹落山上树木林叶之象,即"风落山"。

根据对以上几个例子的讨论,可以看出八卦取象是《周易》六十四卦卦象的解说根据。这也就进一步说明了六十四卦是由八卦这一初阶推理模型复合而生成的中阶推理模型。

需要强调的是,由《周易》六十四卦的八卦卦象解说可以推导出《连山》

和《归藏》的六十四卦解说情况，即《连山》和《归藏》六十四卦的解说也必然是以八卦卦象为基础，以下卦和上卦相互搭配的顺序，按照下卦与上卦的相互作用关系来解说。

第二节 《周易》中的本卦之卦推理模型

一、关于《周易》的编撰

（一）《周易》的编撰过程

历经夏、商、周三代，《易》(《连山》《归藏》《周易》)都与占筮紧密关联。从《左传》《国语》《周礼》《尚书》等典籍和历年来出土的实物，特别是作为占筮直接记录的数字卦来看，这一点毋庸置疑，即《易》，特别是《周易》，在周代社会里长期充任着"占筮之书"的角色。而且在相当长的历史跨度里这种功能还极为重要：作为占筮工具书的《周易》被掌握在当时最高级的知识分子手中，虽然有时就其具体解说而言不同的人也会有所不同，但是其效验为当时绝大多数人所认可。即如《周礼·天官冢宰》中的：

> 大卜掌三兆之法，一曰玉兆，二曰瓦兆，三曰原兆，其经兆之体皆百有二十，其颂皆千有二百；掌三易之法，一曰《连山》，二曰《归藏》，三曰《周易》，其经卦皆八，其别皆六十有四；掌三梦之法，一曰致梦，二曰觭梦，三曰咸陟，其经运十，其别九十；以邦事作龟之八命，一曰征，二曰象，三曰与，四曰谋，五曰果，六曰至，七曰雨，八曰瘳；以八命者赞三兆、三易、三梦之占，以观国家之吉凶，以诏救政。凡国大贞、卜立君、卜大封则视高作龟；大祭祀则视高命龟；凡小事，莅卜；国大迁、大师则贞龟；凡旅，陈龟；凡丧事，命龟。
>
> 筮人掌三易，以辨九筮之名，一曰《连山》，二曰《归藏》，三曰《周易》；九筮之名，一曰巫更，二曰巫咸，三曰巫式，四曰巫目，五曰巫易，六曰巫比，七曰巫祠，八曰巫参，九曰巫环，以辨吉凶。凡国之大事，先筮而后卜，上春相筮；凡国事共筮。

与商代淫祀鬼神相承接，在周代初年所制定的礼仪制度之中对在祭祀之前所发生的占卜也有很详细的规定，从中不难窥见其筮占文化之繁荣发达。"三兆之法"是龟甲占卜，大盛于商末与周初，居于筮占文化之首位，适用范围最广,"其经兆之体皆百有二十,其颂皆千有二百",可见其对龟卜占纹分类之详细周密,而每一个"经兆之体"则对应着十个颂;"三易之法"是蓍草占筮,"其经卦皆八,其别皆六十有四",可见《连山》《归藏》《周易》虽然是三种不同的占筮方法,但其都是由8个经卦重叠出的64个别卦组成的。8个经卦重叠组成六十四卦,实际上这也隐含着六十四卦下卦和上卦的组成结构,这一点在帛书《易传》卦序排列组合之中也体现得非常明显;"三梦之法"是不使用具体工具的占梦,"其经运十,其别九十",可见每一个经运对应着九个"别运"。总体来看,"三兆之法"的分类最繁复,通用性最强,地位也最高,而"三易之法"的数理结构最严密,"三梦之法"因为已经失传,可以说最为神秘。

太史公"文王拘而演《周易》"(《报任安书》)的记载无疑确认了周文王编辑《周易》这一历史事件,但对于《周易》的具体编撰还不够准确。参照"九筮"即巫更、巫咸、巫式、巫目、巫易、巫比、巫祠、巫参、巫环九位著名占筮大巫的既有经验,周文王以及周公在编撰《周易》的过程中应该进行了以下几个方面的工作:

第一方面,根据时代需要对六十四卦卦名进行了修改编订,使得《周易》之中的六十四卦卦名与《归藏》以及《连山》之中的六十四卦卦名既有区别又有联系。

第二方面,对卦辞进行重新编写。无论从出土材料来看,还是对比后世辑录遗文,《周易》卦辞与《归藏》卦辞有着非常明显的差距。如果说很多《归藏》卦辞往往是讲述历史故事的话,那么《周易》的卦辞则很多是以元亨利贞为基本格式;如果说《归藏》卦辞大都是意味隽永的诗句,那么《周易》卦辞则大多数属于字字铿锵的散文。

第三方面,为《周易》特别编写了386条爻辞。从出土的王家台秦简来看,《归藏》是没有爻辞的,更早的《连山》应该也没有爻辞,而《周易》爻辞的编纂无疑大大丰富了《易》文本的内涵,也标志着上古时期易学研究的一个巨大成就。

《周易》的卦辞与爻辞既有区别又有联系。总体而言,由于其各自的编撰者不同,创编根据不同,《周易》的64条卦辞与386条爻辞应该进行一定程度上的区分;又由于两者的编撰时间有继起性、创编根据具有相关性,所以卦辞往往又是爻辞据以展开的基础和前提。

① 卦辞与爻辞的区别

首先,《周易》卦辞与爻辞的创作者很可能是不同的两个人。按照传统的一种说法,《周易》的卦辞是由周文王姬昌编撰的,而爻辞则是由周公姬旦编撰的。根据现有的资料综合来看，文王编撰卦辞、周公编撰爻辞是可能性最大也最为可信的一种说法，而且这种区分是符合《周易》文本中爻辞与卦辞的实际情况的。所以在《周易》的具体解说中，需要对爻辞与卦辞进行一定程度的区别对待，首先，要把六十四个卦辞作为一个整体，将此一卦辞与彼一卦辞互相对比勘验，校正句读，判断字义，进而对其做出比较准确的解说。在这方面，靳极苍已经做出了基础扎实的研究工作，非常值得参考。①

其次，因为文王编撰了卦辞、周公编撰了爻辞，所以卦辞和爻辞两者的创作时间基本相同，都是在周初，但是两者有着明显的先后关系，即在文王编撰六十四条卦辞之后，周公编撰了 386 条爻辞。根据上文的讨论，我们知道，卦辞和爻辞在取象根据上有着比较明显的差异：卦辞的取象根据是一个六十四卦卦象，或者说是一下一上两个八卦卦象，而爻辞的取象根据是本卦、之卦两个六十四卦卦象，或者说是两下两上四个八卦卦象。

再次，卦辞和爻辞的表达结构不同。比较而言，卦辞是以"元亨利贞"为主要表达结构，其语句的概括力更强，而爻辞则在表达结构上的特征不明显。

最后，比较而言，卦辞的语句更加浓缩精练，系统性和可供阐发的哲理性更强，爻辞的取象则更加灵活生动，取材更加广泛。

② 卦辞与爻辞的联系

《周易》卦辞与爻辞的编撰在时间上先后继起，周公旦在编撰爻辞之时应该直接参照了文王所编撰的卦辞，继承和借鉴了卦辞之中的某些表达方式和取象内容，所以卦辞与爻辞在某些情况下具有直接的内容关联。由此我们可以说，卦辞是爻辞的前提和基础，是爻辞表述卦象的重要参照。需要强调的是，就根本而言，卦辞与爻辞的取象根据有相同的部分：卦辞的取象根据，一个六十四卦卦象，它也是爻辞取象根据的前半部分，即本卦。当然，卦辞与爻辞的取象根据也有不同的部分：爻辞取象根据的后半部分，即之卦，它不是卦辞的取象根据。

在卦爻辞的编纂过程中，周文王以及周公很可能依据或参考了以往的占筮经验与成例，《周礼》所谓的"九筮"，即"一曰巫更，二曰巫咸，三曰巫式，四曰巫目，五曰巫易，六曰巫比，七曰巫祠，八曰巫参，九曰巫环"，很可能就是历史上九个著名的筮者或大巫，他（她）们在无数次占筮中的得失经验被一直保存下来，在《周易》文本的创作过程中其无疑被充分借鉴和多次引用。而《周礼》所谓的"八命"，即"一曰征，二曰象，三曰与，四曰谋，五曰果，

---

① 靳极苍：《周易卦辞详解》，太原：山西高校联合出版社 1993 年版。

六曰至,七曰雨,八曰瘳",应该就是卦爻辞,特别是其中的吉凶断语所要直接回答的问题。使用"八卦取象比类"的方法对占筮所得到的卦象做出创造性的解说来回答贞所问的问题,这无疑是占筮者的中心工作,而《周易》卦爻辞就是要对此提供尽可能多的参考和帮助。

周文王或周公还对六十四卦卦序进行了全面的重新编排。按照传统的说法,这次编纂一个明显的特点是把乾卦作为《周易》之首卦,从而使得《周易》与以坤卦为首卦的《归藏》,与以艮卦为首卦的《连山》明显区别开来。但是由于帛书本《周易》的出现,现在我们知道仅仅是就《周易》而言,其六十四卦卦序较早就具有了多样性。虽然这种多样性有可能是在《周易》编撰完成之后的流传过程中产生的,但这却足以提醒我们:无论是把卦序的不同当作是《周易》与《归藏》《连山》的根本区别,还是把通行本卦序研究作为解开《周易》文本创作之谜的锁匙,似乎都是比较盲目和短浅的做法,这应该是易学研究之中的一条歧途。

与左丘明所撰作的《左传》相对照,可以知道《周易》文本中的六九爻题很有可能是在孔子时代产生的——在周文王以及周公时代作为另外一种《周易》版本的特征其产生的可能性也是存在的,但是这种版本在那时候很可能没有广泛流行——并在孔子之后成为《周易》文本之通例。六九爻题无疑是爻象、爻位等各种解说方法产生和流行的文本基础。

总之,周文王以及周公在编纂卦爻辞之时,一定是依据了《易》的某种内在规律,而这种规律现在看来就是占筮解说的基本规律特别是其中的解卦方法,其核心就是"八卦取象比类"。

(二)《周易》卦爻辞中的历史事件

在1926年,顾颉刚撰作了《〈周易卦爻辞〉中的故事》一文,正式发表于1929年12月的《燕京学报》第6期,1930年11月修改后收入1931年出版的《古史辨》第三册,为该册的首篇,也是其最具有代表性的两篇易学文章之一。正如顾颉刚所言:"卦爻辞是《周易》的中心",[1]这篇文章的主题是研究卦爻辞之中所隐藏着的历史故事,堪称顾颉刚易学研究的扛鼎之作。

顾颉刚探幽索隐,从《周易》卦爻辞中挖掘出了五个失传的历史故事:一、王亥丧牛羊于有易的故事;二、高宗伐鬼方的故事;三、帝乙归妹的故事;四、箕子明夷的故事;五、康侯用锡马蕃庶的故事,用以说明"《易经》(原注:即《卦爻辞》)的著作时代在西周,那时没有儒家,没有他们的道统的

---

[1] 蔡尚思主编:《十家论易》,《〈周易卦爻辞〉中的故事》,长沙:岳麓书社1993年版,第95页。

故事。"①在论说中,顾颉刚借用了王国维的研究,首先列出王国维在《山海经》《竹书纪年》和《楚辞》中的三条资料,然后以自己所发现的《易经》资料相佐证。其最后做出的结论是:"但《卦爻辞》虽与孔子无关,却是一部古书。它里边称引的故事都是商代及周初的,可信为西周时的著作。"②

需要强调的是,第一,对这五个历史故事进行探究,顾颉刚并非首创,比如东汉易学家虞翻就认为"帝乙"是纣王之父,而对于明夷卦六五爻辞的"箕子明夷",孔颖达《周易正义》即有"似箕子之近殷纣"之语,等;第二,以《周易》卦爻辞之中的史事来推断《周易》文本的创作年代也并非顾颉刚首创,比如孔颖达《周易正义》卷一之中就曾经使用此种方法。顾颉刚的创造性主要体现在方法论上的自觉和使用这些古史材料的深度和广度上,特别是其明确的目的性,即从卦爻辞之中所蕴含的历史故事出发来讨论《周易》文本的创作年代。所以确切地说,全面、深入地以《周易》卦爻辞所蕴含的历史故事来推断《周易》卦爻辞的写作时间,在这一点上顾颉刚堪称现代易学研究的先行者。

总体而言,顾颉刚此文非常具有说服力,按照顾颉刚的话来说是比较成功地把《周易》这部古代典籍从儒家的德义说教以及圣王道统之中"抢救"出来,发现了《周易》这五条爻辞的"历史原意与原貌"。但是在几十年后,当我们重新审视顾颉刚的这一易学研究名篇,在五条爻辞的解说之中有两条还是需要进一步来进行讨论。

① "丧牛于易"不是"有易杀王亥取仆牛"

《〈周易卦爻辞〉中的故事》首先列举《周易》大壮卦六五爻辞的"丧羊于易"和旅卦上九爻辞的"丧牛于易"两段文字,认为这就是所谓"有易杀王亥取仆牛"的史实。顾颉刚说道:"自从甲骨卜辞出土之后,经王静安(王国维)先生的研究,发现了商的先祖王亥和王恒,都是已在汉以来的史书里失传了的。他加以考核,竟在《楚辞》《山海经》《竹书纪年》中寻出他们的事实来,于是这个久已失传的故事又复显现于世。……如果《爻辞》的作者加上'无悔'和'凶'对于本项故事为有意义的,那么可以说,王亥在丧羊时尚无大损失,直到丧牛时才碰着危险。这是足以贡献于静安先生的。"③

文中所说"王静安的研究",指王国维的著名文章《殷卜辞中所见先公先王考》,此文为使用"二重证据法"考察古史的经典作品。无疑,顾颉刚此

---

① 蔡尚思主编:《十家论易》,长沙:岳麓书社1993年版,第112页。
② 蔡尚思主编:《十家论易》,长沙:岳麓书社1993年版,第130页。
③ 蔡尚思主编:《十家论易》,长沙:岳麓书社1993年版,第96—98页。

文是以王国维的研究为前提的。

值得注意的是，首先，王国维是以卜辞之中的人名与古籍所记载的殷代先王逐一严格对照，而顾颉刚所做的"丧牛于易"就是"有易杀王亥取仆牛"案例却不是这样——所谓"王亥"这一人物在《周易》爻辞里根本就没有出现！

反观顾颉刚所列举的其他四个实例：高宗伐鬼方的故事、帝乙归妹的故事、箕子明夷的故事、康侯用锡马蕃庶的故事——这些故事在《周易》文本之中都写明有非常明确的主人公。如果在历史上王亥丧牛羊于易确有其事，按照上述卦爻辞的写作规律，那么对应的就应该是"王亥丧牛于易""王亥丧羊于易"。

爻辞"丧牛于易"和"丧羊于易"都省略了主语——问卦之人，这是《周易》爻辞的惯例。按照占筮的操作规则，爻辞可以看作是作为占筮工具书的《周易》对问卦人的问题所作出的具有意象性的概括回答，是以所谓"丧牛于易""丧羊于易"在此前的几乎所有易学家那里都被看作省略主语的一般占辞，而"易"字则一般解说为疆场，即田亩的边界。所以这两句爻辞与"帝乙归妹"这种史实类的记述明显不同，如果把"亥"或"王亥"这个主语强加于此的话无疑颇为牵强。我们有理由提出这样的疑问："丧牛于易"与"有易杀王亥取仆牛"的故事到底有没有关系？顾颉刚的解说是否只是一种富于联想的附会呢？

其次，《周易》大壮卦六五爻辞所说的"丧羊于易，无悔"在历史典籍上没有踪迹可寻。顾颉刚所举证的有关王亥的材料大都是与"牛"有关，即"仆牛"（《山海经·大荒东经》《楚辞·天问》）、"朴牛"（郭璞《山海经注》引《真本竹书纪年》），仅仅是《楚辞·天问》之中另有"该秉季德，厥父是臧；胡终弊于有扈，牧夫牛羊？"需要注意的是，这里仅仅是"牧""牛羊"而不是"丧""牛羊"。而且进一步来讲，根据顾颉刚所说的"有易杀王亥取仆牛"，王亥被杀那么断语就应该是"凶"，但是在这句爻辞里的断语为什么就是"无悔"呢？如果按照顾颉刚的思路来解释，那么有什么根据说商人祖先王亥还曾经"丧羊于有易"呢？顾颉刚的推测，"王亥在丧羊时尚无大损失，直到丧牛时才碰着危险"显然是缺乏根据的臆测，远不足以解答这些诘难。

综上所述，顾颉刚以"王亥丧牛于有易"的历史典故来解释"丧牛于易"这句爻辞还是有诸多可以商榷之处，所谓"王亥丧牛于有易"的故事也不能很好的解释"丧羊于易"。比照之下，按照传统的解说应该更加合理一些。比如，当前影响较大的黄寿祺、张善文合著的《周易译注》和周振甫的《周易译注》就都没有采纳顾颉刚的说法。

② "帝乙归妹"不是"文王迎亲"

顾颉刚认为《周易》之中《泰》和《归妹》两卦六五爻辞的"帝乙归妹"就是《诗经·大雅·大明》所说的"文王迎亲",其理由有两点:①

第一,《诗经·大雅·大明》所说的"大邦""也是指的殷商",而"俔天之妹"与《周易》之中的"帝乙归妹""一语意义相符",帝乙与文王"时代恰合"。

第二,"缵女维莘"是"继女维莘","大邦之子或死或大归,而文王续娶于莘"。

长期以来,学界对此都没有异说,很多学者都以此作为基础而展开后续研究。现代学者刘明芝见解独到,专门撰文《论"帝乙归妹"与商周联姻无关》对顾颉刚的论证进行辩驳,其理由主要有三点:②

第一,《大明》不可能赞颂帝乙之女。

《大明》一诗的主旨是歌颂文王的美德和武王的业绩,而为表现文王、武王来历不凡,又同时歌颂了他们的母亲——文王之母大任和武王之母大姒。根据《大明》首章"天位殷适(嫡),使不挟四方"和最后两章对牧野之战的详细描写,该诗又侧重于赞美武王推翻商朝的业绩。为突出武王的地位,自然要着力描写武王之母大姒而不是帝乙之女的来历和婚礼情况。

第二,《大明》中的"大邦"是指莘国,"大邦之女"是指大姒。

周初人所说的"大邦"并非殷商的专称。《诗经·皇矣》所记"王此大邦,克顺克比""密人不共,敢距大邦,侵阮徂共",都是周人自称姬周为"大邦"。"大邦"的具体含义,应当视它所处的语言环境而确定,不能看到"大邦"字样就一律将它同《尚书》中的"大邦殷"等同起来。

第三,关于"大姒继妃说"和"缵女维莘"。

"大姒继妃说"在明代晚起,而准确地理解"缵女"的关键,在于把"女"字看作动词,释为"嫁女"。"缵女"即继续嫁女,"缵女维莘"则可今译为:继续嫁女于周邦的就是莘国。

以上这三条反驳比较有力,至少可以说明顾颉刚之论证过程并不非常可靠。仔细推敲,不难发现顾颉刚所作论断的根据不足,有些明显是揣测之词。比如,他在指认"俔天之妹"与"帝乙归妹"这两句差异明显的语句"意义相符"的时候居然不加任何论说,而且此后继续设问道:"否则王季和文王同样娶于东方,为什么《大明》篇中对于文王的婚礼独写得隆重?否则帝乙

---

① 参见蔡尚思主编:《十家论易》,长沙:岳麓书社1993年版,第101—102页。
② 参见刘明芝:《论"帝乙归妹"与商周联姻无关》,《周易研究》2002年第2期。

归妹的事本与周人毫无关系,为什么会深印于周人的心中而一见再见于《周易》?"这些设问带有鲜明的顾颉刚特有的"默证"味道,并不具有多少的说服力。实际上,在周王朝的历史上,文王无疑要比王季重要得多,《大明》篇中对于文王的婚礼写得隆重些无疑是正常的。由于《周易》卦爻辞之中所出现的高宗伐鬼方的故事、箕子明夷的故事都与周人没有什么关系,所以卦爻辞之中两次出现"帝乙归妹"也不一定就能够说明这件事情与周人有多么大的关系,而且按照顾颉刚的解说,所谓商人的祖先王亥"丧牛于易"与"丧牛于易"不是也在《周易》卦爻辞之中出现了吗?所以顾颉刚认定"帝乙归妹"就是《诗经·大雅·大明》之中的"文王迎亲",这一见解比较缺乏依据。同样的,黄寿祺、张善文的《周易译注》既没有采纳顾颉刚的说法,也没有引述。①

那么,退一步来看,"帝乙归妹"到底是指何事? 如果说"帝乙归妹"是指商周联姻,这种说法可以成立吗?

其实,关于"帝乙归妹",《左传·哀公九年》之中还有一条非常重要的材料,足以说明"帝乙归妹"的确切含义:

> 宋公伐郑。……阳虎以《周易》筮之,遇《泰》之《需》,曰:"宋方吉,不可与也。微子启,帝乙之元子也。宋、郑,甥舅也。祉,禄也。若帝乙之元子归妹而有吉禄,我安得吉焉?"乃止。

鲁哀公九年(公元前486年),郑国首先攻打宋国,宋国反攻郑国。这时,齐景公又趁机发兵攻打郑国。晋国的赵鞅占卜援救郑国的吉凶,阳虎又用《周易》占筮这件事,遇到《泰》之《需》,解释说:"宋国正吉星高照,不可以与之交战。作为宋国祖先的微子启是帝乙的长子,因此宋国和郑国是甥舅姻亲。'祉'是福禄的意思。如果帝乙的长子出嫁他的妹妹而有吉禄的话,那么我国怎么能够得到吉利呢?"于是就取消了发兵救援郑国的行动。

由阳虎的解说之中我们可以明确,所谓"帝乙归妹"之中的帝乙确是指商纣王的父亲,而郑国姬姓,周宣王二十二年(前806年)始封,所以殷周的确有联姻之事。迎娶帝乙之女的应该是另一位周国贵族而不是周文王。②

---

① 参见黄寿祺、张善文:《周易译注》,上海:上海古籍出版社2001年版,第111页、第449页。
② 黎东方先生认为商王帝乙把妹妹嫁给了季历或另一周室成员(《我们的根——简说五千年中国文明史》,上海:上海人民出版社2009年版,第33页)。

③《周易》卦爻辞并非"著作人无考"

经过考察,顾颉刚认定:"王亥丧牛羊于易"和"高宗伐鬼方"的故事发生在文王之前,"帝乙归妹"的故事发生在文王之世,"康侯用赐马蕃庶"和"箕子明夷"的故事发生在文王之后。所以顾颉刚得出结论:"作卦爻辞时流行的几件大故事是后来消失了的……它里边提起的故事,两件是商的,三件是商末周初的,我们可以说,它的著作时代当在西周的初叶,著作人无考,当出于那时掌卜筮的官,著作地点在西周的都邑中,一来是卜筮之官所在,二来因其言'歧山',言'缶',都是西方的色彩。"①

顾颉刚的论证,虽然可以说是在现代学术研究之中基本确定了《周易》卦爻辞的创作年代,但是绝不能就此全部否定传统的旧说。恰恰相反,顾颉刚的论证在很大程度上证明了文王作卦辞、周公作爻辞这一传统说法的可靠性!

按照马融、陆绩等人所秉持的文王作卦辞、周公作爻辞这一传统说法,周公可谓是《周易》文本的主要和最终编纂者,而周公就生活在商末周初。他虽然不是专职的执掌卜筮的官员,实际上作为摄政者他却是最大的"大卜"——周公曾经长期摄政,代君行权,制定周礼,试问又有什么事情周公不能够管呢?《尚书·周书·金縢第八》就记载着周公亲自占卜的事例。所以周公愿意学习、研究、应用占卜、占筮并编撰《周易》爻辞在那时应该是再正常不过的事情,而且从出土的商周甲骨来看,君王亲自占卜的情况也是非常常见的。

顾颉刚认为《周易》的"著作时代当在西周的初叶","当出于那时掌卜筮的官,著作地点在西周的都邑中",这都是合情合理的推断。既然如此,那么著作人为什么就不可能是周初的文王、周公呢?我们又有什么根据来否定这种自古流传的说法呢?如果我们相信口述历史也是历史材料的话,那么顾颉刚所谓"著作人无考"的论断就是非常片面和非常武断的。实际上顾颉刚已经把《周易》文本之中的历史故事考察了一遍,从而确定了《周易》文本的基本创作年代,但是他根本就没有考虑到传统学术之中原有的更加准确的说法,甚至是在其研究的前提之中就把这种可能性排除了!

需要补充的是,几十年后,现代学者廖名春依据先秦语言研究的最新成果,用语言的历史比较方法,分析了《周易》本经的基本词汇、实词附加成分和虚词运用情况,再次证明《周易》文本的基本创作年代是在殷末周初,②这

---

① 蔡尚思主编:《十家论易》,长沙:岳麓书社1993年版,第128页。
② 参见廖名春:《〈周易〉经传与易学史新论》,济南:齐鲁书社2001年版,第207—223页。

恰恰可以作为顾颉刚所论之辅证。所以在今天来看,文王和周公是《周易》卦爻辞的编纂者,这一点基本可以确定下来。

(三) 西周春秋时期《周易》文本的逻辑结构

战国时期是天崩地解的变革时代,由西周和春秋沿袭下来的社会制度全面崩溃,这一阶段"是中国历史上关键性的重大变革和发展时期,无论经济、政治、文化等各方面,都有着重大的变革和发展;而且这种变革和发展的影响十分深远,可以说直到今天。"① 就易学史而言,战国时期《周易》②文本的逻辑结构发生了一次根本性的转变,而这个根本性的转变被春秋到战国时期的《周易》文本体例转换所深深掩盖。

《左传》《国语》中有二十二条关于《周易》的应用记载,它们详细地说明了春秋时期《周易》的文本体例和逻辑结构。关于《周易》文本的具体情况,尤以《左传·昭公二十九年》中的这条引用实例最具说服力:

> 秋,龙见于绛郊。魏献子问于蔡墨曰:"吾闻之,虫莫知于龙,以其不生得也。谓之知,信乎?"对曰:"人实不知,非龙实知。古者畜龙,故国有豢龙氏,有御龙氏。"……献子曰:"今何故无之?"对曰:"……龙,水物也。水官弃矣,故龙不生得。不然,《周易》有之,在《乾》之《姤》,③曰:'潜龙勿用。'其《同人》曰:'见龙在田。'其《大有》曰:'飞龙在天。'其《夬》曰:'亢龙有悔。'其《坤》曰:'见群龙无首,吉。'《坤》之《剥》曰:'龙战于野。'若不朝夕见,谁能物之?"

在鲁昭公二十九年(公元前 513 年)的秋天,在晋国都城绛的郊外有人看见了龙。魏献子对此感到迷惑,去请教蔡墨。蔡墨引用了《周易》乾、坤两卦的爻辞来证明自古以来龙这种动物就确实存在。很明显,蔡墨的讲述完全没有涉及占筮,他仅仅是引用《周易》辞句,纯粹是对《周易》做"博物志"式的引述。这种引述方式完全能够说明当时《周易》文本的实际面貌。所以我们完全有理由推断,在春秋时代至少存在着一个《周易》的新体例——如果这种体例的版本不是当时《周易》的唯一版本的话——它与现在的通行本不同:它的爻辞前面没有六九爻题,而全部是"某卦之某卦"的格式。具体

---

① 杨宽:《战国史》,上海:上海人民出版社 2003 年版,前言第 1 页。
② 一般来讲,《周易》有狭义和广义两种内涵。广义的《周易》包括《易经》和《易传》,而狭义的《周易》是其原意,指周代的《易》,就文本而言则专指《易经》经文。本文所说的《周易》是后一种。
③ 因为排版困难,六十四卦符号全部省略。

而言,春秋时代《周易》的体例是这样的:

乾:元亨,利贞。
乾之姤:潜龙,勿用。
乾之同人:见龙在田,利见大人。
乾之履:君子终日乾乾,夕惕若,厉,无咎。
乾之小畜:或跃在渊,无咎。
乾之大有:飞龙在天,利见大人。
乾之夬:亢龙,有悔。
乾之坤:见群龙无首,吉。

坤:元亨,利牝马之贞。君子有攸往,先迷,后得,主利。西南得朋,东北丧朋。安贞吉。
坤之复:履霜,坚冰至。
坤之师:直,方,大,不习,无不利。
坤之谦:含章,可贞。或从王事,无成有终。
坤之豫:括囊,无咎无誉。
坤之比:黄裳,元吉。
坤之剥:龙战于野,其血玄黄。
坤之乾:利永贞。

……(以下六十二卦略)

这样看来,春秋时候的《周易》文本实际上包括两部分内容:第一部分是六十四卦和六十四卦卦辞,这部分内容对应着占筮时没有爻变(或变卦)的情况;第二部分是386条带有"某卦之某卦"标注的爻辞,这部分内容对应着占筮时发生爻变(或变卦)的情况。准确地讲,在386条爻辞当中有384条对应着占筮时候只发生一爻变而其他五爻不变的情况,有2条爻辞(乾卦用九爻辞和坤卦用六爻辞)对应着占筮时候发生六爻全变的情况。从篇幅或字数来看,第二部分无疑是《周易》文本的主要内容。所以就《周易》文本而言,爻辞是《周易》文本的主体部分。

从这种文本来看,所谓的爻辞是以一个六十四卦到另一个六十四卦之间的不同演化关系作为对应内容的,它直接关联着变卦(或者爻变)前后的卦象改变。因此爻辞也是"卦辞",也是从属于八卦卦象的辞句,只是它们直接对应着发生变卦的前后两个六十四卦。严格来讲,每个爻辞对应的是两个六十四卦,而不是像卦辞那样对应着一个六十四卦,其对应着卦象所发生的变化,而不是卦象的静止。所以爻辞是从属于六十四卦卦象的,而不是从属于某个爻——就这一点而言,所谓的"爻辞"这一名称并不准确,至少在春秋时期其名不副实。

依据占筮的原则与方法,带有"某卦之某卦"标注的爻辞明显比以六九爻题标注的爻辞实用性更强,所以春秋时期的《周易》文本也就具有更强的占筮易用性,这与春秋时期《周易》文本的主要功用"占筮之书"相一致。

由此,我们可以得出春秋时期《周易》文本的逻辑结构是:

① 在不发生变卦的情况下,六十四卦与六十四条卦辞一一对应。

② 在发生变卦的情况下,发生变卦的前后两个六十四卦(本卦与之卦)与爻辞(包括乾卦用九爻辞和坤卦用六爻辞)一一对应。

具体来说,在《周易》文本中发生变卦的情况被分为一爻变(只有唯一一个变爻)和六爻变(全部六爻皆变)两种情况:第一种情况是一爻变,即384条爻题中的九与六就是指发生卦变时那一个变爻的性质,初、二、三、四、五、上是指发生卦变时那一个变爻所处的位置;第二种情况是六爻变,用九和用六两条爻题对应着六爻皆变,即六爻全部为九和全部为六的情况,其中也强调说明了九与六的变爻性质。

总之,春秋时期《周易》文本的逻辑结构是:静止的六十四卦一一对应着卦辞,而六十四卦的变化情况则只有很少的一部分被列举出来,其一一对应着爻辞。

二、《周易》中的本卦之卦推理模型

按照阴阳思想的演化来看,《周易》文本之中蕴含着的"八卦—六十四卦—本卦之卦"这一套由低阶、中阶而高阶的推理模型,而阴阳思想在这一套推理模型中得到了充分而完整的展开,致广大而极精微,进而成为上古道术思想史中的一个经典内容。从占筮之术的操作来看,所谓的《周易》占筮解卦实际上就是应用"八卦—六十四卦—本卦之卦"这一套推理模型来对卦象进行解释,而《周易》卦爻辞就是这一解释过程的具有经典性质的一部分记录。《周易》所蕴涵着的本卦之卦推理模型是八卦的高阶推理模型,也是《周易》的精华,是西周时期道术思想的重要创制,本节将对此集中展开讨论。

(一) 本卦之卦推理模型是《周易》爻辞的取象根据

在《左传·闵公元年》"遇《屯》之《比》"这个例子里,屯卦初九爻辞之

中的"利建侯"一句已经由《屯》之《比》的八卦卦象得到了很好的说明,所以它可以作为本节的第一个例证。

> 初,毕万筮仕于晋,遇《屯》之《比》。辛廖占之,曰:"吉。《屯》固《比》入,吉孰大焉?其必蕃昌。震为土,车从马,足居之,兄长之,母覆之,众归之,六体不易,合而能固,安而能杀。公侯之卦也。公侯之子孙,必复其始。"

屯卦下震上坎,比卦下坤上坎,所以《屯》之《比》的卦象是:

坎　坎
震→坤　☷→☷

屯卦卦意是"固",比卦卦意是"入"。屯之比,有"固"有"入",所以说是非常吉利,必然昌盛。具体来讲,屯卦变成了比卦,震变成了坤,也就是震变成了土。① 震为车,②坤为马,③所以是"车从马"。《说卦》有震"为长子",为兄,为足,④坤为母,⑤坎为众,所以说是"足居之,兄长之,母覆之,众归之"。⑥ 比为"入"为"合",屯为"固",所以是"合而能固"。坤为安,⑦震为杀,⑧所以是"安而能杀"。⑨ 所以《屯》之《比》是"公侯之卦也",这也就是对屯卦初九爻辞之中"利建侯"最为充分和完整的解释。

根据辛廖的解释,我们再来明确一下所谓"《屯》固"和"《比》入"的八卦卦象根据。屯卦下震上坎,震为武,为军队,⑩《说卦》有"坎,陷

---

① 《说卦》有"坤为地",所以坤亦为土。
② 《说卦》中没有"震为车",但有"震为足",可通。
③ 坤卦卦辞有:"元,亨,利牝马之贞。"所以坤为牝马。《说卦》虽然有"乾为马,坤为牛",但是如果乾为牡马的话,坤即为牝马。
④ 《说卦》有"震为足"。
⑤ 《说卦》有"坤,地也,故称乎母","坤为地,为母"。
⑥ "居""长""覆""归"四个动词是分别由"足""兄""母""众"四个取象所发出的动作,也可以归结为震、坤、坎三个八卦卦象。
⑦ 《说卦》有"坤也者地也,万物皆致养焉","坤,顺也",所以坤可以取象为"安"。
⑧ 例一《国语·晋语》"得贞《屯》悔《豫》"之中有震为武,所以震可以取象为杀。而且下文例十一:《左传·僖公十五年》"遇《归妹》之《睽》"有以震为刲为杀。尚秉和或以"坤为安为杀"(《周易研究论文集》(第二辑),黄寿祺、张善文编,北京师范大学出版社1989年版,第118页),或以"兑为羊,又为斧,故曰刲羊"(同上,第118页),皆不妥。
⑨ 这里的"合而能固""安而能杀"其实是按照"《比》之《屯》"(注意不是《屯》之《比》)的方向来取象说义,这种反向解说似乎也就是下文所说的"公侯之子孙,必复其始"的根据。
⑩ 例一《国语·晋语》"得贞《屯》悔《豫》"之中有震为武。

也",为险,①是险隘,内有军队外有险隘,所以屯卦是"固"。比卦下坤上坎,《说卦》有"坤为地","坎为水",水的性质是润下,②所以比卦有水润入地的意思,所以是"入"。

总之,从卦象来看,《屯》之《比》是有车有马。有兄长的帮助,有母亲的养育,有群众的归附,有安居的土地,所以是"公侯之卦也",这也就是"利建侯"。屯卦卦辞是:"元,亨,利贞。勿用有攸往,利建侯。"其初九爻辞是"磐桓,利居贞,利建侯。"虽然在辛廖的解说之中并没有直接引述"利建侯",但是实际上所谓"公侯之卦也"也就是"利建侯"。可见,屯卦卦辞与其初九爻辞之中的"利建侯"都是以上面所分析的屯卦和比卦的卦象作为可靠依据和直接来源,绝对不是没有根据的空谈。

《左传·庄公二十二年》"遇《观》之《否》"可以作为第二个例子,在这里,周史首先引用观卦的六四爻辞"观国之光,利用宾于王"作为论断,然后根据卦象解说了爻辞:"光,远而自他有耀者也。《坤》,土也。《巽》,风也。《乾》,天也。风为天于土上,山也。有山之材而照之以天光,于是乎居土上,故曰:'观国之光,利用宾于王。'庭实旅百,奉之以玉帛,天地之美具焉,故曰:'利用宾于王。'"

观卦的上卦是巽,下卦是坤。否卦的上卦是乾,下卦是坤。《观》之《否》的卦象是:

巽→乾
坤 坤

《说卦》有"坤为地",所以这里周史说:"坤,土也。"而"巽,风也。乾,天也",这都是《说卦》里巽、离的基本取象。《观》变为《否》,是土上的风变为土上的天,所以说:"风为天于土上。"《说卦》里面有:"巽为高。"坤上有巽有乾,是土地高而又高之象,这土就应该是山,所以说:"风为天于土上,山也。"山有木材出产,所以是"有山之材"。周史对"光"的解释是"光,远而自他有耀者也"。乾为天,天有日月星辰,为之卦上卦,所以可以取象为"光",为"照";观卦和否卦的下卦为坤,"坤为地",为"居",则是"有山之材而照之以天光,于是乎居土上"。"坤为地",为"国"。所以是"观国之光"。周史接下

---

① 《象·坎》有"习坎,重险也","天险不可升也,地险山川丘陵也,王公设险以守其国",可见,坎有险之取象。吕思勉先生认为"春秋列国不守关塞。顾复初《春秋大事表》论之甚明","古之所谓险者,皆专指国都而言。故《易》言'王公设险以守其国'"。(吕思勉:《吕思勉读史札记》,上海:上海古籍出版社2005年版,第325页)

② 《说卦》有"雨以润之","润万物者,莫润乎水"。

来的解说则非常简略,从卦象上看,"庭实旅百,奉之以玉帛,天地之美具焉",因此就是"利用宾于王。"

需要注意的是,周史以《观》之《否》的八卦卦象(坤、巽、坤、乾)为依据,即以"风为天于土上"为基本取象,主要解说了爻辞"观国之光,利用宾于王"的前一句,其中所使用的仍然是基本的坤、巽、坤、乾四个八卦的取象。

《左传·宣公十二年》"《师》之《临》"可以作为第三个例子,即

……知庄子曰:"此师殆哉。《周易》有之,在《师》之《临》,曰:'师出以律,否臧凶。'执事顺成为臧,逆为否,众散为弱,川壅为泽,有律以如己也,故曰律。否臧,且律竭也。盈而以竭,夭且不整,所以凶也。……"

师卦是坎下坤上,临卦是兑下坤上,《师》之《临》的卦象是:

```
坤  坤
坎→兑    ䷆ → ䷒
```

师卦的初爻由阴变阳,即师卦的下卦由坎变兑。坎为众(《国语·晋语》"贞《屯》悔《豫》"中也有:"坎,众也。"可以参照),兑为少女,①为"弱",所以坎变兑是"众散为弱。"《说卦》有"坎为水","兑为泽",所以坎又为"川"为"壅",因此,坎变为兑又是川变为泽之象,所以是"川壅为泽"。就"否""臧"两个字的含义而言,"执事顺成为臧,逆为否",坎下变为兑下是"否"(即"否臧"),兑为竭,坎为律,②所以是"否臧,且律竭也。"坎为盈,为夭,③兑为竭,为不整,所以坎变兑又是"盈而以竭,夭且不整。"军队没有纪律,势必众散为弱,正如川壅为泽,《初六》爻辞"师出以律,否臧凶"就是由于有这样卦象才得出来的。

由此可见,知庄子根据师卦和临卦的卦名、卦象,特别是八卦卦象坎到兑的变换来解释《师》卦初六爻辞,而师卦和临卦的卦名、卦象也是从其八卦卦象得出的。所以说,"师出以律,否臧,凶"这条爻辞完全是根据师卦、临卦的八卦卦象(坎、坤、兑、坤)特别是坎到兑之间的变换而得出的。

---

① 《说卦》有"兑三索而得女,故谓之少女","兑为泽、为少女"。
② 《说卦》有坎"为矫輮、为弓轮",与"律"相通。
③ 盈是"满",夭是"盛",所以坎为盈,为夭。《尚书·禹贡》有"厥草惟夭",《左传·宣公十二年》有"其草惟夭,其木惟乔"。《左传·庄公十年》有"彼竭我盈,故克之。"可见春秋时期已经把"竭"与"盈"作为决定战争胜负的重要因素来考量了。

《左传·僖公二十五年》"遇《大有》之《睽》"可以作为第四个例子,大有卦下乾上离,睽卦下兑上离,其卦象是:

离　离
乾→兑　☰☰→☱☰

卜偃首先根据大有卦九三爻辞中的"公用亨于天子"一句,认为这是战胜狄兵,周王请晋文公赴宴的大吉之卦！接着又讲卦象:"天为泽以当日,天子降心以逆公",《说卦》有"乾为天","兑为泽","离为火,为日",所以《大有》离下的乾变为《睽》离下的兑,就是天变为泽以迎接太阳,即"天为泽以当日。"《说卦》有乾"为君",所以乾为天子;《说卦》有"离为日",所以日为公侯;《说卦》有"兑,说(悦)也",所以是取悦。这样看来,《大有》离下的乾变为《睽》离下的兑,就是天子屈心下意来接待公侯,所以是"天子降心以逆公。"

就解说方法而言,卜偃就是在讲解《大有》之《睽》的八卦取象。在八卦卦象之中,乾变为兑无疑是关键。这种八卦变换用爻辞来讲是"公用亨于天子",而用卜偃的话来讲就是"天子降心以逆公",虽然讲法不同,含义稍有差异,但两者的主要意思是一致的,因为这两种解说依据的是同一套八卦卦象:"天为泽以当日"。

《左传·昭公五年》"遇《明夷》之《谦》"可以作为第五个例子。明夷卦初爻由阳变阴,变成谦卦,其卦象是:

坤　坤
离→艮

占筮者卜楚丘对《明夷·初九》爻辞"明夷于飞,垂其翼。君子于行,三日不食,有攸往,主人有言"的解释非常详尽,除了"主人"二字之外,他给其他每一个字都找到了八卦卦象的根据:"日之《谦》,当鸟,故曰'明夷于飞'。明之未融,故曰'垂其翼'。象日之动,故曰'君子于行'。当三在旦,故曰'三日不食'。《离》,火也。《艮》,山也。《离》为火,火焚山,山败。于人为言,败言为谗,故曰'有攸往,主人有言'"。

《明夷》下卦的离日,变为《谦》下卦的艮山,《说卦》:"离为雉",所以明夷卦的离可以取象为雉,为鸟,为飞,所以"日之《谦》当鸟,故曰:'明夷于飞。'"但是《明夷》的日是"旦日",尚未大放光明,因而《明夷》所象征的鸟也就是低垂双翼不能展翅翱翔的鸟,所以他解释爻辞说:"明而未融,故曰:垂其翼。"《明夷》为日,《明夷》之《谦》则"象日之动"。日可以比作君子,把太阳的运行比作君子的行为，即离取象为君子，为行，①因而解释爻辞说："象日之动，故曰：'君子于行'。"《明夷》的日是"旦日"，居第三位，没有升到"食日"即吃早饭的时间，所以有"不食"之象，因而是"当三在旦，故曰：'三日不食'。""离，火也，艮，山也"，②离变为艮有火焚山之象。在人事方面取象，离为言，所以爻辞有"主人有言"。

卜楚丘的解说比较复杂，有些则过于简略，其中还依据了很多的文化知识和解说经验，但是他仍然是以《明夷》之《谦》的四个八卦卦象"离、坤、艮、坤"的取象为基础进行着爻辞的解说。所以，卜楚丘为我们树立了一个以八卦卦象全面解说《周易》爻辞的典范。

根据对以上五个例子的讨论，可以做出结论：本卦之卦推理模型是《周易》爻辞的取象根据。其中《左传·宣公十二年》"《师》之《临》"这个例子不属于占筮的情况，这就更加有力地说明当时人们对《周易》的理解和解说情况，即春秋时的古人对《周易》的解说就是依据下卦和上卦中的八卦卦象而进行的取象比类。

（二）《周易》中的本卦之卦推理模型

①《周易》的数理结构是 $64 \times 64 = 4\,096$

以《易传》成书为初始，特别在是汉代经学发展起来之后，人们都习惯于以爻象爻位等各种象数方法来解说《周易》，因此很多人对《周易》一直抱有一个误解：《周易》的数理结构是 $64 \times 6 = 384$，或者再加上用九与用六两条爻辞《周易》的数理结构就是 $64 \times 6 + 2 = 386$。实际上这种理解不符合春秋以及西周时期的《周易》面貌。

首先，就占筮而言，《周易》虽然一共有 384 或 386（加上乾坤两卦用九、用六）个爻辞，这并不表明古人在用《周易》占筮的时候只会遇到这 384 或 386 种情况。翻开《左传》《国语》就会发现，古人在用《周易》占筮的时候会遇到 $64 \times 64 = 4\,096$ 种不同的情况。比如，《国语·周语》中的乾之否是三次爻变，《国语·晋语》的屯之豫是三次爻变，《左传·襄公九年》的艮之随是五次爻变，它们都不属于《周易》文本所罗列的 384 或 386 个爻辞范围之内，但是古人却仍然能够顺利地解读出个中含义。

其次，前文说过，春秋时代《周易》的编排体例与现在通行本不同。春秋

---

① 杜预《左传》注有："日中当王，食时当公，平旦为卿，鸡鸣为士，夜半为皂，人定为舆，黄昏为隶，日入为僚，晡时为仆，日昳为台。隅中日出，阙不在等，尊王公，旷其位。"白日的里时辰对应的是居于高位的人，可以称之为"君子"，而在黑夜的时辰对应的都是低位的人，可以称之为"小人"。

② 《说卦》有"离为火"，"艮为山"。

时期《周易》的体例可以说明,《周易》爻辞是以六十四卦之间的演化为主要内容的,它所注重说明的是变卦前后六十四卦卦象变化情况。因此,爻辞所说明的是发生变卦前后两个六十四卦卦象的相互关联,每个爻辞对应的是两个六十四卦,而《周易》之中所罗列的爻辞只是六十四卦之间的全部演化情况的一小部分。

所以如果通过卦爻辞古奥语句的迷雾而专注于《周易》之中的六十四卦卦象符号,我们就可以看出《周易》本身所内含的推理模型是 $64\times64=4\,096$。就是说,按照《周易》的这种数理结构来理解,古人其实是把占筮之中所遇到的各种各样的情况(或者称之为"几"或"机")分为了 4 096 种情况而一一加以讨论。

②《周易》中的本卦之卦推理模型

基于对阴阳二气的运化规律的考察,古人对一个事物的深入把握是通过八卦盘的复合化来完成的。第一次复合是把八卦推理模型复合为六十四卦推理模型,即由初阶推理模型之中的用单个八卦符号表示事物复合为中阶推理模型之中的用两个八卦符号来表示一个事物。直观地来看,所谓六十四卦推理模型就是把下面和上面的两个八卦盘重叠起来,这就是《说卦》所谓的"兼三才而两之,故《易》六画而成卦"。

不难看出,这个中阶推理模型的数理结构是 $8\times8=64$,仍然不足以描摹生活之中事物生长衰亡等丰富而生动的诸多变化,所以在殷末周初创作的《周易》里,六十四卦中阶推理模型被第二次复合为本卦之卦的高阶推理模型。这个推理模型是通过在下面和上面两个八卦盘的流转变化(在筮法之中称之为"变卦")来更加全面地体现一个事物的阴阳属性——一般是由四个八卦符号来表示。在实际应用中,要找到一个事物的全面阴阳属性一般需要有两次定位过程:

第一次,找到这个事物的"基准位置",就是在下面和上面两个八卦盘各抽取一个八卦符号,组成第一个六十四卦符号——这叫作"本卦"。

第二次,找到这个事物的"修正位置",也是在下面和上面两个八卦盘再次各抽取一个八卦符号,组成第二个六十四卦符号——这叫作"之卦"。

经过这两个过程,就找到了两个六十四卦符号,即四个八卦符号来表示一个事物的阴阳属性。这可以说就是这个事物在阴阳二气运化中的"准确位置"。按照阴阳思想来看,通过这个本卦之卦模型来对事物进行分析就可以揭示出事物的阴阳属性,而且商周时期的古人还相信,这个事物未来的发展变化就蕴含在这个本卦之卦模型所揭示的八卦符号的关系里。所以无论是使用《周易》占筮还是引用《周易》文本,古人的各种说解(包括《周易》卦爻辞)的最终根据都是这些八卦卦象以及由这些卦象所进行的推理判断。

比如，《国语·晋语》"公子亲筮之，曰：'尚有晋国！'得贞《屯》悔《豫》"，司空季子的解说是"震，车也。坎，水也。坤，土也。屯，厚也。豫，乐也。车班外内，顺以训之，泉源以资之，土厚而乐其实。不有晋国何以当之？"

屯卦下震上坎，豫卦下震上坤，所以《屯》之《豫》的卦象是：

坎→震　　☵☳→☷☳
震→坤

按照司空季子的解说，参佐《说卦》中的相关内容，可以知道，震是车，坎是水，坤是土。屯是"厚"，豫是"乐"。因此这里本卦与之卦的卦象是：下卦上卦都震，震是车，所以有"车"往来内外上下，即"车班外内"；震为"训"，坤为顺，顺于训导，所以是"顺以训之"；坎是水，为泉为源，有泉源以资利用，即"泉源以资之"；坤是土，土为厚，是"土厚"；豫是"乐"，坤是土，为土地所产之"实"，所以是"乐其实"。正是基于对八卦卦象的详细分析讨论，司空季子做出结论：真是不意味着拥有晋国，还有什么配得上这种卦象呢？

从理论上讲，第一次定位是找到本卦，有 64 种情况；第二次定位是找到之卦，再分为 64 种情况。这就再次证明，《周易》是把万事万物的发展变化分成 64×64＝4 096 种情况来而展开讨论的，而且是通过八卦复合推理模型中事物的四重复合"卦象"之间的关联和转换来把握这个事物"象"的性质和变化。现在看来，这个推理系统可谓完备细密，是对"阴阳二气"各种组合情况全面、详细的理论阐述。

③ 对《周易》中的本卦之卦推理模型的进一步总结

类似于数学上的代数研究方法，可以用甲、乙、丙、丁分别代表本卦与之卦的内外卦，这样《周易》三百八十六爻之中任意一句爻辞的卦象根据就是这样一组八卦卦象：

乙　丁
甲　丙

这时候"甲"与"丙"不同，或"乙"与"丁"不同。在"甲"与"丙"相同、"乙"与"丁"相同的时候，这一组八卦卦象其实就是：

乙
甲

这时候与之对应的是《周易》六十四卦的一句卦辞。而在以上两种情况下,其卦象的解说基础始终是八卦这一低阶系统推理模型。

所以,根据这三种推理模型之间的内在关系,可以得出下面的关系式:八卦—六十四卦—本卦之卦,即

$$\text{八卦模型} \longleftrightarrow \begin{matrix}\text{八卦模型}\\\text{八卦模型}\end{matrix} \longleftrightarrow \begin{matrix}\text{八卦模型}\\\text{八卦模型}\end{matrix}$$

《周易》作为中国传统文化典籍中唯一一本用符号和语言写就的著作,在其"占筮之书"的面纱背后,隐藏着"八卦—六十四卦—本卦之卦"这一套完备而成熟的推理模型。这种推理模型化的对万事万物的考察方法,展示了三千年前中国古人对事物普遍联系与永恒运动的深刻理解和精微把握,令人叹为观止。可以说,在占筮的外衣下,《周易》文本中蕴含着中国古代独具特色的通过建立推理模型而展开的阴阳合化的道术思想,而就这种道术思想所达到的高度而言,《周易》无愧于中华第一经的称誉,值得后人再三揣摩。

总结　上古道术思想史概论

上古道术思想史是中华道术思想史的开篇,也是中华道术思想史的开题报告,更是笔者二十几年来关于中国哲学史的思考和研究的一个阶段性总结。

原本本书是没有这样一个总结的,但是在本书书稿经由国家社科基金评审的过程中,有专家郑重提出了这样一个意见:"增加一个概括性的总结,即对上古道术思想史的基本特征等的概括。"经过仔细考虑,笔者决定增加这样一个总结,除了总结过去几年的上古道术思想史研究工作之外,还希望能够从更多的角度把上古道术思想史研究做得更加充分和完满一些。

上古时期年代久远,时间漫长,史料稀薄,争议众多。就基本特征来说,上古时期道术丰富的实践内容带来了多样化的道术思想形态。具体来说,以阴阳为主线,三个时期的对应情况分别是:

在突出养生实践的三皇时代,其道术思想主要表达为图形之阴阳;

在突出中医实践的五帝时代,其道术思想主要表达为人体之阴阳;

在突出占筮实践的夏商西周时期,其道术思想主要表达为筮法之阴阳。

三个时期的基本特征可以进一步概括为:

三皇时代——养生实践——图形之阴阳

五帝时代——中医实践——人体之阴阳

夏商西周——占筮实践——筮法之阴阳

道术思想是基于道术实践的理论总结与理论创造,道术实践在道术思想研究中居于核心地位。一般来说,道家所说的修炼、儒家所说的修养、佛家所说的修行,是对道术实践不同思想向度的各自表达。道术思想是生命的哲学,是实践的哲学,具有终极意义。道术实践首先是个体的,因为道术实践的起点、过程和终极都是以个体实践和个人体验为主的。只有道术实践才能够通达道术思想,且只有卓异的道术实践才能够做到宇宙与人生的整体勾连,完成道术实践与道术思想的合而为一。

饶有趣味的是,以逻辑学为专攻的金岳霖以他对中国传统思想文化长

时间的体会和浸润,对理想的中国哲学家做出了一番非常生动又非常全面的刻画:

> 中国哲学家都是不同程度的苏格拉底式人物。其所以如此,是因为伦理、政治、反思和认识集于哲学家一身,在他那里知识和美德是不可分的一体。他的哲学要求他身体力行,他本人是实行他的哲学的工具。按照自己的哲学信念生活,是他的哲学的一部分。他的事业就是持续不断地把自己修养到进于无我的纯净境界,从而与宇宙合而为一。这个修养过程显然是不能中断的,因为一中断就意味着自我抬头,失掉宇宙。因此,在认识上,他永远在探索;在意愿上,则永远在行动或者试图行动。这两方面是不能分开的,所以在他身上你可以综合起来看到那本来意义的"哲学家"。他同苏格拉底一样,跟他的哲学不讲办公时间。他也不是一个深居简出、端坐在生活以外的哲学家。在他那里,哲学从来不单是一个提供人们理解的观念模式,它同时是哲学家内心中的一个信条体系,在极端情况下,甚至可以说就是他的自传。我们说的并不是哲学家的才具——他可以是第二流哲学家,也可以具备他那种哲学的品质——那是说不准的;我们说的是哲学家与他的哲学合一。①

可见,在金岳霖心目中理想的中国哲学家就是一个用生命来实践道术思想的传统文化人:其生命与哲学是合而为一、圆融一体的;他身体力行,他敦厚笃实;他不摆弄概念的游戏,也不奢望生命之外的智慧;他的身体是实践哲学的工具,他的思想是实践的汇集……由于实践的中心地位,我们无法想象一个没有生命实践的道术思想家,或者是一个没有实践内容的道术思想体系。

只有在提升人生境界的意义上,哲学才能够代替宗教,才能够提供超越的可能,而道术就是提升人生境界的理论、方法和实践。在此基础上,笔者接受并认同冯友兰的观点:"超越人世的渴望,必将由未来的哲学来满足。未来的哲学很可能是既入世而又出世的。在这方面,中国哲学可能有所贡献。"②

---

① 金岳霖:《中国哲学》,《哲学研究》1985 年第 9 期。
② 冯友兰:《中国哲学简史》,北京:北京大学出版社 1996 年版,第 293 页。

余论　对中国哲学史叙述方式的若干思考

经由上古道术思想史的研究,可以引发对中国哲学史以及中国思想史叙述方式的一些思考。下面的内容所反映的是笔者对相关问题长期的关注与探索,可能都不够全面且比较粗浅,敬请各位方家不吝指正。

一、中国哲学史的"发展"范式

20世纪80年代以来,中国哲学史的书写逐步突破两个对子——唯物论与唯心论、辩证法与形而上学——的思想框架,出现了一大批面向新时代的中国哲学史通史著作,而在冯友兰、冯契、李锦全、任继愈等学者的通史著作中有一种叙述范式最为流行:以发展的观念来规范和梳理中华文明两千多年来的思想资料。虽然这些中国哲学史家具体展开论述的细节差别很大,但其用以架构中国哲学史的"发展"这一核心观念却是鲜明和突出。比如,冯友兰明确指出:"哲学史是哲学发展的历史",[1]"哲学史是哲学的发展史。它是无限底近似一圆圈圈,近似于螺旋的曲线。"[2]冯契则把这种代表发展路径的"螺旋式圆圈结构"彻底地贯彻到其中国哲学史著作的叙述架构之中,进而指认中国哲学史中存在着这样一个合乎逻辑的客观"发展"过程,而任继愈则把他的著作直接命名为"中国哲学发展史",至于在具体论述时所使用的"发展"一词那就更是俯拾皆是了。这种叙述范式影响深远,至今仍然被很多中国哲学和中国哲学史工作者所接受并使用。由此,我们可以把这种叙述范式简称为中国哲学史书写中的"发展"范式。令人讶异的是,反观当今西方哲学史的各种书写文本,我们很难发现其对"发展"观念的倍加推崇和普遍应用,这种鲜明的对比不能不引起我们进一步的思考。

我们知道,"发展"一词的一般含义是:"事物由小到大、由简单到复杂、

---

[1]　冯友兰:《中国哲学史新编》(上卷),北京:人民出版社1998年版,第36页。
[2]　冯友兰:《中国哲学史新编》(上卷),北京:人民出版社1998年版,第38页。

由低级到高级的变化。"①那么，在中国哲学史上真的有这样一个贯彻始终的由小到大、由简单到复杂、由低级到高级的变化过程吗？或者说，这种由小到大、由简单到复杂、由低级到高级的变化的宏观叙事结构到底在多大程度上符合中国哲学史的实际情况呢？下面试从三个方面进行详细讨论。

首先，按照冯友兰的"人生境界说"来看，每一个哲学家的著作都是其对宇宙、人生和社会的某一个方面或某一个层次进行深入思考的总结和提炼。在这些论说之中，有一些是针对当时的特殊社会情况所作出的思考，而还有很多内容则具有一般性的意义，至今仍然可以给人以启发和借鉴。冯友兰"人生境界说"所隐含着的哲学境界：自然境界的哲学、功利境界的哲学、道德境界的哲学、天地境界的哲学，其每一种都具有一般意义，都可以给现代人以启发和借鉴。而中国哲学史上的哲学著作，就是这些哲学家在这些哲学境界中的理论提炼和实践经验的总结。所谓的小和大、简单和复杂、低级和高级这些区分都很难直接应用于丰富多彩、取向不同的思想文化创造，所以在中国哲学史上其实并没有这样一个贯彻始终的由小到大、由简单到复杂、由低级到高级的变化过程。并且从根本上讲，人生境界与哲学境界的提升与社会生产力水平没有绝对的正相关性。虽然物质生产从古到今存在着一个总体上的进步过程，但是这种物质生产力的进步不一定能够带来普遍而直接的人生境界与哲学境界的提升。

其次，在以冯友兰"人生境界说"为反证的基础上，我们可以进一步辨析"发展"范式的疏漏之处。按照中国哲学史书写中的这种"发展"范式，中国哲学史的总体态势可以简化为如图1。② 这近乎于是最简单的线性数理模型，如果批评者们说其中蕴含着对今天的过分自信和对古人的无端轻视恐怕并不为过。而且如果按照这种"发展"范式来理解中国哲学史的话，那么这种观念就必然和几个现实情况发生难以调和的矛盾：

---

① 《现代汉语词典》（第7版），商务印书馆2016年版，第52页。正文所引用的是"发展"一词的第一种含义，例词是：事态还在发展，社会发展规律。"发展"一词的第二种含义是"扩大（组织、规模等）"，例词是：发展党的组织，发展轻纺工业。显然，"发展"一词的第二种含义不适用于中国哲学史研究中的"发展"一词。在方克立主编的《中国哲学大辞典》（中国社会科学出版社1994年版）和蒋永福、吴可、岳长龄主编的《东西方哲学大辞典》（中国社会科学出版社1994年版）中"发展"一词没有被收录。在冯契主编的《哲学大辞典》（江西人民出版社2000年版，第81页）中"发展"一词被收录，其含义与正文所引近同："发展（development）：事物在规模、结构、程度、性质等方面发生由低级到高级、由旧质到新质的变化过程。"
② 即使如冯契那样把中国哲学史的"发展"解释为螺旋式上升，具体化为一个圆环接着一个圆环，但是在宏观上或者说是在总体上，图1对两千多年的中国哲学史总体上的"发展"态势来说还是合适的。

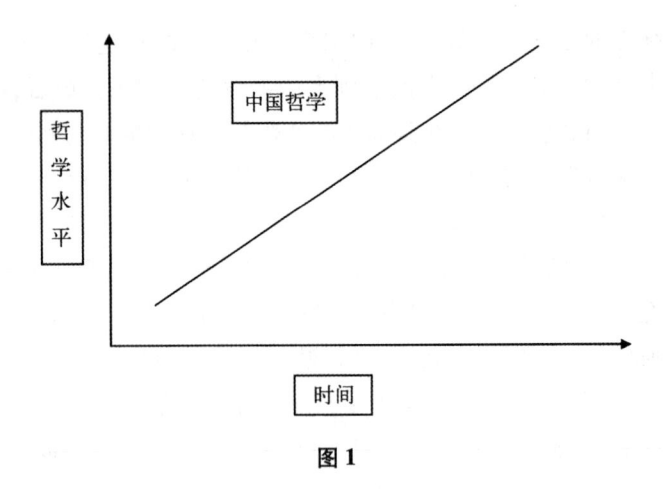

[图 1：纵轴"哲学水平"，横轴"时间"，一条上升直线，标注"中国哲学"]

图 1

第一，为什么我们讨论中国哲学史总是要回到先秦，既然那是一个最为"简单"和"低级"的发展阶段？

第二，所谓的"轴心时代"应该怎么解释？

第三，儒家经学虽然长期保持着统治地位，但是其中的先秦思想文献为何往往居于首要地位？

第四，在 21 世纪的今天，我们既然已经理所当然地站上了中国哲学史上的最高峰，为什么我们的哲学创造能力反而非常欠缺呢？为什么还会有各种各样的西方哲学和西方精神文化产品在中国大行其道呢？要知道，说到底，哲学不是知识，而是思想的思想，是文化创造力的核心。

按照现今比较通行的不同时代总体学术特征中形成的不同的观念来划分中国哲学史的各个时期，中国哲学史大致可以分为先秦哲学、汉-唐哲学、宋元明清哲学和近现代哲学几个阶段。由此我们可以把这种"发展"范式所隐含着的问题进一步细化，即如图 2。按照"发展"这一叙述模式其中的每

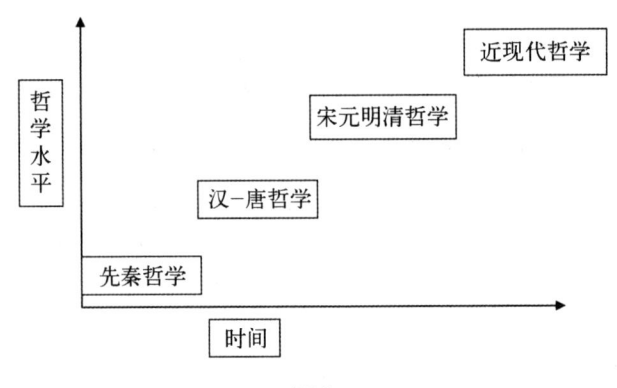

[图 2：纵轴"哲学水平"，横轴"时间"，阶梯式上升，依次标注"先秦哲学"、"汉-唐哲学"、"宋元明清哲学"、"近现代哲学"]

图 2

一个阶段在整体上也应该比较严格地有着这样一个节节向上攀升的态势。如果是这样的话,那么我们就至少需要论证以下几个宏观命题:

第一,汉-唐哲学的总体水平大大超过先秦哲学,或者说先秦哲学的总体水平大大低于汉-唐哲学。

第二,宋元明清哲学的总体水平大大超过汉唐哲学,或者说汉唐哲学的总体水平大大低于宋元明清哲学汉唐哲学。

第三,近现代哲学的总体水平大大超过宋元明清哲学,或者说宋元明清哲学的总体水平大大低于近现代哲学。

仔细想来,论证上述命题不仅在学理上是不可能的,在观念上也是绝对难以接受的。比如,就先秦哲学而言,它的总体水平就真的大大低于宋元明清哲学以及近现代哲学吗?孔子的哲学思想水平就一定比康有为的哲学思想水平差、比康有为简单、比康有为低级?如果中国哲学史真的是这样一个节节向上攀升的态势的话,那么作为先秦儒家哲学代表的孔圣人恐怕就要沦为给鼓吹"孔子改制"的康圣人提鞋的档次了!这种观念一定不会被绝大多数中国哲学史研究者所接受。实际上的情况恐怕是恰恰相反,鼓吹"孔子改制"的康有为给"学而不厌,诲人不倦"的孔子提鞋也不配!

所以,依照道术思想史或者冯友兰"人生境界说"的基本观念来看,中国哲学史上的所谓的"发展"或"发展逻辑"只是削足适履的一种研究方法,并不具有事实根据。对先秦典籍和先秦哲学所常常使用的朴素、简单、低级等惯常词语,极易对人产生误导,并使得中国哲学史"被发展","被附庸"。

退一步来讲,如果按照发展(development)的拉丁文词根把发展理解为舒展或展开的意思而将"进化"的含义与之完全隔离的话,那么中国哲学史上的所谓的"发展"只是一种叙说方式,它不具有现实意义,可以直接删除,或者干脆认定它仅仅是一种词汇使用上的流行病。

上面所提到的轴心时代理论是对"发展"叙述模式的一个非常有力的反证。那么为什么轴心时代就成为其中国哲学史的高峰呢?按照冯友兰"人生境界说"来看,是因为在先秦时期达到道德境界和天地境界的哲学家最多;按照道术思想史的观点来看,是因为春秋战国时期道术传统还在广泛流传并产生影响。道术传统广泛流传,成为先秦诸子进行思想创造和学术创新的思想资源和活力源泉。先秦哲学是中国哲学原创的高峰,至今还没有超越的一个高峰,但是这个高峰需要被深入理解,需要被不断认识。我们对先秦哲学的理解越深刻,认识越深入,它作为高峰的地位和意义才能越来越凸显出来。

二、中国哲学史的其他叙述方式

经过对中国哲学史"发展"范式的讨论,我们就有理由考虑下面这样一幅中国哲学史的图景,如图3:

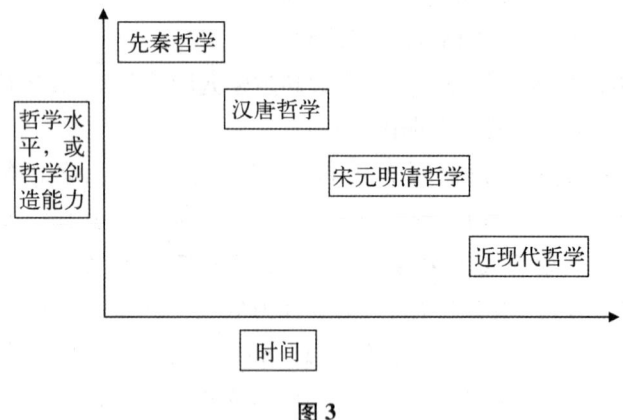

```
哲学水平,或哲学创造能力 ↑
         │   先秦哲学
         │       汉唐哲学
         │           宋元明清哲学
         │               近现代哲学
         │_____→ 时间
```

图3

这样一个降序排列的思想图景,在很大程度上是回归了传统学术之中时常隐含着的"一代不如一代"的思维框架,当然,也有一些学者将其中的部分文化现象称之为祖先崇拜(或圣人崇拜,或君子崇拜)。仔细来看,其细分命题论证的难度相对而言可能要小一些。比如:

第一,汉-唐哲学的总体水平大大低于先秦哲学,或者说先秦哲学的总体水平大大高于汉-唐哲学。

第二,宋元明清哲学的总体水平大大低于汉唐哲学,或者说汉唐哲学的总体水平大大高于宋元明清哲学汉唐哲学。

第三,近现代哲学的总体水平大大低于宋元明清哲学,或者说宋元明清哲学的总体水平大大高于近现代哲学。

当然这种总体框架也会有很多问题,今人何必不如古人?很多学者也不会全部接受其中的细分命题。究竟中国哲学史的叙事图景为何,现今态势已经日趋多元,而将来肯定会有更加深入的讨论。但是就图3来说,需要特别说明的几点是:

首先,这样的中国哲学史图景至少可以让我们避免"站在发展的高级阶段回顾低级阶段"的狂妄与自大,避免对中国哲学史早期阶段的呆板描述,而且它可以再次提醒我们,哲学不是知识,而是创造能力。现今我们要建设社会主义核心价值体系,要提高全民族的文化创新能力,这恰恰说明我们现在最欠缺的很可能就是进行思想文化创造的能力,而哲学创新能力则首当其冲。

其次,享誉西方的文德尔班的《哲学史教程》以"哲学问题"为中心的书写方式完美避免了"进步逻辑"或"发展逻辑"的强制性主张,其他的西方哲学史书写也大都不采取外在强加的"进步"或"发展"观念或话术。当然,张岱年的《中国哲学大纲》也有这样的学术特点。今后中国哲学史的书写也应该多多吸取这些优点,采取更加宽厚平和的态度来与古人对话。

最后,中国近现代哲学的主题是启蒙和救亡,对哲学本身或者是人生意义的兴趣并不大,其研究也不能够持久,往往就一个学者而言其也是各种思想杂糅和前后观点突变,所以那是一个古今中西思想互相冲突杂糅的时代,窃以为其远不能够成为中国哲学史的最高峰。

需要补充的是,冯友兰在其上下两册的《中国哲学史》之中,把"自春秋迄汉初"划分为子学时代,把"自董仲舒至廖平"划分为经学时代,这实际上在很大程度上是认定子学时代是思想创造的时代,经学时代是思想因循的时代。因为在经学时代,"大多数著书立说之人,其学说无论如何新奇,皆须于经学中求有根据,方可为一般人所信爱","诸哲学家无论有无新见,皆须依傍古代即子学时代哲学家之名,大部分依傍经学之名,以发布其所见,其所见亦多以古代即子学时代之哲学中之术语表出之"。① 由此似乎可以以下图(图4)描述冯友兰的这一学术概括思路,其中对思想创造能力的区分应该是非常明显。当然,图4似乎也可以认为是与图3类似,意味着某种对传统学术精神的回归。

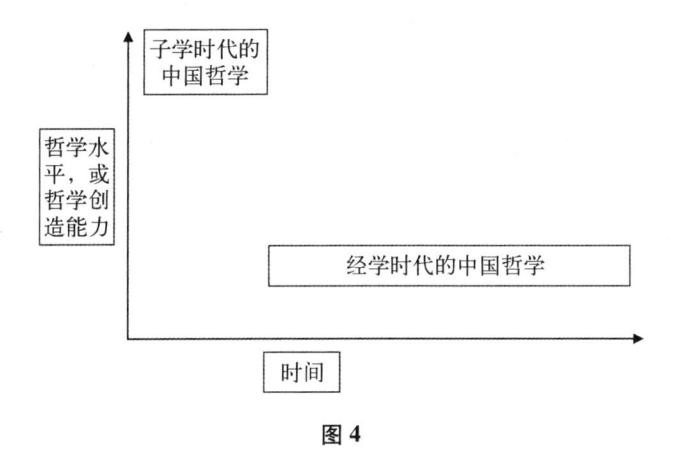

图 4

---

① 冯友兰:《中国哲学史》上册,《三松堂全集》第二册,郑州:河南人民出版社1988年版,第370页。

当然，子学时代和经学时代的这种划分蕴含着冯友兰鲜明的儒家立场，其以经学时代概括董仲舒之后的传统学术有相当的历史根据，足以成为中国哲学史多种研究方式之中的一种思路。

三、对中国哲学史评价标准的补充

受西方哲学的影响，长期以来中国哲学史研究者对中国哲学史上的著作的评价标准比较僵化单一，那就是在文本的表述中要求体系的完整、概念的清晰和论述的完备、充分。冯友兰"人生境界说"以及其中所蕴含着的哲学境界则提示我们，在中国哲学史研究，特别是对早期的中国哲学著作进行研究的过程中，我们应该充分理解作者的人生境界与哲学境界，完全以西方哲学为参照的评价标准是不恰当的。体系的完整、概念的清晰和论述的完备、充分，这些要求都应该在不同的生命境界和哲学境界基础上被给予适当的弹性。或者说，在还原作者生命境界和哲学境界之后，只要在后人的理解和阐发之中能够表现出体系的完整、概念的清晰和论述的完备、充分，那么这也是一部具有完全意义的哲学作品。

比如，根据一些中国哲学史研究者的看法，宋明理学家的理论著作是最接近于西方哲学形态的学术作品，而明末清初的王夫之则是中国哲学史上最"哲学"的哲学家。实际上在中国传统中著书立说只是人生境界或哲学境界的一种表现方式，数量不必众多，字数不必浩繁，而著述中理论体系的完备与圆通并不意味着人生境界的必然高超，道术实践的必然卓异。

关于人生境界或人生目标，中国传统文化之中流传最广、认可度最高的是《左传·襄公二十四年》所说的"大(太)上有立德，其次有立功，其次有立言，虽久不废，此之谓不朽。"最高的人生成就是"立德"，这种标准可以在很大程度上为道术思想史研究和冯友兰"人生境界说"提供支持和证明。而在中国哲学史上，很多佛教学者、道教学者，以及佛教著作、道教著作都应该给予足够的重视，不应该以儒家经学的狭隘排斥之，这些人物和著作都是中国哲学史上的重要内容。这些佛教学者、道教学者的修行实践同样具有丰富内容，他们的道术思想同样精彩，他们的人生境界和道术境界同样值得后学认真对待。

总之，如果中国哲学史的研究和书写要把人生境界或道术思想作为重要内容，那么哲学著作的评价标准就不可以西方哲学为唯一，在早期的中国哲学史研究之中尤其如此。

参 考 文 献

一、古籍

《周易》
《尚书》
《周礼》
《左传》
《国语》
《庄子》
《老子》
《礼记》
《论语》
《孟子》
《韩非子》
《墨子》
《诗经》
《史记》
《黄帝内经》
《列子》

二、研究专著

彭华：《阴阳五行研究(先秦篇)》,吉林人民出版社,2011年版。
[清]严可均：《全上古三代秦汉三国六朝文》,中华书局,1958年版。
李学勤：《三代文明研究》,商务印书馆,2011年版。
梁韦弦：《金景芳师传学者文库·古史辨伪学者的古史观与史学方法：〈古史辨〉读书笔记》,黑龙江人民出版社,2014年版。
王仲孚：《中国上古史专题研究》,山东人民出版社,2017年版。

谢无量著,王宝峰等校注:《中国哲学史校注》,华东师范大学出版社,2018年版。
金景芳:《金景芳先秦史讲义》,天津古籍出版社,2007年版。
张灿玾:《黄帝内经文献研究》,上海中医药大学出版社,2005年版。
张岱年:《中国哲学史大纲》,中国社会科学出版社,1982年版。
张岱年:《中国哲学发微》,山西人民出版社,1982年版。
张岱年:《中国哲学史史料学》,三联书店,1982年版。
张岱年:《中国哲学史方法论发凡》,中华书局,1983年版。
胡适:《中国哲学史大纲》卷上,东方出版社,1996年版。
冯友兰:《中国哲学史新编》,人民出版社,1998年版。
冯友兰:《中国哲学简史》,北京大学出版社,2012年版。
劳思光:《新编中国哲学史》,三民书局,1983年版。
柳诒徵:《中国文化史》,上海古籍出版社,2001年版。
李申:《话说太极图——〈易图明辨〉补》,知识出版社,1992年版。
李申、郭彧:《周易图说总汇》,华东师范大学出版社,1998年版。
李申:《周易与易图》,沈阳出版社,1997年版。
刘保贞:《〈易图明辨〉导读》,齐鲁书社,2004年版。
沈长云:《上古史探研》,中华书局,2002年版。
晁福林:《夏商西周的社会变迁》,北京师范大学出版社,1996年版。
袁行霈、严文明、张传玺等主编:《中华文明史》,北京大学出版社,2006年版。
丘光明、邱隆、杨平著:《中国科学技术史·度量衡卷》,科学出版社,2001年版。
徐旭升:《中国古史的传说时代》,文物出版社,1985年版。
李零:《中国方术考》(修订本),东方出版社,2001年版。
李零:《中国方术续考》,东方出版社,2000年版。
蔡方鹿:《中国道统思想史》,四川人民出版社,2003年版。
张舜徽:《周秦道论发微》,中华书局,1982年版。
吴锐:《中国思想的起源》(第一卷),山东教育出版社,2002年版。
王德有:《道旨论》,齐鲁书社,1987年版。
严北溟、严捷:《列子译注》,上海古籍出版社,1986年版。
陈鼓应:《庄子今注今译》(最新修订版),商务印书馆,2007年版。
王先胜:《揭开易学界的神秘面纱——当代中国易学研究反思录》,上海古籍出版社,1991年版。
刘玉建:《两汉象数易学研究》,广西教育出版社,1995年版。

吴前衡：《〈传〉前易学》，湖北人民出版社，2008年版。
王博：《易传通论》，中国书店，2004年版。
裘锡圭：《文字学概论》，商务印书馆，2001年版。
萧汉明：《易学与中国传统医学》，中国书店，2003年版。
萧汉明：《道家与长江文化》，湖北教育出版社，2005年版。
萧汉明：《传统哲学的魅力》，中华书局，2008年版。
萧汉明：《易苑漫步》，上海古籍出版社，2010年版。
彭华：《阴阳五行研究（先秦篇）》，吉林人民出版社，2011年版。
郭沂：《郭店竹简与先秦学术思想》，上海教育出版社，2001年版。
严灵峰：《无求备斋易学论集》，中国社会科学院出版社，1995年版。
屈万里：《先秦汉魏易例述评》，见于《屈万里全集⑧》，联经事业出版公司民国七十三年版(1984)。
高怀民：《先秦易学史》，广西师范大学出版社，2007年版。
赖贵三主编：《台湾易学史》，里仁书局，2005年版。
高新民：《易学史论》，甘肃人民出版社，2008年版。
徐芹庭：《易经源流——中国易经学史》，中国书店，2008年版。
兰甲云：《周易卦爻辞研究》，湖南大学出版社，2006年版。
李尚信：《卦序与解卦理路》，巴蜀书社，2008年版。
王锦民：《古学经子——十一朝学术史述林》，华夏出版社，2008年版。
郭沂：《郭店竹简与先秦学术思想》，上海教育出版社，2001年版。
杨宽：《中国上古史导论》，上海人民出版社，2016年版。
杨宽：《中国历代尺度考》，商务印书馆，1955年版。
杨宽，《西周史》，上海人民出版社，2003年版。
杨宽：《先秦史十讲》，复旦大学出版社，2006年版。
杨宽，《战国史》，上海人民出版社，2003年版。
童书业：《春秋左传研究》，中华书局，2006年版。
吕思勉：《吕思勉读史杂记》，上海古籍出版社，1991年版。
吕思勉：《先秦学术概论》，中国大百科全书出版社，1985年版。
吕思勉：《吕思勉读史札记》，上海古籍出版社，2005年版。
李海生：《中国学术思潮史·卷七：朴学思潮》，上海社会科学院出版社，2006年版。
杨伯峻：《春秋左传译注》（修订本），中华书局，1990年版。
赵生群：《春秋左传新注》，陕西人民出版社，2008年版。
张心澂：《伪书通考》，商务印书馆，1957年版。

中国社会科学院考古研究所编：《殷周金文集成》，中华书局，1984—1994年版。

刘雨编：《近出殷周金文集录》，中华书局，2002年版。

钟柏生、陈昭容、黄铭崇、袁国华编：《新收殷周青铜器铭文暨器影汇编》，艺文印书馆，2006年版。

周立升主编：《春秋哲学》，山东大学出版社，1989年版。

陈来：《古代思想文化的世界——春秋时代的宗教、伦理与社会思想》，三联书店，2002年版。

余敦康：《中国宗教与中国文化》第二卷《宗教·哲学·伦理》，中国社会科学出版社，2005年版。

陈锡勇：《宗法天命与春秋思想初探》，文津出版社，1992年版。

童书业：《春秋史》（校订本），中华书局，2006年版。

顾德融、朱顺龙：《春秋史》，上海人民出版社，2001年版。

左言东：《先秦职官表》，商务印书馆，1994年版。

顾颉刚等编：《古史辨》第一至第七册，上海古籍出版社，1982年版。

谢维扬：《新出土文献与古代文明研究》，上海大学出版社，2004年版。

谢维扬：《中国早期国家》，浙江人民出版社，1995年版。

谢维扬：《周代家庭形态库》，黑龙江人民出版社，2005年版。

谢维扬：《至高的哲理——千古奇书〈周易〉》，三联书店，1997年版。

牟复礼：《中国思想之渊源》，北京大学出版社，2016年版。

柳存仁：《道家与道术：和风堂文集续编》，上海古籍出版社，1999年版。

孙飞燕：《上博简〈容成氏〉文本整理及研究》，中国社会科学出版社，2014年版。

邹衡：《夏商周考古学论文集》，文物出版社，1980年版。

邹衡：《夏商周考古学论文集（续集）》，科学出版社，1998年版。

李伯谦：《中国青铜文化结构体系研究》，科学出版社，1998年版。

中国社会科学院考古研究所：《中国考古学·夏商卷》，中国社会科学出版社，2003年版。

中国社会科学院考古研究所：《中国考古学·两周卷》，中国社会科学出版社，2004年版。

中国社会科学院考古研究所编：《殷墟的发现与研究》，科学出版社，1994年版。

中国社会科学院考古研究所：《新中国的考古发现和研究》，文物出版社，1984年版。

《中国大百科全书·考古学》,中国大百科全书出版社,1986年版。

科林·伦福儒、保罗·巴恩:《考古学理论、方法与实践》,文物出版社,2004年版。

苏秉琦:《苏秉琦考古学论述选集》,文物出版社,1984年版。

俞伟超:《考古学是什么:俞伟超考古学理论文选》,中国社会科学出版社,1996年版。

严文明:《走向21世纪的考古学》,三秦出版社,1999年版。

张忠培:《中国考古学:走近历史真实之道》,科学出版社,2004年版。

王幼平:《旧石器时代考古》,文物出版社,2000年版。

王幼平:《中国远古人类文化的源流》,科学出版社,2005年版。

张江凯、魏峻:《新石器时代考古》,文物出版社,2004年版。

苏秉琦主编:《中国通史·远古时代》,上海人民出版社,1994年版。

苏秉琦:《中国文明起源新探》,三联书店,1999年版。

严文明:《仰韶文化研究》,文物出版社,1989年版。

严文明:《史前考古论集》,科学出版社,1998年版。

张忠培:《中国考古学:九十年代的思考》,文物出版社,2005年版。

赵辉:《长江中游地区新石器时代墓地研究》,《考古学研究》(四),科学出版社,2000年版。

许宏:《先秦城市考古学研究》,燕山出版社,2000年版。

张忠培、严文明著,苏秉琦编:《中国远古时代》,上海人民出版社,2017年版。

张远山:《庄子奥义》,江苏文艺出版社,2008年版。

张远山:《寓言的密码:轴心时代的中国思想探源》,复旦大学出版社,2005年版。

张远山:《老庄之道》,岳麓书社,2015年版。

张远山:《伏羲之道》,岳麓书社,2015年版。

张远山:《玉器之道》,中华书局,2018年版。

谭春雨:《中医发生学探微》,中国中医药出版社,2013年版。

Michael Loewe and Edward L. Shaughnessy, The Cambridge History of China: From the Origins of Civilization to 221 B.C., Cambridge University Press, 1999.

三、学术文章

王国维:《殷周制度论》,《观堂集林》,河北教育出版社,2003年版。

连邵名：《商代的四方风名与八卦》,《文物》,1988年第11期。
翟廷晋：《从竹〈易〉和帛〈易〉看〈说卦〉的成书过程》,《中州学刊》,1996年第6期。
高新民：《〈周易·说卦〉简论》,《甘肃高师学报》,2004年第4期。
陈松长、廖名春：《帛书〈二三子问〉、〈易之义〉、〈要〉释文》,《道教文化研究》第3辑,上海古籍出版社,1993年版。
吕绍纲：《略说卦变》,《周易二十讲》,第302—320页,华夏出版社,2008年版。
谢维扬：《谁识庐山真面目——〈剑桥中国上古史〉读后》2001年4月7日《文汇报》。
谢维扬：《古书成书和流传情况研究的进展与古史史料学概念——为纪念〈古史辨〉第一册出版八十周年而作》,《文史哲》,2007年第2期。
谢维扬：《中国早期国家研究中考古学证据的认定和相关理论问题》,《社会科学战线》,2003年第1期。
谢维扬：《早期国家与民族形成的关系》,《探索与争鸣》,1991年第1期。
金春峰：《〈周易〉对中国哲学史研究之重要意义——以若干重要问题为例兼论重写中国哲学史》,《周易研究》,2008年第4期。
杨向奎：《论"古史辨派"》,《杨向奎集》,中国社会科学出版社,2006年版。
萧汉明：《论中医学的网络性思维》,《河北学刊》,2007年3期。
萧汉明：《五行学说的缘起、发展与思维特征》,《传统哲学的魅力》,中华书局,2008年版。
萧汉明：《〈周髀〉"周公与商高对话篇""荣方与陈子对话篇"与〈易·系辞〉》,刘大钧主编：《大易集奥》,上海古籍出版社,2004年版。
萧汉明：《欧洲近代的科技之路不是唯一的发展向度——与杨振宁先生商榷》,《传统哲学的魅力》,中华书局,2008年版。
萧汉明：《道学初创》,《中国哲学史》(下册),人民出版社,2004年版。
萧汉明：《中国传统文化研究现状及其与西方文化的互动问题》,载《传统哲学的魅力》,中华书局,2008年版。
萧汉明：《关于"阳有余,阴不足"之辨》,《南京中医药大学学报》(社科版),2000年第2期。
赵化成《周代棺椁多重制度研究》,《国学研究》第5卷,北京大学出版社,1998年版。
萧汉明：《三代礼教的崩溃与人文精神的勃兴——兼论中国哲学的缘起》,《珞珈哲学论坛》第四辑,湖北人民出版社,2000年版。

萧汉明:《五行学说的近代遭遇及现代诠释》,《人文论丛》(1998 年卷),武汉大学出版社,1998 年版。

萧汉明:《医〈易〉会通与文化进化论——与李申兄再商榷》,《周易研究》,1997 年第 1 期。

萧汉明:《论阴阳家》,《中国哲学与伦理学》,辅仁大学出版社,1997 年版。

萧汉明:《五脏模型与河图五行数》,《象数易学研究》,齐鲁书社,1997 年版。

萧汉明:《太极,科学与伪科学》,《太极科学》,1997 年第 6 期。

萧汉明:《河图·易数·思维形式》,台湾《中华易学》,1996 年第 3 期。

萧汉明:《关于河图、洛书问题——答李申兄》,《周易研究》,1995 年第 4 期。

萧汉明:《关于〈易传〉的学派属性问题——兼评陈鼓应〈易传与道家思想〉》,《哲学研究》,1995 年第 8 期。

萧汉明:《五行方位的板块结构及其动态运作》,《中国智慧透析》,华夏出版社,1995 年版。

萧汉明:《论运气学说的思维框架》,《羑里易学》第一卷第七辑,中州古籍出版社,1995 年版。

萧汉明:《河图·五行·图象语言》,《不尽长江滚滚来——中国文化的昨天、今天与明天》,东方出版社,1994 年版。

萧汉明:《医〈易〉会通之我见——兼与李申兄商榷》,《周易研究》,1994 年第 4 期。

萧汉明:《太阳神话、太阳神崇拜与阴阳学说》,《贵州社会科学》,1994 年第 1 期。

萧汉明:《易学与医学》,朱伯崑主编:《易学基础教程》,广州出版社,1993 年版。

萧汉明:《周易的动态理论与中医学》,《大道之源》,湖南师范大学出版社,1993 年版。

萧汉明:《易象简论》,《大道之源》,湖南师范大学出版社,1993 年版。

萧汉明:《论〈周易参同契〉的宇宙模型》,陈鼓应主编:《道家文化研究》第 2 辑,上海古籍出版社,1992 年版。

萧汉明:《论〈周易参同契〉的人体生命模型》,《中国文化月刊》,1991 年 7 月。

萧汉明:《〈杂卦〉论》,《周易研究》,1988 年第 2 期。

萧汉明:《王夫之论卦象、卦德与卦序》,《齐鲁学刊》,1987 年第 5 期。

萧汉明:《论〈易纬〉与中医气象医学》,《江汉论坛》,1987 年第 5 期。

萧汉明:《绌蕴发微》,《王夫之辩证法思想引论》,湖北人民出版社,1984年版。

萧汉明:《论中国古史上的两次"绝地天通"》,《世界宗教研究》,1981年第3期。

吴前衡:《〈说卦〉的早期存在》,《华中理工大学学报(社会科学版)》,1997年第1期。

吴前衡、刘仁清:《〈说卦〉的发生》,《华南理工大学学报(社会科学版)》,2000年12月第2期。

后　　记

在本书校改即将结束之际,我亲爱的父亲张显臣遽然离世,终年 83 岁。突闻噩耗,悲从中来,不可遏抑。

这本书在一定程度上也是给父亲写的。父亲酷爱读书,买书、看书、藏书是他一生的习惯。记得小时候坐在父亲飞鸽自行车的横梁上去新华书店买小人书,是童年的我每逢周末最快乐的时刻。读书之余,父亲给我讲了很多道理,可惜至今我记在心底里的却并不多。我读了一些书之后,想要父亲也多多进行养生锻炼,父亲却一直没有特别接受。父亲生病之后,我一直劝父亲少吃西药,多看中医,可惜往往不能尽如人意。听说我正在写这一本《上古道术思想史》,他很感兴趣,曾经表示:写好了给他邮一本看看。书稿今在,斯人已逝。子欲养而亲不待,诚然人生一大悲恸乎!

父养子,尽心尽力以至于大爱;子奉父,亦尽心竭力以道术奉养至亲。惜乎,至善之术"可传而不可受,可得而不可见",何况我之浅薄乎!白驹过隙,人生短促,只有无奈而放之舍之。音容笑貌,仍然宛在,几番梦回,寻之不得,心中悲戚,不尽苦痛,长风白云,悠悠扬扬,鸟鸣声声,青山穆穆。

父亲终究已经离我而去了!

葬礼之上,有亲友相问:你是学什么专业的? 答之曰:养生专业。已之所学,尚不足以教人正己乎?!

2023 年 6 月 1 日星期四